郑观应
和他的时代

胡 波 著

SPM 南方传媒 广东人民出版社
·广州·

图书在版编目（CIP）数据

郑观应和他的时代 / 胡波著. —广州：广东人民出版社，2023.8
ISBN 978-7-218-16748-0

Ⅰ. ①郑…　Ⅱ. ①胡…　Ⅲ. ①郑观应（1842—1921）—人物研究
Ⅳ. ①K827=6

中国国家版本馆CIP数据核字（2023）第136147号

ZHENG GUANYING HE TA DE SHIDAI
郑观应和他的时代
胡　波　著

出 版 人： 肖风华

责任编辑： 李锐锋　吴锐琼
装帧设计： 陈宝玉
责任技编： 吴彦斌　周星奎

统　　筹： 广东人民出版社中山出版有限公司
执　　行： 王　忠
地　　址： 广东省中山市中山五路 1 号中山日报社 8 楼（邮政编码：528403）
电　　话：（0760）89882926　（0760）89882925

出版发行： 广东人民出版社
地　　址： 广东省广州市越秀区大沙头四马路10号（邮政编码：510199）
电　　话：（020）85716809（总编室）
传　　真：（020）83289585
网　　址： http://www.gdpph.com
印　　刷： 深圳市福圣印刷有限公司
开　　本： 787mm×1092mm　1/16
印　　张： 18.25　**字　　数：** 236千
版　　次： 2023年8月第1版
印　　次： 2023年8月第1次印刷
定　　价： 98.00元

如发现印装质量问题，影响阅读，请与出版社（0760-89882925）联系调换。
售书热线：（0760）88367862　　邮购：（0760）89882925

序

研究历史人物，本质上是读人，读他的所行所言、所思所想、爱恨情仇，读他的社会网络、时代潮流与世界风云。读人通常被认为有两种取向。一种是将古人作为纯粹客观对象，冷峻审视，无所偏爱；一种是与古人对话，设身处地，思其所思，想其所想，即所谓“了解之同情”。从阐释学角度看，这两种取向，只有浅层意义上的差别，深层次上并无不同。因为任何一个研究主体，都不可能是精神层面上的一无所有，都不可能是带着完全空白的大脑进入研究对象的。因此，全部研究过程，包括对研究对象的选择（如果可以选择的话），细节的展开，成果的呈现，都必然倾注研究主体的经验、学识、智慧、人生关怀、价值观念与审美情趣，换句话说，都有研究主体的影子。所谓纯客观取向，实际是一种未曾觉解的自发投射，而“了解之同情”则是一种有所觉解的自觉投射。正是在这个意义上，后者比前者更具主体意识，也更为深刻。

胡波兄的这部《郑观应和他的时代》，便是立于“了解之同情”基础上，与郑观应进行深度心灵对话的佳构。书中研究了郑观应故乡——香山的人文传统，研究了郑观应对香山与广东的情愫，郑观应与唐廷枢、孙中山等同时代香山人的交往，郑观应的民本思想、买办经历、实业才干及其历史地位。初读郑观应，由于学缘，他在武汉大学做研究生时，治民本思想史，遇到了郑观应；再读郑观应，由于地缘，他由湖北来到郑观应故乡——中山（原香山）工作，教书育人，研究地方先贤；三读郑观应，由于业缘，他在中山市文联、社科联当领导，组织全国相关学者并亲身投入对众多中山名人（包括香山买办）的资料搜集、梳理，综合研究香山文化。他三读郑观应，由郑氏思想而故乡文脉而整个近代历史，由个人而群体，由思想而社会，由地方及全国，多年沉浸其中，反复对话，层层递进，终臻佳境。于是，有了这部大作。

建立在“了解之同情”基础上的人物解读，研究主体与研究对象之间，每每存在一条灵犀相通的潜流。以前读林语堂的《苏东坡传》，读着读着，不知不觉中便会发现，他对苏东坡的理解，怎么就像透露他自己的心路历程那样深入贴切！我读胡波兄研究郑观应的大作，也有读林语堂《苏东坡传》的类似感受，读着读着，不知不觉中便会发现，他对郑观应的理解，怎么就像说他自己的经历与思想那样深入贴切！稍加研究，便不难发现，原来，这是古今中外的通例。恰如林语堂在其《读书的艺术》中所说，“世间确有一些人的心灵是类似的”。有许多学者，生活于不同的时代，相距多年，“然而他们思想的方法和他们的情感却那么相似，使人在一本书里读到他们的文字时，好像看见自己的肖像一样”。

郑观应是具有通人气质的思想家与企业家，事功则商儒兼业，学问则中西兼习，修身则儒道兼顾，不走极端，允执厥中。他是商人，但不纯粹是商人；是学人，但不是书斋型学人。他是有学问的商人，又是有财富的学人。商人兼学人，其见解自比一般学人更接地气，也比一般商人更明大理。反观胡波兄，他是学者，也是领导，是有学问的领导，有官位的学者，站起来能指挥部属干事，坐下来能执笔作文。他与郑观应所处时代不同，境遇不同，专业也不同，但修学路径、精神境界、治事风格类似，有崇高的家国意识、悲悯的博爱情怀、深厚的学术素养、卓越的领导才华。他善于统筹全局，斟酌损益，洞悉利弊，不走极端，干一行，专一行，干好一行。至于博闻强识，文备多手，乃其余事耳！有谁见过一个开会时在主席台前排就座的领导，除了能做各类重要报告、精彩讲话之外，还能写无一字无来历、规范严整的史学论文，又能写思接千载、视通万里、任由想象的翅膀肆意飞翔的电视剧本？有，但不多，胡波兄算一个。

我与胡波兄交往多年。每聚，总能从他那里增添很多信息，学到很多知识。一次，我问他：“一个人怎么能把文章写得那么好？”胡波兄哈哈大笑，一大杯酒一仰而尽，满脸云霞。

如此才华，如此豪情，如此胡波！作如此《郑观应和他的时代》，自可期待。

唯楚有才，信然！

熊月之

2023 年 5 月 7 日

（作者系上海社会科学院原副院长、历史研究所原所长，中国史学会原副会长，中国孙中山研究会原会长）

前言：时代的先行者和代言人

美国经济协会和美国科学促进协会前任主席肯尼思·艾瓦特·博尔丁在谈到人与时代的关系时，说过这样一段耐人寻味的话：“作家、思想家和科学家能被分成这样几种类型，一些人落在时代的后面，一些人与时代合拍，另一些人则走在时代前面。第一种人将逐渐被人们遗忘，第二种人会变得著名并活跃在历史书中，第三种人不得不等待人们发现其价值。牛顿、达尔文等人属于第二种类型。罗吉尔·培根、孟德尔和大陆漂移理论的早期支持者就是第三种人的例子。”[①] 人们有时从时代出发证明时代的不存在，有时从时代的不存在出发证明时代的存在。人的生活成了一种消磨时代和创造时代的生活。事实上，所有的人都能传递时代的价值，只是有的价值被历史所遗忘，而有的则被时代所记忆。

郑观应就是一位既与时代同行又走在时代前面的人物。他诞生于1842年7月鸦片战争的硝烟刚刚飘散之时的广东香山，病逝于1921年6月国民革命前夜的上海提篮桥招商局公学宿舍。他生活的时代，正是近代中国面临“千年未有之大变局”的时代，先后经历了太平天国、第二次鸦片战争、洋务运动、戊戌变法、八国联军之役、清末新政、辛亥武昌起义、清王朝覆灭和中华民国南京临时政府成立、袁世凯复辟帝制、北洋政府和军阀割据等重大事件和政局变动，许多与他同时代的政商学界精英人物，要么拉着历史之车向后退，成为“复古”之人；要么推着

---

① ［美］马克·戴维森著，陈蓉霞译：《隐匿中的奇才——路德维希·冯·贝塔朗菲传》，东方出版中心1999年版，第1页。

历史之车向前行，成为“趋时”的先驱；要么先前“趋时”而后“复古”，成为鲁迅在《趋时和复古》一文中所说的那种人①。但是，郑观应既与时俱进，又稳健守成，始终与时代同行。辛亥革命后，虽然没有与曾有过交往并帮助过的孙中山再保持联系，也没有在民国政坛上有积极的表现，但也没有对孙中山的革命事业持反对或批评的态度，相反的，袁世凯专制复辟时，他作《专制叹》一诗以贬其道：“……古今尧舜华盛顿，择贤禅让名不磨。欲求万世家天下，强秦洪宪今如何。”②随后甚至表示：“以前袁世凯总统之势力与才能，尚不足以压制全国之进步而反帝制，张勋复辟无效，亦可为之前车。最近亦有挟武力以攘权，借外债以填欲壑者，为犯众怒，亦终归土崩瓦裂。时至今日，断无反诸过去制度也。”③由此不难看出当时郑观应的思想倾向和时代感知。

郑观应生活的时代，恰恰是近代中国处于全面深刻而持续的转型时代，一切正处于变幻莫测之中。面对这样的局势，身处其间的个人如何安身立命，如何有所作为，如何进退自如，不得不在现实面前做出自己的判断，做出明智的选择。但是，怎样才能做出明智的选择，这既取决于个人的才智和能力，又取决于环境和机遇。在著名学者熊月之先生的心目中，郑观应“是一个在事功发展路径、治学、修身等方面都相当成功的人，是一个对时代变动有敏锐感悟的人，一个恰当地选择自己的事功发展路径、顺时调适自己行为方式的人，一个既善于读有字之书，也善于读无字之书的人，一个由中华文化孕育出来的大聪明人，一个难得的通人。”在他看来：“身处这一时代，并且对这一时代的特点有所感

---

① 鲁迅：《趋时和复古》，鲁迅：《鲁迅全集》第五卷，人民文学出版社 1989 年版，第 535—536 页。

② 郑观应：《专制叹》，夏东元编：《郑观应集》（下册），上海人民出版社 1988 年版，第 1472 页。

③ 郑观应：《致翦淞阁主人书》，夏东元编：《郑观应集》（下册），上海人民出版社 1988 年版，第 340 页。

悟的人，在事功发展、治学、修身方面，都会用自己的理性来审视一切，从而做出自己的抉择。郑观应是对这一时代的特点有敏锐感悟的人，所以，他一只眼睛看中国，一只眼睛看西方，一只眼睛看历史，一只眼睛看现实，虚心学习，潜心思索。他的一部分知识、一部分原则、一部分价值观念来源于中国文化，另一部分来源于西方，对于事功发展、治学、修身诸方面的大关节处，他都经过自己的理性思考。”① 总之，如熊月之先生所言：“郑观应以他的大聪明，恰当地处理了这些转型时代的矛盾，成功地书写了属于他自己的历史。”②

那么，郑观应是如何观察时代、把握时势、顺势而为的呢？早期，像传统社会里的读书人一样，读书应考，希望借助科举考试进入官场失败后，并没有继续在科举之路上继续折腾，而是奉父亲之命进入上海新德洋行，跟随任洋行买办的叔父郑廷江“供走奔之劳”。随后担任英商宝顺洋行买办和太古轮船公司总买办，不久进入上海机器织布局、上海电报局、轮船招商局、汉阳铁厂和商办粤汉铁路公司等现代工业企业担任高级管理职务。与此同时，他还参与投资兴办了不少贸易、金融、航运、工矿等企业，担任过湘军营务处总办等官职，撰写了《救时揭要》《易言》《盛世危言》等对近代中国思想界产生过巨大影响的著作。郑观应为什么能够在晚清商界、早期新型工商企业和思想文化领域均有卓越的成就？邵建先生认为：“除了他的天赋、勤奋与机遇外，很重要的一点就是他拥有广泛的社会关系网络。”在邵建看来，“郑观应是一个善于交际的绅商，无论是在同乡圈子，还是在江浙士绅圈子，或是在晚清商界、政界、军界、学界，乃至道教界，他都有私交甚好的朋友，有广泛的朋友圈子，

---

① 熊月之：《论近代通人郑观应》，邵建：《郑观应在上海》，上海辞书出版社 2011 年版，代序、第 2 页。

② 熊月之：《论近代通人郑观应》，邵建：《郑观应在上海》，上海辞书出版社 2011 年版，代序、第 2 页。

拥有产生巨大能量的社会关系网络”[①]。

尽管郑观应在洋场、商场、官场上不断地编织着自己的人际关系网络，希望自己的事业和家族的基业因此得以巩固和拓展，但他更多的是关注国家的前途和民族的命运，以及民生的疾苦。还在任职宝顺洋行买办期间，郑观应就开始“究心政治、实业之学”，探索富民强国之道，撰写《救时揭要》，揭露殖民主义者的侵略行径，对被葡萄牙不法商人拐骗、沦为“猪仔”的华工的不幸遭遇，深表同情并表示极大的义愤，提出必须“设华官于外国保卫商民”。他结合自己在澳门生活时的所见所闻和从事买办活动的经历，提出富民之道在于发展民族资本主义，并对鸦片流毒和赌博恶习的危害性提出了严厉的批评，倡导改革社会风俗，认为通过“治心”可以达到救世的目的。[②]随后，他在不断的观察和思考中完成了《易言》三十六篇本的写作和出版。《易言》是郑观应在民族危机的历史条件下从“救时”到“救国”思想进步的具体体现。他自己就说：“往余于同治庚午、辛未间，端居多暇，涉猎简编，偶有所见，随笔札记。内之积感于寸心，外之眷怀于大局。目击时艰，无可下手，而一言以蔽之曰：‘莫如自强为先。’”[③]在《易言》里，郑观应提出学习西方，实行议院制的新型君主立宪政体，认为中国“但学西人之制器，而不学西人之理财”是不可能达到富国强兵的目的的，必须大力发展“器物”文明——轮船、火车、电报、矿务、通商、铸银，更重要的是要发展科技，兴学校培养人才，提出建立各类新型学校代替“旧学”的设想和以“实学”代替“空言无补之帖括”之学的创议，开启了近代学校对科举论争的序幕。

---

① 邵建：《一个上海香山人的人际交往——郑观应社会关系网研究》，上海辞书出版社2014年版，前言、第5页。

② 李锦全、吴熙创、冯达文编著：《岭南思想史》，广东人民出版社1993年版，第318—320页。

③ 《易言》自序，载夏东元编：《郑观应集》（上册），上海人民出版社1982年版，第63页。

难能可贵的是，郑观应并没有停留在《易言》的思想认识层面上，而是随着民族危机日益深重不断地调整自己探索的目光，《盛世危言》就反映了郑观应19世纪80年代至90年代的思想认识水平。他以更加广博的知识和丰富的资料，明确地提出中国近代化改革的课题，“是郑氏强烈的爱国主义和改革思想的集中表现，又是对洋务运动根本缺点‘是古非今’‘逐末忘本’的异议，再是‘体用一致’的初步设想”①。郑观应自己表示，该书是因“愤彼族之要求，惜中朝之失策”而作。在撰写《盛世危言》时，他自知“愤激之词”难免犯“狂戆潜起之罪”，但仍然不得不以“危言”问世，以提醒同胞奋起改革以挽救民族危亡。他在书中强调学习西方器物文明与采纳其政治制度文明两者必须做到体用一致。他说：“余平日历查西人立国之本，体用兼备。育才于书院，论政于议院，君民一体，上下同心，此其体；陈兵、制器械、铁路、电线等事，此其用。中国遗其体效其用，所以事多扞格，难臻富强。”②在他看来，中国走向富强，不仅要学习西方器物以为用，也要学其体以改革，即包括政治制度在内的改革。在《盛世危言》中，郑观应提出了“兵战”不如“商战”的口号，全面论述了无形的商战与有形的兵战的辩证关系，指出应“裕无形之战以固其本”，因为“振兴工商以求富”，能富则能强，否则国不富，民之素质亦差，“畴能驱赤身枵腹之人，而使之当前锋冒白刃哉？”③在总结从事洋务商战的多年经验时，他敢于抨击“官不能护商，而反能病商”的钳制政策，希望未来中国工商发达，百业振兴。郑观应在书中反复论证人才的重要性，他说“学校者，人才之所由出；人才者，国势

① 李锦全、吴熙创、冯达文等编著：《岭南思想史》，广东人民出版社1993年版，第322页。

② 《南游日记》，夏东元编：《郑观应集》（上册），上海人民出版社1982年版，第967页。

③ 《盛世危言》之《商战上》，夏东元编：《郑观应集》（上册），上海人民出版社1982年版，第588页。

所由强”，认为学校是一个国家强盛之根本，强调学习西学必须引进天地人三学。天学是指一切算法、历法、电学、光学诸艺；地学是指以舆地为纲，一切测量、经纬、种植、车舟、兵群诸艺；人学是指以方言文字为纲，而一切政教、刑法、食货、制造、商贾、工艺诸艺等。在他看来，“学校者，造就人才之地，治天下之大本也”。①“富强之基，首重学问。”晚年甚至认识到“教育为立国之本”，并亲自担任招商局公学住校董事，最后病逝于招商公学宿舍内。《盛世危言》从初版的五卷本先后增订为八卷、十四卷本，一经出版，风行全国，在当时的思想界形成一种《盛世危言》热。兵部尚书彭玉麟为《盛世危言》作序时，就称赞道“今阅是书,所说中西利病情形了如指掌。其忠义之气,溢于行间字里,实获我心。故缀数语，亟劝其刊行问世，以期与海内诸公采择而力行之。将见孔孟之道风行海外，莫不尊亲；彼族之器我能制造，日新月异。自然国富兵强，四夷宾服”。②光绪皇帝不仅自己研读，更让有关部门印刷2000部，分发“臣工阅看”。时任翰林院编修的蔡元培也十分中肯地说：“以西制为质，而集古籍及近世利病发挥之，时之言变法者，条目略具矣。”③毛泽东青年时期夜读《盛世危言》后说“这本书我非常喜欢”④。

郑观应不仅是晚清改良主义的代言人，还是近代中国早期工业化的先行者。他虽然没有像香山同乡唐廷枢那样一生在工商企业领域创下许多第一，也没有像同乡徐润那样热衷于投资房地产和经营工商业，但他在英商宝顺洋行和太古洋行做买办的同时，也和朋友合作开办茶栈，投资新式工商业，并积极捐资赈济江南、山西、河南、直隶等省灾荒，甚

---

① 《盛世危言》之《学校上》，夏东元编：《郑观应集》（上册），上海人民出版社1982年版，第245页。

② 《盛世危言》之彭玉麟序，夏东元编：《郑观应集》（上册），上海人民出版社1982年版，第227页。

③ 高平叔编著：《蔡元培年谱》，中华书局1980年版，第8页。

④ ［美］埃德加·斯诺：《西行漫记》，三联书店1979年版，第109页。

至写《十可省歌》用以劝募，作《血泪图歌》诉说灾民苦况，其“实心好善，公正笃诚”受到李鸿章的高度称赞。更为重要的是，郑观应并没有满足于洋行的稳定职业和优厚待遇，在政府开办的新式工商企业举步维艰、急需具有管理经验和能力之人才，向他伸出橄榄枝时，他没有提任何条件和要求，义无反顾地迎难而上，先后在轮船招商局三进三出，为轮船招商局的发展贡献了自己的才干和热情，也在上海机器织布局、电报总局、全州矿务局、开平煤矿、汉阳铁厂、粤汉铁路、江西萍乡和安徽宣城煤矿、上海医局等工商企业的筹办、总办事务上殚精竭虑，负重前行，甚至在国难当头之时，也敢于担当，奉彭玉麟之命，冒险前往南洋了解敌情，联络抗敌志士以资策应，顺利地完成了使命，表现出爱国者的机智勇敢和忠诚坚定。

无论是思想认识还是实践活动，郑观应都是始终与时代同呼吸共命运。诚如有的编者所言：“在对时代精神的把握和对世界局势与中国国情的理解上，郑观应在他的时代无疑要比他的同辈显得更加理性和深刻。对于时代精神，郑观应充分肯定西方个人的意志表达、社会精神文明高度和社会规范的合理性，特别推崇君主立宪式的民主政治制度和与之相适应的社会管理体系。对于西方的科技文明，郑观应一向给予极高评价，并极力主张国人学习仿效。”[①] 对于世界局势，他既看到资本主义的扩张给世界和平带来的威胁，借助科技进步而出现的现代热兵器加剧了世界动荡，给人类带来的灾难，也看到文明理性的曙光和世界大同的可能。至于中国国情，郑观应认为面对西方列强的侵略，中国积贫积弱，岌岌可危。他一直把民族利益和国家利益放在第一位，对俄国从西北到东北的虎视，日本在东部的蠢蠢欲动，东南和西南英法的蚕食，一直保持着高度的警惕，时时吁请国人加强警戒。对于一系列不平等条约，他无不

① 中山市人民政府编：《郑观应志》，广东人民出版社 2009 年版，概述、第 2 页。

痛心疾首，抨击列强的强盗逻辑，及时出谋划策，以求尽可能地保护本国的根本利益。但是，这并不影响他对西方列强各国现代性合理因素的肯定，并以开放的态度，以它们为榜样，设计中国的现代化蓝图。他对中国通过主动进行一系列的现代化改革，实现富国强兵，重新自立于世界民族之林，与世界其他爱好和平的民族共同建立大同世界始终充满信心。因此，有人指出："郑观应从对时代的理解中找到了自己的人生目标，他是一个'救时'的理想主义者，'救时'的理想贯穿于他的一生，无论在人生的学习阶段，还是在从事洋务阶段、闲居而著书立说阶段，或者是'从政'的插曲阶段，都无不以'救时'为己任。但是，即使追求高远，郑观应并不热衷于轰轰烈烈的社会效果，一切从细节入手，务求尽可能解决所遇问题，体现出岭南文化的从容而含蓄的内蕴。因此，可以说平实而丰富是他 80 年人生经历的真实写照。"①

个体与时代不是一个简单的小社会和大历史或人与环境、人与文化的问题，而是一个互动共生的复杂关系。一方面是个体如何在某种程度上被政治环境乃至时代精神所形塑；另一方面许多个体确实是在不断反思时代，质问人在特定历史中的处境，甚至想要试图透过自身的力量推动社会改变。因为个人不只是社会结构的被动接受者，也能充当积极行动者的角色，对现有的社会结构施加作用并产生影响。尽管个体的努力有时显得微不足道，但个体的思想和方法、立场和观点毕竟是时代精神的一部分，他的存在和表现因此也会对他生活的时代和社会产生一定的哪怕是微不足道的影响。简单地说，个体既以自己的姿态或方式参与社会活动，改变生活的环境，但同时也被社会和环境所制约、所形塑。同样，郑观应仅仅是他那个时代的一分子，其力量固然十分有限，但其思想的影响却不可低估。他所参与的各种经济活动和社会活动，同样有益于国

① 中山市人民政府编：《郑观应志》，广东人民出版社 2009 年版，概述、第 2 页。

家，有利于社会。他在参与时代和社会变革的同时，也被时代和社会所制约。诚如有的研究者所言："由于时代的局限，郑观应在提倡现代化的过程中，虽然也表现出较为强烈的封建专制批判意识，主张君主立宪民主制度；而一旦面对西方列强的侵略，为了保护本国利益，又不得不权宜地站在清朝政府的立场上，表现出反封建的不彻底性。复杂的历史进程同时决定了人的复杂的思想构成，郑观应在坚持时代潮流的进步方向时间或表现出来的矛盾性，却从另一侧面更加充分地体现了他以本国本民族利益为重的坚定立场和爱国热情，这也许就是历史的辩证法。"①

至于尼采所说的那种存在方式，仅仅是一种主观上的逃离或观看角度上的调整："远远地脱离自己的时代，仿佛从时代的海岸被推回到以往世界观的大洋中，这是极有好处的。从大洋深处眺望海岸，你也许能第一次看到海岸的全貌；再度靠近海岸时，你就强于那些从未离开过海岸的人，你能更全面地了解海岸。"② 其实，这不是逃离时代或现实，而恰恰是为了更好地观看和反思他生活的时代。记得王鼎钧在《碎琉璃》中曾说过颇为实在的话：时代像筛子，筛得每一个人流离失所，筛得少数人出类拔萃。每个人都生逢其时，都在冷漠与热忱、怀疑与坚定中拥抱属于自己的时代，完成对时代的认同。这也许是对"人与时代"这个问题的一种妥协和无奈。其实，还是一位哲人说得好：时代不是从青天白日上叮当一响掉下来的，而是无数的我的呼吸与湮灭铸成的。不负时代、介入时代、拥抱时代，才是最好的选择。而郑观应恰恰是以这种不负时代、介入时代、拥抱时代的姿态，成为时代的代言人和社会变革的推动者。

---

① 中山市人民政府编：《郑观应志》，广东人民出版社2009年版，概述、第2页。
② 参见［德］弗里德里希·尼采：《人性，太人性的：一本献给自由精灵的书》，中国人民大学出版社1985年版。

目 录

1 第一章 香山文化与郑观应的知和行

1 第一节 文化与人

5 第二节 香山文化

17 第三节 知行合一

27 第二章 郑观应笔下的香山形象

27 第一节 文字的书写与历史的记忆

29 第二节 社会形象的审视与价值观念的批评

41 第三节 文化形象的塑造与人文精神的重建

48 第四节 碎片化的香山形象与蜕变中的文化意蕴

53 第三章 郑观应笔下的广东社会

54 第一节 近代广东社会的隐与忧

63 第二节 近代广东社会的乱与治

70 第三节 近代广东社会的丑与美

80 第四节 结语：道是无情却有情

83 第四章 郑观应与唐廷枢

86 第一节 相知相识：都是有志者

93 第二节 同行同事：都是同路人

103 第三节 同道同心：都是有情人

111 第五章 郑观应与孙中山的交往

111 第一节 问 题

113 第二节 交 往

120 第三节 影 响

123 第四节 结 语

125 第六章 同光时期的郑观应民本思想

125 第一节 研究缘起

126 第二节 思想之旅

146 第三节 思想之维

156 第四节 思想之厄

161 第七章 郑观应与中国近代化

162 第一节 近代化：郑观应的追求

171 第二节 知与行：真正的实行家

178 第八章 郑观应研究的当代价值
178 第一节 引言：过去学术研究之不足
181 第二节 价值：当代社会发展的需要
191 第三节 结语：继往开来的学术探索

194 第九章 香山买办与世博会
194 第一节 引言：被忽视的人和事
197 第二节 佳话：徐荣村的世博缘
207 第三节 理想：郑观应的世博情
216 第四节 结语：可贵的世博情缘

219 第十章 香山买办与近代中国
219 第一节 新形象：多维视野下的香山买办
226 第二节 新发现：历史语境下的香山买办
231 第三节 新亮点：重新解读的买办郑观应

235 第十一章 买办与近代中国的社会转型
236 第一节 买办是东西方之间的中介人
244 第二节 买办是中国近代工商业的推动者
258 第三节 买办是近代中国社会风气的开新者

270 后 记

第一章　香山文化与郑观应的知和行

近代香山县为什么能出现像容闳、唐廷枢、郑观应、孙中山这样具有重大历史影响的杰出人物？郑观应17岁时为什么要弃文从商，充当他本不想担当的外国洋行买办这个职务？他的富强救国论和君主立宪主张，以及“商战”思想与香山文化和社会发展有何关系？对这些问题，许多专家学者都曾进行过研究和讨论①，但大多仁者见仁、智者见智。俗话说：“树有根，水有源。”一个人的成长，总离不开特定的环境条件。郑观应个性的陶铸、思想的形成和事业的成败等，同样与他生活的环境条件有关。

第一节　文化与人

著名人类学家露丝·本尼迪克特认为：“一种文化，就像一个人，

---

① 参见王远明主编：《香山文化——历史投影与现实镜像》，广东人民出版社2006年版；易惠莉：《郑观应评传》，南京大学出版社1988年版；汪敬虞：《唐廷枢研究》，中国社会科学出版社1983年版；刘中国、黄晓东：《容闳传》，珠海出版社2003年版；徐矛主编：《中国十买办》，上海人民出版社1996年版；胡波：《岭南文化与孙中山》，中山大学出版社1997年版；胡波主编：《人文香山（第一辑）》，广东人民出版社2005年版；王远明、颜泽贤主编：《百年千年：香山文化溯源与解读》，广东人民出版社2006年版；胡波：《香山名人文化十二讲》，江西人民出版社2015年版。

或多或少有一种思想与行为的一致模式。每一文化之内，总有一些特别的，没必要为其他类型的社会分享的目的。在对这些目的的服从过程中，每一民族越来越深入地强化着它的经验，并且与这些内驱力的紧迫性相适应，行为的异质项就会采取愈来愈一致的形式。”① 林语堂在他的名著《吾国与吾民》一书中对中国南北人文差异曾做过十分生动的评述：

……北方的中国人，习惯于简单质朴的思维和艰苦的生活，身材高大健壮，性格热情幽默，吃大葱，爱开玩笑。他们是自然之子，从各方面来讲更像蒙古人，与上海以及江浙一带的人相比则更为保守，他们没有丧失掉自己的种族活力。他们致使中国产生了一代又一代的地方割据王国，他们也为描述中国战争与冒险的小说提供了人物素材。

在东南边疆，长江以南，人们会看到另一种人。他们习惯于安逸，勤于修养，老于世故，头脑发达，身材退化，喜爱诗歌、喜欢舒适。他们是圆滑但发育不健全的男人，苗条但神经衰弱的女人。他们喝燕窝汤，吃莲子。他们是精明的商人，出色的文学家，战场上的胆小鬼，随时准备在伸出的拳头落在自己的头上之前就翻滚在地，哭爹喊娘。他们是在晋代末年带着自己的书籍和绘画渡江南下的有教养的中国大家族的后代。那时，中国北方被野蛮部落所侵犯。

在中国正南方的广东，我们又遇到另一种中国人。他们充满了种族的活力，人人都是男子汉，吃饭、工作都是男子汉的风格。他们有事业心，无忧无虑，挥霍浪费，好斗，好冒险，图进取，脾气急躁，在表面的中国文化之下是吃蛇的土著居民的传统，这显然是中国古

① ［美］露丝·本尼迪克特著，何锡章、黄欢译：《文化模式》，华夏出版社1987年版，第3页。

代南方粤人血统的强烈混合物。在汉口的南北，所谓华中地区，是信誓旦旦却又喜欢搞点阴谋的湖北人，被其他省市的人称作“天上九头鸟，地下湖北佬”，因为他们从不服输。他们认为辣椒要放在油里炸一下，否则还不够辣，不好吃。而湖南人则以勇武和坚韧闻名，是古代楚国武士后裔中较为使人喜欢的一些人。

由于贸易，由于皇家规定入仕的才子要到外省做官，而这些官吏家属也随往定居的缘故，种族开始有些混合，使省与省之间的区别有所减小。然而，总的倾向依旧存在。一个明显的事实是，北方人基本上是征服者，而南方人基本上是商人。在所有以武力夺取了政权而建立自己的朝代的盗匪中，没有一个是江南人。吃大米的南方人不能登上龙位，只有吃面条的北方人才可以，这是一贯的传统。①

林语堂对南北中国人的评述，恰恰印证了“一方水土养一方人”这句中国古谚。世界著名文学家、作家巴尔扎克也曾认为有四个主要的内外因素决定着人类的生活和命运，那就是“气候、食物、土壤、地形”。实际上除此之外，还有长期的历史文化的传承和沉淀，也极大地影响了中国南北文化的差异。刘师培就说：“大抵北方之地，土厚水深，民生其间，多尚实际。南方之地，水势浩洋，民生其际，多尚虚无。”北方辽阔的黄土地和黑土地，景色壮丽，气候干燥寒冷，天空高旷凄凉，植被贫乏，在这种环境下，人物的性情多厚重、强悍、豪爽、严谨。而南方水流纵横，山色清华，植物华丽，气候温暖湿润，云雾低垂洼灵，在这种环境下，人物的性情多柔婉、细腻、灵捷、浪漫、精明。北方人的主食是高粱、大豆与白面，所以，培育了北方人的魁伟与刚健的体魄，

① 林语堂著，郝志东、沈益洪译：《中国人》，浙江人民出版社 1988 年版，第 3—5 页。本书另一译名即《吾国与吾民》。

同时，这些作物的耕作需要人们之间的协作，因此，人与人之间的合作精神与政治意识就凸显出来。而南方人以稻米为主食，所以，有着灵巧的心性，同时，“水稻栽培往往促进分散的离心力”而不是合作的向心力，所以，南方人漠视政治的个性就较为突出。鲁迅在谈到南人与北人时，也感慨地说：“北人的优点是厚重，南人的优点是机灵，但厚重之弊在愚，机灵之弊在狡，所以从相貌上看，北人长南或南人长北相者为佳。”王国维则认为：“南方人性冷而遁世，北方人性热而入世；南方人善幻想，北方人重实行。”其实，南北中国人的讨论，揭示的却是地理环境与文化构成，以及人与文化之间的不可分割的内在联系。

人离不开文化，文化又离不开自然环境和地理条件。《吕氏春秋·尽数》中早就有“轻水所，多秃与瘿人；重水所，多尰与躄人；甘水所，多好与美人；辛水所，多疽与痤人；苦水所，多尪与伛人”之类的判断。《汉书·地理志》中还有“凡民函五常之性，而其刚柔缓急，音声不同，系水土之风气，故谓之风”。明代王士性在《广志绎》里讲到浙江地区的人文差异时，更加肯定地指出：“杭、嘉、湖平原水乡，是为泽国之民；金、衢、严、处丘陵险阻，是为山谷之民；宁、绍、台、温连山大海，是为海滨之民。三民各自为俗，泽国之民，舟楫为居，百货所聚，闾阎易于富贵，俗尚奢侈，缙绅气势大而众庶小；山谷之民，石气所钟，猛烈鸷愎，轻犯刑法，喜习俭素，然豪民颇负气，聚党兴与而傲缙绅；海滨之民，餐风宿水，百死一生，以有海利为生不甚穷，以不通商贩不甚富，闾阎兴缙绅相安，官民得贵贱之中，佳尚居奢俭之半。”也就是说，不同的地理环境决定了不同人群的生产方式、生活方式、思维方式、文化心理乃至风俗习惯、价值观念、人生观、世界观。

从文化学的角度上看，文化是决定人类行为的主要因素之一。文化有如物理环境一样，它是塑造人的行为的两种主要“外部”要素之一。文化与物理环境这两种“外部”要素与两种“内部”要素——生理的和心理的要素相互作用，从而构成了决定人的行为的根本要素。文化既有其外在的特征，又有其内在的特征。它的外在特征表现在各种制度如家庭的、教育的、政治的、家教的、经济的等和其他各种人为的事物上；它的内在特征表现在各种价值观念、信仰体系、世界观和认识论上。所有这些要素都是同时发生作用的，人就是所有这些要素的贮藏器，当这些要素通过生理的和心理的过程被内化时，人就是这些要素发生作用的反映装置。因此，我们不能把人的行为简单地看成是人的一种机能。

人都是在某种情境中生存和发展的。任何人都无法摆脱使他成为某种特定的人的外部力量而生存。[①] 以郑观应为代表的香山买办能够在19世纪的中国迅速崛起，并于政治、经济、文化和社会各个领域产生深远影响，就绝非“时势造英雄”或“英雄造时势”这种简单的历史命题可以解释清楚的。尤其是集买办、商人、实业家、思想家于一身的郑观应，他的言行和人生抉择，与唐廷枢、徐润、莫仕扬等香山买办的相似性，既显示了香山文化的穿透力和凝聚力，又反映了地域文化——香山文化的时代性和独立性。可以说，由自然和人文在历史互动中形成的香山文化，直接决定了郑观应最初的认知、情感和意志，也间接地影响了他的事业和人生。

第二节　香山文化

香山文化，主要是指以包括今日中山、珠海、澳门在内的香山为依据，渊源于历史上人与自然，以及人与人之间的对象性关系而成的特定生活结构体系，是中原士族移民入徙香山带来的中华文化和本土文化融

---

① ［美］A·马赛勒等著，任鹰等译：《文化与自我——与西方人的透视》，浙江人民出版社1988年版，第295页。

合，并与西方文化交会，逐渐形成的一种新质文化。[①]

从香山文化生成发展的过程上看，其演变经历了汉、唐、宋萌芽期，元、明、清积累期，近现代成熟期和当代发展转型期四个阶段。它集中体现了岭南文化中粤、闽、客三大民系的文化特征，是中原文化、土著文化、南洋文化、西洋文化相互碰撞和相互融合的产物，是相对岭南文化而言的亚文化。其形成发展演变的历史可以说是岭南文化的一个缩影，是岭南文化的一个重要标本。

从内容构成和表现形式上看，香山文化主要包括方言文化、民俗文化、买办文化、商业文化、华侨文化、名人文化和思想文化七个方面的内容。[②]沧海桑田的巨变和海内外移民的迁入，使古代香山成为典型的文化多元的移民社会。岭南三大方言民系（粤语方言、闽南方言、客家方言）及五百多个姓氏在香山（包括中山、珠海、澳门）地区共生共荣，共同构成了一个多元文化的移民社会。中山籍学者何大章发表的《解放前夕之中山县地理概要》一文中，更详细地指出：

> 考县民以那洲、古鹤等村及疍家为土人，惜已衰退，今日人口血统主要有四系；一为石岐系，即石岐恒美一带居民，迁入甚早，县析自东莞，时犹孤立，至今言语亦成一系，人重体面；二为小榄系，在北境平原，三九区一带，人多自南番顺移入，操顺德口音，人重保守，聚族而居；三为西乡系，即谿角大涌一带人口，概为福建籍人，自闽潮移入，为时亦久，语言独异，民性勇敢，华侨最多；四为斗门系，包括海岛一带，人多自新会入来，操新会语声，富有冒险精神。

① 参见胡波：《香山文化的现代诠释》，载《学术研究》2006年第6期。

② 在王远明的《香山文化论纲》一文中，香山文化又被看做是方言文化、民俗文化、洋务文化、商业文化、华侨文化、名人文化和思想文化所构成。见《学术研究》2006年第8期。

英国画家奥古斯特·博塞尔于1838年绘、西塞里刻之设色石版画，画中可见从当时的岐江西岸向东所见的景物。图中海关现已不存（中山市博物馆提供）

此外县民一部为客家人，最后散居山地之间，唯刻苦胜人。全县居民多务农，勤劳是尚，民性优越。[①]

不同时空条件下的不同族群，在相对封闭的环境下，彼此之间缺乏语言文化等方面的交流，久而久之就自然地形成了一个典型的“方言岛”。[②]

据史料记载，香山在古代只是伶仃洋上的若干岛屿，所谓“香山为

① 政协广东省中山市委员会文史委员会编：《中山文史》总第15辑，1988年编印，第114—115页。

② 参见黄淑娉主编：《广东族群与区域文化研究》，广东高等教育出版社1999年版；周振鹤、游汝杰：《方言与中国文化》，上海人民出版社1986年版；李新魁：《广东的方言》，广东人民出版社1994年版；司徒尚纪：《岭南历史人文地理：广府、客家、福佬民系比较研究》，中山大学出版社2001年版；詹伯慧主编：《广东粤方言概要》，暨南大学出版社2002年版。

邑，海中一岛耳”，到明清时期才逐渐出海成陆。[①] 山海相依的环境条件，造就了香山人独特的精神气质。大海，对缺乏勇气和智慧的族群来说，是一种天然的阻隔，香山的先民却能围海造田，并将其变成富饶的绿洲；大海，有时是一条暗藏杀机的险道，香山人却凭借它远涉重洋，开辟了“金山坦途”。“靠山吃山，靠水吃水”，香山人就是在山与海的结合中，历练出开放包容的胸襟和刚柔相济、开拓创新的品格。香山独特的地理环境和自然条件，也内在地规定了香山人农商并重的生产方式和生活方式。尤其是自 1557 年葡萄牙人租住澳门以来，香山在长达 300 年的时间内，一直处于早期中西文化交汇的关键地带。明代中后期，香山县的文化教育与中原不相上下。明嘉靖年间（1522—1566 年），参加科举人数与日俱增，中举人数达 180 人之众，其中，有 16 人考取进士。在道德文章上颇负盛名的亦不乏其人，如黄畿、黄佐父子。黄畿勤于著述，有“粤州先生”之称；黄佐参加廷试，五试皆为第一，其著述甚丰，且广为传诵，时人誉为奇才。到了清朝，香山人读书应试者众，在清初至科举制废除的两百余年内，香山出了 2 名探花，107 名进士，其中，武进士 67 人；721 名举人，其中，武举人 312 人。[②] 虽然科举考试不是衡量人才的唯一标准，历代科举取得功名的人员数目也不等于历代香山人才的总量，但可以肯定地说，它毕竟是古代香山文化教育和社会发展的重要标志，反映了香山社会的价值取向和文化认同，体现了香山社会的政治、经济、文化和社会发展的总体水平。

鸦片战争后，得地理和海上交通之利，香山人率先走出国门，直接

---

① 参见银铓编著：《中山邑史考》（《中山文史》总第 37 辑），政协广东省中山市委员会文史委员会 1995 年版。

② 胡波主编：《人文香山（第一辑）》，广东人民出版社 2005 年版，第 6 页；又见中山市档案局（馆）、中国第一历史档案馆编：《香山明清档案辑录》，上海古籍出版社 2006 年版。

或间接地接受西方近代先进文化的洗礼，并在国内开风气之先。被誉为中国留学生之父的容闳，提出的幼童留美计划，开中国官费留学美国的先河。在 120 名留美幼童中，香山籍的留美幼童约占 1/3，其中，唐绍仪、唐国安、梁如浩、蔡廷干、欧阳庚等，在中国近代化进程中均起了重要作用。[①] 徐润、唐廷枢等香山买办，率先参与或投资于近代新式工商业，成为轮船招商局、天津矿务局、上海机器织布局和保险业、地产业等方面的重要奠基者和中国近代化的重要推动者。[②] 华侨马应彪、郭乐、李敏周、蔡昌等在国内先后创办的先施公司、永安公司、新新公司和大新公司，首创不二价、使用女售货员、经营环球百货等，成为中国现代民族百货业的开创者。[③] 孙中山率先举起"驱除鞑虏，恢复中华，创立民国，平均地权"的"民族、民权、民生"三民主义大旗，率先提出"振兴中华"的思想主张，成为中国近代民主革命的先行者。在孙中山的引领下，革命者们推翻了清王朝专制统治，结束了两千多年的封建帝制，开创了中国历史的新纪元。在近现代中国政治、经济和文化领域，香山人始终与时俱进，不断开拓创新，涌现出一大批领风气之先的人物。权威的大型综合辞书《辞海》收录的 2353 人中，香山籍的就有 188 人，占总数的 8%。在《中国近代史词典》中，收录的香山籍人物近 30 人。《中国现代史词典》收录的 1034 人中，香山籍的人物有 15 人，占总数的 1.4%。《孙中山词典》收录的近 800 个中外历史人物，香山籍的有 42 名，占总数的 5%。

---

① 参见[美]勒法吉原著，高宗鲁译注：《中国幼童留美史》，珠海出版社 2006 年版；吴文莱主编：《容闳与中国近代化》，珠海出版社 1999 年版。

② 参见徐矛主编：《中国十买办》，上海人民出版社 1996 年版；张耀中主编：《珠海历史名人》第一卷；《珠海历史名人》第二卷。

③ 参见胡波主编：《人文香山（第一辑）》，广东人民出版社 2005 年版，第 38—80 页；上海社会科学院经济研究所编著：《上海永安公司的产生、发展和改造》，上海人民出版社 1981 年版；［澳大利亚］李承基：《四大公司》（《中山文史》总第 59 辑），2006 年编印；黎志刚访问、记录，陈绛校阅：《李承基先生访问纪录》，台北"中研院"近代史研究所 2000 年版。

1872 年，中国首批“留美幼童”启程前在上海轮船招商总局前留影（中山市档案馆提供）

而载入其他典籍的香山历代名人也有 300 余人。在中国最早官派留美幼童 120 人中，香山籍贯的就有 39 位，占总数的 1/3。《中国商业百科全书》收录的 33 位人物中，就有香山人唐廷枢、徐润、郑观应显赫的名字。[①] 可以说，香山先贤以先进的思想和实际的行动有力地推动了中国近现代社会的历史进程。[②]

表 1—1：香山买办及业绩成就

姓名	业绩成就
唐廷枢	创办中国第一家水泥厂（唐山士敏土厂）
	创办中国近代史上最大的煤矿（开平煤矿）
	创办中国自建的第一条铁路（唐胥铁路，即开平铁路）
	主持制造中国第一台蒸汽机车（“龙号”火车头）
	编撰中国第一部汉英词典

① 胡波主编：《人文香山（第一辑）》，广东人民出版社 2005 年版，第 7 页。

② 参见王远明主编：《风起伶仃洋——香山人物谱》，广东人民出版社 2006 年版；王远明、颜泽贤主编：《百年千年：香山文化溯源与解读》，广东人民出版社 2006 年版；胡波主编：《人文香山（第一辑）》，广东人民出版社 2005 年版；中山市地方志办公室等编：《香山设县 850 年》，广东人民出版社 2003 年版。

（续上表）

姓名	业绩成就
唐廷枢	被誉为中国第一位近代企业家
徐　润	与唐廷枢合作创办中国第一家保险公司（仁和水险公司）
	创办第一家民营机器印刷厂（同文书局）
	创办上海第一家西医医院（仁济医院）
	创办香港第一家华商糖厂（利远糖榨公司）
	上海商务总会的第一任协办（1904年）
	曾任轮船招商局总办（会办）
蔡　昌	中国最大百货公司（大新公司）创办人
马应彪	创办上海第一家民族资本运营的大型百货公司（先施公司）
	首创中国商品标价不二价制度
	售货一律开发票
	从业人员每逢星期日休息和破例雇用女店员
郭　乐	永安百货公司的创办人，经营环球百货
李敏周	新新公司的创建者
郑观应	近代著名的实业家与买办，力主在中国应实行政治制度的变革，实行君主立宪制，系统地论述了“商战”，著有《救时揭要》《易言》《盛世危言》等
黄　胜	创办中华印务总局，首开中国人自办近代印刷业的先河

注：上表根据中山市地方志编纂委员会编《中山市志》（广东人民出版社 1997 年版）、珠海市地方志办公室编《珠海市人物志》（广东人民出版社 1993 年版）等书编制。

表 1—2：香山名人及业绩成就

姓名	生卒年	业绩成就
苏曼殊	1884—1918	诗人、作家、翻译家，一生极具传奇色彩
吕文成	1898—1981	“二胡王”，民间音乐家，代表作有《平湖秋月》《步步高》《青梅竹马》等
阮玲玉	1910—1935	杰出演员，主演《新女性》《神女》《三个摩登女性》等电影
容国团	1937—1968	著名运动员，多次获乒乓球世界冠军，是中国有史以来第一个体育世界冠军
萧友梅	1884—1940	音乐教育者，创办第一所高等音乐院校，著有多本音乐教材
方人定	1901—1975	著名画家，作品甚多，如《四牛图》《踏血》

（续上表）

姓名	生卒年	业绩成就
郑志声	1903—1941	指挥法国交响乐团的第一个中国人，代表作有歌剧《郑成功》等
郑君里	1911—1969	著名导演，作品有《一江春水向东流》《林则徐》等
阮章竞	1914—2000	文学家
黄冷观	1883—1938	同盟会员、报业家、小说家
梁白波	不详	20世纪30年代知名女漫画家
张慧冲	1898—1962	“海派”魔术的奠基人，有“世界魔术冠军”之称
古　元	1919—1996	著名版画家、教授，代表作品《水乡油田》等
郑景康	1904—1978	著名摄影家，代表作《挥手之间》《陕北与江南》等
容　闳	1828—1912	中国近代史上首位留学美国的留学生
容启东	1808—1987	植物学家，香港中文大学首任副校长
韦　悫	1896—1976	教育改良家
康有恒	1896—1976	水稻专家
杨匏安	1896—1931	新文化运动倡导者，马列主义思想家，著有《美学拾零》等
黄　汇	1861—1934	沙溪凉茶创始人
谭　真	1899—1976	学者，交通部副部长，全国人大代表
钟荣光	1866—1942	学者，岭南大学首任校长
韦卓民	1888—1976	学者，华中大学校长，译有康德《判断力批判》
唐国安	1858—1913	清华大学首任校长
王云五	1888—1979	著名出版家，发明“四角号码检字法”，主持出版《万有文库》《百科小丛书》等
黄　胜	1827—1902	报业家、出版家，与王韬合著多部，如《火器略说》等
刘师复	1884—1915	同盟会成员，思想家，著有《师复文存》等

注：上表根据中山市地方志编纂委员会编《中山市志》（广东人民出版社 1997 年版）、珠海市地方志办公室编《珠海市人物志》（广东人民出版社 1993 年版）等书编制。

表 1—3：晚清香山籍留美幼童列表

姓名	经历成就
第一批（1872年到美国）	
蔡绍基	初任上海大北电报公司翻译。后随同袁世凯办理朝鲜通商洋务，其后曾任天津外事局长、北洋大学校长、天津海关总监、天津海关道台等职，殁于1933年

（续上表）

姓名	经历成就
钟文耀	初在上海港务局工作，旋即转入外交界，先后任驻美国华盛顿使馆翻译、驻西班牙马德里代办、驻菲律宾马尼拉总领事及京沪、沪杭甬铁路局长，铁道部顾问
欧阳庚	分发福州海军学校。其后派往美国纽约领事馆服务。曾任清驻加拿大温哥华领事、驻墨西哥条约特使、第一任驻巴拿马总领事等。一直在外交界服务。迄至退休
容尚谦	分发福州海军学校，毕业后在扬武旗舰学习，光绪十年（1884年）参加中法在福州之海战，旗舰受创，乃跳海游水登岸。光绪二十年（1894年）中日战争时，担任环泰军舰舰长，后任轮船公司经理多年。转任平沈铁路运输处长。迄至退休
蔡锦章	经商，其后任职于京沪铁路，殁于上海
张康仁	重赴美完成学业，在火奴鲁鲁与旧金山两地执律师业，曾任驻西雅图领事，殁于美国
刘家照	参加外交部天津局工作，殁于广州
谭耀勋	1883年毕业于耶鲁学院。同年殁于美国
程大器	执教于江南武备学堂。殁于上海
陆永泉	分发广州海军学校，未毕业即赴美继续深造。曾任驻纽约领事，在办公室被暗杀
邓士聪	海军军官
钟进成	任广州、香港、厦门、重庆等地美国领事馆职员
史锦镛	经商，殁于上海
第二批　（1873年到美国）	
蔡廷干	初服务于大沽炮台鱼雷舰队。光绪二十年（1894年）中日之战，任威海卫鱼雷舰指挥，后任北京海关税务司，殁于北京
梁金荣	在电报局服务，殁于江西省电报局长任内
李恩富	重赴美国求学，耶鲁学院毕业，回国后在广州办报
黄有章	家居
容尚勤	度其教书生活，殁于广州
李桂攀	重赴美国完成学业，经商，殁于纽约
唐国安	服务于唐山工矿公司，后协办清华学堂，殁于北平
宋文翙	分发福州海军学校，后调北洋舰队服务。参加光绪二十年（1894年）中日鸭绿江战役，任长江舰队炮舰舰长。殁于上海
张有恭	早年溺毙于黄浦江

（续上表）

姓名	经历成就
邓桂廷	分发福州海军学校，未毕业即离校，赴日本经商，殁于神户
唐元湛	上海电报局工作，任上海商业储备银行董事，殁于上海
卓仁志	曾在上海电报局工作，早亡
第三批（1874年到美国）	
唐绍仪	初在海关工作。后来任袁世凯秘书、天津海关道台、主西藏特派员、外务部次长。袁世凯时代任内阁总理（后离开袁氏参加国民政府）。广东中山县模范县长，国民政府高级顾问。1938年9月在上海法租界寓所遇刺身亡
梁如浩	初在上海海关工作，后任平沈铁路局长和营口、上海等海关道台
容耀恒	分发天津海军学校，毕业后转往汉口、香港经商，曾任孙大总统顾问，殁于上海
徐振鹏	分发福州海军学校，其后被派北洋舰队。曾参加鸭绿江海战。任长江舰队司令，海军部次长、环泰舰长，殁于上海
唐致尧	初经商，后在天津税务局工作，殁于上海
郑廷襄	在美国担任机械工程师
第四批（1875年到美国）	
刘玉麟	曾在欧美各国任领事职，驻英公使
黄耀昌	初在上海纺织厂，旋即进入汉口一英商轮船公司服务。宜昌开埠后任该公司驻宜昌代理人。 进招商局及京沪铁路、平汉铁路工作。殁于上海
谭耀芳	早亡于广州
盛文扬	初在电报局工作。后来主持地方行政，殁于福州
唐荣浩	任山东省外事局长，山东省候补道台，殁于济南
唐荣俊	经营父遗商业，殁于上海
吴其藻	铁路官员
陈绍昌	早亡

注：上表根据［美］勒法吉原著，高宗鲁译注《中国幼童留美史》（珠海出版社 2006 年版）编制。

值得关注的是，地处珠江出海口的香山，特殊的地理环境和社会生产生活条件，还造就了香山人注重实际、农商并重的文化传统。南宋绍兴二十二年（1152 年）建县后的县城石岐，一直是各种商品的集散地。元明时期，石岐烟墩山下就有商铺十八间的传说。葡萄牙人租住澳门后，澳门与香山地区之间的贸易就更加频繁。[①]1842年中英《南京条约》签订后，中外贸易和区间的商品流通，并没有因商贸中心的北移而减少，境内除石岐外，小榄、前山、香洲等地，也因商业的繁荣而成为集镇。特别是清末民初，受孙中山的民主革命和“实业救国”思想的影响，华侨纷纷回国投资兴办实业、发展生产，香山的工商业再一次出现蓬勃生机。[②]仅县城石岐，就有华侨投资经营的钱银业部48家。其中，永安公司和先施公司均在石岐设有钱银业部，掌握大批侨汇，还经营按揭、储蓄、保险等业务，大量吸收游资，直接与三藩市、檀香山、悉尼、新加坡等地华侨联系，业务范围广，社会经济影响大。[③]20世纪初，香洲商埠的开辟和后来中山港的建立，以及中山模范县的设置，既扩大了香山在海内外的影响，又加快了香山社会经济、政治和文化诸项事业的发展。[④]香山文化也正是在千百年历史文化积淀的基础上，于近现代臻于成熟，并开始从传统迈向现代的。

香山文化在发展与传承中，不仅有了深厚的历史积淀，而且也形成了传承性、包容性、先导性、民生性、创新性和开放性的文化特点，其人文精神主要表现为：

坚守正统与开放创新并存。多元文化并存是香山文化开放包容的表现。在海纳百川兼容并包中，香山人始终坚守自己的文化传统，不断地实现文化创造性转化和提升。孙中山就说：“余之谋中国革命，其所持

---

① 参见李国瑞：《岐海商涛》（《中山文史》总第30辑），政协广东省中山市委员会文史委员会1994年版。

② 参见李国瑞：《岐海商涛》（《中山文史》总第30辑），政协广东省中山市委员会文史委员会1994年版。

③ 参见中山市地方志编纂委员会编：《中山市志》，广东人民出版社1997年版；珠海市地方志编纂委员会编：《珠海市志》，珠海出版社2001年版。

④ 参见王远明、颜泽贤主编：《百年千年：香山文化溯源与解读》，广东人民出版社2006年版；王远明主编：《香山文化——历史投影与现实镜像》，广东人民出版社2006年版。

繁荣的珠江贸易（历史绘画）

之主义，有因袭吾国固有之思想，有规抚欧洲之学说事迹者，有吾所独见而创获者。”①

趋利务实与热情浪漫同在。香山人得山海相依之自然条件和生存环境，一方面，变得务实求真，趋利避害，具有强烈的时间观念和变革观念，表现出趋利务实的个性；另一方面，香山人又热爱自然、热爱生活，对人生充满憧憬，表现出热情浪漫的诗性情怀。

刚勇好强与文质彬彬兼备。古代香山人崇文尚武，在历代科举考试中，文进士文举人固然代不乏人，但武进士武举人也层出不穷。他们一方面喜欢习武强身，保家卫国，在历代抗击外来侵略者的斗争中，刚勇顽强、大义凛然。南宋末年马南宝毁家纾难，奋起勤王就是典型；另一方面香山人又擅长舞文弄墨，吟诗作画，表现出儒者风范，如黄佐、何曰愈、曾望颜、鲍俊、苏曼殊、黄苗子、方成等表现出的就是诗人气质和学者情怀。香山文化因而具有刚柔相济、儒侠兼备的特色。

---

① 中国社会科学院近代史研究所中华民国史研究室等编：《孙中山全集》第七卷，中华书局 1986 年版，第 60 页。

科学理性与人文关怀合一。沧海桑田的巨变和移民社会，构成了香山独特的自然和人文相得益彰的生活环境。香山人在改造自然、适应自然的过程中，学会了思考和创造，懂得了博爱和包容。一方面，他们善于适应环境和灵活变通，处事从容，稳中求进，表现出一种务实守信和客观公正的理性精神；另一方面，在人与人、人与社会的关系网络中，表现出和睦相处、守望相助、重礼尚义的人文精神，真正做到了天人合一、道法自然。"博爱、创新、包容、和谐"的新时期中山人精神，就是香山文化在当代中山社会的传承与创新。

第三节　知行合一

人不能离开自然与人类而孤立，当他顺着意志谋生时，势必与自然和他人发生关系。代代相传和不断发展的香山文化，对年幼的郑观应来说，就是他的根本。有的学者指出："郑观应就是在这样一个既面对中西方经济文化交流，又固守乡土传统、乡土文化的澳门、香山地方的社区环境中度过了青年时代，并完成了早期教育。当地的经商传统使郑观应刚及成年就早早走上买办商人的道路，而当地的文化传统则已潜移默化地深植于他的思想深处，而影响着他后来的思想发展道路。收在《罗浮待鹤山人诗草》中的第一首诗《侠客行》，应是郑观应最早的诗作，既透露出作者不甘平平淡淡度过一生的高远心志，也显示出作者是深受故乡乡土文化的影响。"[①] 也就是说，香山文化的人文特质和香山人的精神品格，在郑观应身上都能或多或少地找到影响的痕迹。

首先，香山人的经商传统，与外商打交道的知识、经验和才干，影响了郑观应的人生选择和价值追求。

① 易惠莉：《郑观应评传》，南京大学出版社1988年版，第11—12页。

香山人在中外贸易的过程中，较早地得到了锻炼。一批精通中外贸易业务和外国语言的买办商人，在近代中国开埠通商后应运而生。[①]郑观应的家族和他的亲朋好友中做买办的就有不少人。他的父亲曾一度经商并做过买办。他叔父郑廷江（秀山）是上海新德洋行的买办。他的亲戚曾寄圃是上海宝顺洋行的高级买办。香山雍陌村的郑氏家族子弟在郑文瑞的安排下大都弃文从商，甚至直接成为洋行的买办。郑观应的胞弟郑翼之

郑文瑞（郑观应父亲，引自“郑观应生平史迹展”）

① 作为一个国际贸易港口，中外商品的中转站——香山澳门，较早地具有了外向型商品经济的特征，十分注重现实利益，讲求市场效应。先后有欧、亚、非、美等洲20多个国家的商人来过澳门。利玛窦在他的札记中曾有过这样的记述：“他们（广东人）从未完全禁止贸易，事实上他们允许增加贸易，但不能太快，而且始终附有这样的条件：即贸易时期结束后，葡萄牙人就要带着他们全部的财物立即返回印度。这种交往持续了好几年，直到中国人的疑惧逐渐消失，于是他们把邻近岛屿的一块地方划给来访的商人作为一个贸易点。那里有一尊叫做阿妈的偶像。今天还可以看到它，而这个地方就叫做澳门，在阿妈湾内。”（［意］利玛窦、金尼阁著，何高济等译：《利玛窦中国札记》，中华书局1983年版，第140页。）还在1564年，浙江巡按庞尚鹏在题为《陈末议以保海隅万世治安疏》中就指出：“近数年来，始入蚝镜澳，筑室以便交易，不逾年多至数百区，今殆千区以上。日与华人相接济，岁规厚利，所获不赀。故举国而来，负老携幼，更相接踵，今筑室又不知其几许……”［参见（明）《经世文编》卷357。］两广总督孔毓珣在《酌陈澳门等事疏》中称：“广东香山澳门向有西洋人来贸易，居住纳租逾二百年，今户日繁，总计男妇三千五百六十七名，大小洋船近年从外国造船回澳，共有二十五艘，此后船只日增。”而澳门生活资料的供应几乎全赖香山县，清政府规定：“粮食计口而授，每几日放一关；其一切用物皆藉检查留难。计（香山）县与澳（门）人口数万，断绝往来生业，生食致困，愁苦难言。”可见澳门与香山的商贸往来自16世纪后期以来一直不曾有过间断。香山县正是有了澳门这一个对外贸易的基地，而有了外贸和商业方面的训练，以及中外文化交流。

在英商太古洋行做买办。郑观应的同宗哥哥郑济东和徐润都在上海宝顺洋行学艺。受香山社会风气和价值取向等的影响，整个19世纪，香山唐氏家族、徐氏家族、莫氏家族和郑氏家族，几乎祖孙三代都成为洋行的雇员。曾经不太引人注意的香山县，在鸦片战争和五口通商后，几乎成了中国“买办的故乡”。

香山重商传统和长期对外贸易形成的家族式商业关系网络和人脉，是郑观应习文重商意识产生的社会文化基础。郑氏家族与香山买办莫仕扬家族有密切的联系。郑氏族人和莫氏族人长期在英商太古洋行共事，彼此提携，相互扶持，就是例证。郑氏家族和有名望的买办唐廷枢家族是姻亲，与另一买办商人徐润家族是“两代相交近百年”的世交。郑观应晚年有诗《赠徐雨之观察》，诗中“三番共事将卅载，两代相交近百年”，[①]说的就是郑氏家族与徐润家族的历史渊源和相互关系。1892年秋唐廷枢逝世后，郑观应明知盛宣怀与唐廷枢关系不甚融洽，他本人与唐廷枢、徐润等同乡也有见解相左之处，如在轮船招商局的内部管理、人事制度和经营运作等方面，对唐廷枢、徐润的言行就颇有微词，[②]但在致盛宣怀的信函中仍对唐廷枢心存敬意，并吁请盛宣怀重金抚恤唐廷枢遗属。他写道：“……知唐景翁于八月十七日作古，闻信之下，悲悼久之。盖此公一生精力尽消磨于商务、洋务之中，数十年来备尝艰苦，凡事不因仇怨，顾全大局，力图整顿，洵为吾粤中办洋务之特出者。弟与之谊属至亲，诸多叨爱，相依最久，亦相知最深。见其身前一切多为亲友所累，外强中干，有名无实，其身后谅可想见。阁下情殷念旧，当亦为之感慨也。伏忆景翁前在上海与公等创办招商局务，颇费心力，同事有年，故人情重，

---

① 夏东元编：《郑观应集》（下册），上海人民出版社1988年版，第1323页。

② 参见易惠莉：《郑观应评传》，南京大学出版社1988年版，第九章。

无待鄙言赘及矣。”[1]这也表明香山买办内部虽然有意见和性格相左的地方，但并不影响他们对外的团结一致，相互支持。乡土情谊和血缘业缘关系，使郑观应始终自觉地与香山人保持着密切的联系，并努力维持同乡的利益和名誉。

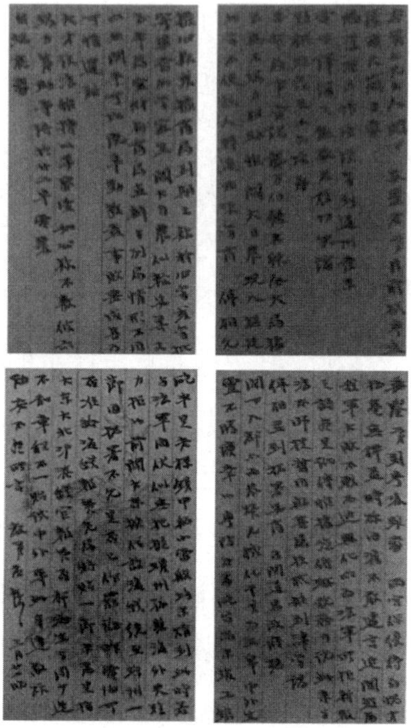
《郑观应致盛宣怀函》

郑观应弃文从商，入洋行做买办，显然与香山这一独特的商业文化环境的影响有关。在《救时揭要》序文中，郑观应曾感慨地说：“仆家贫服贾，负米娱亲，普济虽有怀，恨乏点金之术；显扬仍未遂，徒深投笔之心。惟是庭训夙承，不敢自弃，性耽铅椠，大意粗知。于是不揣固陋，聊效芹曝。研性理则辑道言精义，论感应则集志果诸书，窃冀广推，妄灾梨枣；又复触景伤时，略陈利弊，随所见闻，频登《申报》，更伸鄙臆，撰成是编。或者牛溲马勃，亦备良医之用；方言俚语，不为大雅所遗，于末俗人心，或可少裨万一。是则区区之心所深慰也已。”[2]在《易言》序文中又自我表白：“余质性鲁钝，鲜能记诵。长而客游四方，日与异国人相接。而沪上为江海通津，南北冠盖往来，群萃旅处。达人杰士往往获从之游，与之周旋晋接。窃闻时论，多关大计。以为由今之道，变今之俗，宜览往古，法自然，诹远情，师长技，攻其

① 《郑观应致盛宣怀函》，夏东元编著：《郑观应年谱长编》（上卷），上海交通大学出版社2009年版，第337—338页。

② 夏东元编：《郑观应集》（上册），上海人民出版社1982年版，第5页。

所短，而夺其所恃”，“往余于同治庚午、辛未间，端居多暇，涉猎简编，偶有所见，随笔札记。内之积感于寸心，外之眷怀于大局”。[①]甚至在《盛世危言·自序》中，他又旧话重提：“应虽不敏，幼猎书史，长业贸迁。愤彼族之要求，惜中朝之失策。于是学西文，涉重洋，日与彼都人士交接。察其习尚，访其政教，考其风俗利病得失盛衰之由。”[②]从这三个不同时期的序文中，我们不难看出，香山文化中的重商传统和务实进取的精神在郑观应身上打下了深刻的烙印。其商战思想的形成和富强救国主张之提出，也同样受到香山独特的商业文化环境的影响。[③]

其次，香山又是一个文化多元的移民社会和著名的侨乡，香山人的开放创新和兼容并包的精神，同样影响了郑观应的思想和行动。鸦片战争前，香山就有不少人出洋谋生。鸦片战争后，特别是新旧金山的发现，吸引了大批香山人出外寻求发展。[④]他们到了国外，凭着吃苦耐劳、勤奋好学的精神，积累了一定的资金，有的甚至真的发家致富了。这些海外香山人回来时，不仅带回了数量可观的金钱，而且也捎回了在海外所见所闻的各种信息。曾做过广州市长和驻墨西哥、巴西大使的程天固（1889—1974）在回忆录中就认为，香山因不少人出洋谋生致富回家后，其物质上的富足和精神上的昂扬，影响了家乡人的价值观和人生观。他说：“当时本乡出洋谋生的人很多，每家墙壁上都贴上一条什么‘金山发达’‘大

---

① 夏东元编：《郑观应集》（上册），上海人民出版社 1982 年版，第 63 页。

② 夏东元编：《郑观应集》（上册），上海人民出版社 1982 年版，第 233—234 页。

③ 参见王远明主编：《香山文化：历史投影与现实镜像》，广东人民出版社 2006 年版；胡波主编：《人文香山（第一辑）》，广东人民出版社 2005 年版。

④ 参见胡波：《试析香山人移居海外的动因（1911 年前）》，胡波：《思想人物与历史文化：孙中山与辛亥革命研究文集》，湖北辞书出版社 2002 年版，第 140—159 页；韦庆远：《晚清华工出洋与珠江三角洲社会》，韦庆远：《澳门史论稿》，广东人民出版社 2005 年版，第 211—228 页；叶显恩：《中山县移民夏威夷的历史考察》，叶显恩：《徽州与粤海论稿》，安徽大学出版社 2004 年版，第 408—428 页。

吕宋顺利’‘小吕宋好景’‘南洋发财’等好兆头的标语，见到这种标语，便可知道这家里有人往该地谋生，也就是说，这家的子弟已有很好的出路了。如果他日赚了一笔钱回家，这是家中颇为荣幸的事，并且外乡人最钦慕的事，尤以从美国回来的，没有一个不被人认为满载而归的。乡中有谚语说：‘金山客没有一千都有八百。’故凡乡中之择婿者或女子之求出嫁者，都以出洋回乡的人为追求的对象，其羡慕之情形可见一斑……如能有机会出洋去做的话，是最有希望的，这几乎是我乡当时的一般观念，又为我乡中出洋谋生人数之多的一个缘故。”①大规模的跨国移民，既扩大了香山与外部世界的联系，又确实有效地改变了香山人的物质文化生活和精神面貌。原来贫穷落后的香山，因为有了为数众多的华侨和买办商人，整个社会也就渐渐有了向上的生气。②

另一个不可忽视的现象是，香山县的历史实际上就是一个不断移民和不断开发的历史。香山的社会，因此也是一个不断变动的移民社会。香山县从大海中的一个小岛发展成为珠江三角洲上的上等县，除了大自然的伟大作用外，更重要的恐怕与香山历史上大量移民的涌入和围垦造田，发展农业生产有关。③鸦片战争以后，沿海通商口岸相继开辟，香山人为了谋求更大的发展，又不断地向香港、广州、厦门、上海、汉口、

① 程天固：《程天固回忆录》，香港龙门书店有限公司 1978 年版，第 12—13 页。

② 参见中山市地方志编纂委员会编：《中山市志》，广东人民出版社 1997 年版；中山市档案局（馆）、中国第一历史档案馆编：《香山明清档案辑录》，上海古籍出版社 2006 年版；珠海市地方志编纂委员会编：《珠海市志》，珠海出版社 2001 年版。

③ 参见银铓编著：《中山邑史考》（《中山文史》总第 37 辑），政协广东省中山市委员会文史委员会 1995 年版；曾昭璇、曾宪珊：《宋代珠玑巷迁民与珠江三角洲农业发展》，暨南大学出版社 1995 年版；谭棣华：《清代珠江三角洲的沙田》，广东人民出版社 1993 年版；黄淑娉主编：《广东族群与区域文化研究》，广东高等教育出版社 1999 年版；黄淑娉、龚佩华：《广东世仆制研究》，广东高等教育出版社 2001 年版；司徒尚纪：《岭南历史人文地理——广府、客家、福佬民系比较研究》，中山大学出版社 2001 年版；李权时主编，李明华、韩强副主编：《岭南文化》，广东人民出版社 1993 年版。

天津等城市迁移，并很快在当地崭露头角。在香山人不断向外拓展的过程中，其言行越来越趋向于务实灵活、团结进取。《上海广肇公所缘起》一文中就指出："盖闻天下一郡县之积也，郡县一里乡之积也。通力合作，守望相助，是以统乡里、郡县而天下治也。自井田废而牵车服贾迁于远方者日多。则去其乡而与非同乡之人居，情谊势不相属，因萃同乡里郡县之人，聚处异地仍如故乡，于是乎有会馆之设，亦先王任恤许之义焉。沪渎通商甲天下，我粤广肇两郡，或仕宦，或商贾，以及执艺来游，挟资侨寓者，较他省为尤众，（故有会馆之设）。"[①] 上海广肇公所的创立，以及其职能的体现，就反映了香山买办为代表的香山人之间的团结互助精神。[②]

香山这种开放包容和多元文化并存的移民社会，无疑潜移默化地影响了郑观应的思维方式和价值观念。他年轻时弃文从商，到上海洋行谋生，并对西方文化始终采取一种积极的态度就是例证。郑观应完成了早期儒家教育后，在其父安排下，也像众多香山人一样到沿海通商口岸去谋求发展，即他自己所说的"年十七，小试不售，即奉严命赴沪学贾"。后来在自述中又再次强调弃文从商和自学英文，进入洋行做买办的特殊经历，"余幼承庭训，年十七奉父命赴沪学商务，欲入英文书馆肄业，不获如愿，只在新德洋行买办秀山叔处供走奔之劳，承教英语。继随宝顺洋人坐帆船赴天津考察商务，在津度岁，大雪漫天，身亦只衣布棉袍，

---

① 转引［美］顾德曼著，宋钻友译：《家乡、城市和国家——上海的地缘网络和认同，1853—1937》，上海古籍出版社 2004 年版，第 7 页。

② 参见郭绪印：《老上海的同乡团体》，文汇出版社 2003 年版；刘正纲：《广东会馆论稿》，上海古籍出版社 2006 年版；朱浒：《地方性流动及其超越：晚清义赈与近代中国的新陈代谢》，中国人民大学出版社 2006 年版；［美］顾德曼著，宋钻友译：《家乡、城市和国家——上海的地缘网络和认同，1853—1937》，上海古籍出版社 2004 年版；王日根：《乡土之链：明清会馆与社会变迁》，天津人民出版社 1996 年版；刘志琴主编：《近代中国社会文化变迁录》（三卷），浙江人民出版社 1998 年版。

素位而行，耐苦自励。返沪管丝楼兼管轮船客载事务。公余之暇，约高要梁君纶卿入英博士傅兰雅先生英华书馆夜课，只读英文两年，可知当日贫读之难。”[①]在随后相对漫长的岁月里，郑观应以一位新移民的心态面对“近代中国千年未有之变局”，并主动融入江浙绅商社会，在中国近代工业化的进程中，极大地发挥了自己的作用。[②]

再次，香山人反抗斗争的精神和追求自由幸福的欲望，也深深地感染了郑观应，甚至直接成为郑观应思想和情感中的一部分。七百多年前，香山乡绅马南宝为了救护逃难中的南宋幼帝而投河自尽。明朝末年，清军进军关内，直抵北京，小榄人李孙宸监守德胜门，以身殉职。康熙年间（1662—1722年），香山人对清朝政府的内迁政策和出尔反尔的言行，也曾多次奋起反抗，向政府讨还公道。澳门总督亚马勒在澳门不断制造事端，阻挠中国在澳门行使主权，拆迁民房，挖掘祖坟，强迫四周乡村缴纳租税的过激行为，激起了香山人的愤怒，甚至发生了澳门农民沈志亮刺杀亚马勒的事件。[③]

鸦片战争期间，香山人又积极配合林则徐、关天培的抗英斗争。[④]可以说，香山人的忠义爱国和不屈不挠的斗争精神，自古以来，一脉相承，绵延不断，到了近代直接成为中国民主革命的起源地。香山人反抗强暴、不畏强权的斗争精神，对郑观应肯定也曾产生了不小的影响。尽管郑观应一生当中并不赞成采取过激式的革命方式来获得自由、平等和幸福生活，但他提出富强救国、追求民主、崇尚科学，同样具有反帝反封建的

① 夏东元编：《郑观应集》（下册），上海人民出版社1988年版，第1483页。
② 参见易惠莉：《郑观应评传》，南京大学出版社1988年版。
③ 参见黄鸿钊：《澳门同知与近代澳门》，广东人民出版社2006年版；黄鸿钊：《澳门史》，福建人民出版社1999年版。
④ 参见吴相湘编撰：《孙逸仙先生传》，台湾远东图书公司1982年版，第一章《生于忧患》。

郑观应故居（摄于 2022 年）

思想意义。

表现之一，郑观应经商之余，对世道人心具有一种传统式的道德关怀。在他早期的《救时揭要》一书中就写着民本主义和人道主义的思想情怀，谴责鸦片贸易和苦力贩运这种严重损害中国利益的罪恶事情，主张用中西共通的原则，即国际公法等来解决这种极不人道的问题。他说："外国之人万里而来尚能设官来护，何我国如此之不能保护其民乎！伏恳各国君主畛域无分，体天地好生之心，遵万国之公法，济弱扶倾，吊民伐罪，集众与西洋国理论之。"[①] 受父亲乐善好施言行的影响，郑观应从未去进行大富大贵的追求，在他的买办事业成功之后，他立刻汇款资助父亲用于建筑郑家大屋和三乡雍陌村的私塾及修路等公益事业，并未将所有的

① 《申报》，1872 年 8 月 28 日。

资金用于扩大再生产和个人消费。[①] 而且在晚清义赈活动中，郑观应同样扮演了十分重要的角色，也赢得了封疆大臣和绅商学界的好评。郑氏家族乐善好施的品德，就曾受到朝廷的嘉奖。[②]

表现之二，郑观应在国家利益和个人利益发生冲突时，首先考虑的是国家和民族的整体利益。在他的《救时揭要》《易言》和《盛世危言》等著作中，处处流露着他对国家主权的强调和对利权与民生的关注。他认为“为使臣者，非才德素著，胆识兼优，持大体而敦气节，达时务而谙西律者，断难胜任而愉快”。指出“嗣后各国使臣宜兼二、三品京卿，其胆识兼优者方膺简命，驻扎外洋”。[③] 强调：“泰西各有律法，按籍可稽，倘华人理直气壮，援万国公法反复辩争，坚持不挠，彼虽狡狯，亦当无可措词。”[④] 并主张君民共主，发展工商业，实现富民强国。考其一生的言与行，民本主义思想情怀和爱国主义精神，可谓至情至性、至深至切而又表里如一。

总之，郑观应由学入商，由商入仕的人生，既是顺应近代中国历史发展潮流的明智选择，也是香山文化影响的必然结果。香山文化虽然不是郑观应文化属性中的唯一内容，但可以肯定地说，香山文化潜移默化地影响了郑观应的思维方式、行为方式、情感倾向和价值观念，并成为郑观应永远挥不去的文化乡愁和历史记忆。香山文化也因有了郑观应这位集先进思想和大胆任事的一代精英而熠熠生辉。

---

① 参见易惠莉：《郑观应与他的家族》，载《岭南文史》2002 年第 3 期；王远明主编：《香山文化——历史投影与现实镜像》，广东人民出版社 2006 年版。

② 参见朱浒：《地方性流动及其超越：晚清义赈与近代中国的新陈代谢》，中国人民大学出版社 2006 年版；易惠莉：《郑观应评传》，南京大学出版社 1988 年版。

③ 夏东元编：《郑观应集》（上册），上海人民出版社 1982 年版，第 124—125 页。

④ 夏东元编：《郑观应集》（上册），上海人民出版社 1982 年版，第 118 页。

第二章　郑观应笔下的香山形象

第一节　文字的书写与历史的记忆

地处南国边疆的香山，在鸦片战争前并不广为人知。鸦片战争后，活跃在通商口岸外国商行里的香山买办和大批香山幼童赴美留学，特别是倡导民主革命的孙中山的崛起和先施、永安、新新、大新四大百货公司的香山侨商在大上海的出色表现，一步一步地将珠江三角洲上的香山县和香山人推到近代中国政治、经济和文化舆论的风口浪尖之上，中外人士不再是凭空想象而是实实在在地从这些香山的人与事中，完成自己对香山人的整体认知，实现香山形象的文化建构。

但是，这种人事认知和形象建构，往往摆脱不了以偏概全、以点带面的抽象和笼统，缺乏香山形象的整体性和香山人性格的真实性。尤其是香山社会的历史文化和人文精神，很容易在这种根据特殊群体和典型事例进行逻辑推理和文化想象之中被曲解、被误读、被离散。1873 年在上海发生的“杨月楼案”，就使香山买办和香山人的社会形象严重受损，而辛亥革命的成功和民国的肇始又使孙中山和香山县的美誉度得到前所未有的提升。

真正使19世纪中后期的人们深入了解香山的，既不是被誉为中国近代留学之父的香山人容闳，也不是旅居海外的香山华侨，而是以买办商人起家又以《盛世危言》成名的香山人郑观应。他出生在香山县雍陌村，17岁离开家乡赴上海经商后，一生大部分时间在上海等地度过，其间只是短暂地返乡或暂时隐居澳门，上海实际上已成为他的第二故乡，而故乡香山渐渐变成他的历史记忆和文化情结。通常，只有离乡才想还乡，人在他乡才更思乡。郑观应一生商儒兼业，中西兼习，儒道兼修，在立德、立功、立言三方面均有骄人的成就。他一生在洋场、商场和官场周旋的同时，还“究心政治、实业之学”，笔耕不辍，著作等身。从早期的《救时揭要》《易言》三十六篇和二十篇，到前后修订补编出版24次的《盛世危言》，从《长江日记》《西行日记》《赴梧日记》《南游日记》到《罗浮待鹤山房谈玄诗草》《待鹤山人晚年纪念诗》等诗文汇编的刊行，

三乡雍陌村牌坊（摄于2022年）

郑观应真正是一位“经书烂熟方西学，博古通今事大贤”的“硕学买办”和时代“通人”。[①] 在郑观应的诗文和论著里，虽然没有全面介绍香山的自然环境和社会风貌，也没有直接讲述香山的历史和文化，但是，从他的论著、书信、日记和诗文的字里行间，不难发现早期在香山地区生活的经历和后来在澳门隐居的生活体验，不但成为他的政治主张和社会实践的思想基础，而且也成为他对家乡香山的眷恋和怀想的精神动力。一直不太出名的香山县，就是在郑观应的这些影响深远的论著和诗文中得以扬名中外的。人们在阅读他的论著和诗文的过程中，那个十分模糊的香山印象，因他那严肃认真的香山叙事而逐渐清晰起来。

第二节　社会形象的审视与价值观念的批评

著名美学家朱光潜先生曾提出审美距离说，认为美的事物往往有一点儿遥远，近而熟悉的事物往往显得平常、庸俗甚至丑陋。但把它们放在一定距离之外，以超然的精神看待它们，则可能变得奇特、动人甚至美丽。因此，空间距离有利于审美态度的产生。时间距离的情形也是如此。年代久远常常使最寻常的物体也具有一种美。一个普通物体所以变得美，都是由于插入一段距离而使人的眼光发生了变化，使某一现象或事件得以超出我们的个人需求和目的的范围，从而使我们能够客观而超然地看待它。[②] 但是，家乡的距离感并没有勾起郑观应对往事的甜美记忆，而是激发了他在比较中对香山社会进行历史的审视和文化的思考。

青少年时代的郑观应虽然也曾随亲朋游历南洋，但大部分时间生活

① 参见［美］郝延平著，李荣昌等译：《十九世纪的中国买办：东西间桥梁》，上海社会科学院出版社 1988 年版；熊月之：《千江集》，上海人民出版社 2011 年版。

② 朱光潜：《悲剧心理学——各种悲剧快感理论的批判研究》，人民文学出版社 1983 年版，第 23 页。

在香山县的雍陌村。遗憾的是，关于早期乡居生活的经历，在郑观应的笔下并没有留下太多的文字。在《救时揭要》的序文中，他曾谈到“仆家贫服贾，负米娱亲，普济虽有怀，恨乏点金之术；显扬仍未遂，徒深投笔之心。惟是庭训夙承，不敢自弃，性耽铅椠，大意粗知。于是不揣固陋，聊效芹曝。研性理则辑道言精义，论感应则集志果诸书，窃冀广推，妄灾梨枣；又复触景伤时，略陈利弊，随所见闻，频登《申报》，更伸鄙臆，撰成是编。”[①] 在《覆考察商务大臣张弼士侍郎》中，又坦率地承认：“昔官应年十七，小试不售，即奉严命赴沪学贾。从家叔秀山学英语。”[②] 而他的一位老朋友何卓勋则认为他“幼读书，有大志，以八股帖括无关于世，不屑呷唔作村学究状”。[③] 这些有关早期生活的文字虽然简短直接，缺乏细节的描述和具体活动的呈现，也缺乏个性的描写和场景的介绍，但我们还是在这些虽然过于简单的文字中捕捉到近代香山社会的文化信息，隐约地看到乡居生活的贫乏和私塾与科举的无趣在郑观应的记忆里留下的伤痕。因此，在郑观应的诗文里，我们看到的不是田园牧歌式的农村生活的画卷，也不是商贾辐辏的都市生活的写照，而是社会丑恶现象的揭露和文化陋习的批判。

郑观应(引自“郑观应生平史迹展”)

① 夏东元编：《郑观应集》（上册），上海人民出版社 1982 年版，第 5 页。
② 夏东元编：《郑观应集》（下册），上海人民出版社 1988 年版，第 619 页。
③ 夏东元编著：《郑观应年谱长编》上卷，上海交通大学出版社 2009 年版，第 11 页。

最令郑观应愤怒和不平的是香山地区特别是澳门“贩华人过洋为奴”的那种被称为“卖猪仔”的恶行。在他花费近十年的时间撰写的《救时揭要》一书的24篇文章里，有11篇谈论贩卖“猪仔”和奴役华人的事情。他在《澳门窝匪论》中愤慨地指出：“盗贼之炽，奸宄之多，余足迹半天下，从未见有如澳门之甚者也！”“查澳门本广东香山县属地，为海隅之一大聚落，平日素为盗贼潜踪，奸人出没之薮。迩来大西洋人鹊巢鸠居，划疆分治，复创陋规，设猪仔馆，大开赌场。其招工之馆则何止百有余间也。其番摊之馆则已有二百余号矣。以致盗贼之流风日炽，猪仔之流害弥深。”[①] 并进一步指出：“夫猪仔馆者，拐贩华人过洋为奴，其所居名曰招工，俗谓之‘买猪仔’。粤东方言，物之小者曰‘仔’，盖言被拐者若猪仔之贱，有去无还，既入其笠，又从而招之意也。奇货可居，获利极厚，每名归西洋国税洋一元，归澳门拟事亭番官使费银两元。近复用赂蒙蔽华官。又闻粤省拐徒千万，与洋人串通，散诸四方。被骗出洋而死于难者，每年以千万计。有半途病死者，有自然求死者，有焚凿船只者。要之，皆同归于尽。即使到岸，充极劳极苦之工，饮食不足，鞭挞有余；或被无辜杀戮，无人保护，贱同蝼蚁，命若草菅。”[②] 根据平时耳闻目睹的情况，郑观应还对当时为贩“猪仔”出洋行为辩解的舆论进行了义正词严的驳斥：“或曰‘所去者，皆经澳门拟事亭番官审讯。不愿去者，遣归原籍，而甘于去者，皆目为强徒’。实不知诡计百出，财通上下。堂中审讯，尽是冒名顶替之徒。解回原籍，岂是真情，诡称脱网，掩人耳目。计巧心狠，至此已极。富贵之家，聪明之子，亦往往误受其愚，自投陷阱，只身远出，四顾无亲，虽舍万金，无由可赎。况乎青年伉俪破镜难圆，白发高堂倚门怅望。其存其殁，杳不可知，一

① 夏东元编：《郑观应集》（上册），上海人民出版社1982年版，第17页。
② 夏东元编：《郑观应集》（上册），上海人民出版社1982年版，第6页。

线宗祧，于焉中绝。良可哀已！然此犹害之在民也。若夫往者日众，其中岂无谲诈枭雄之辈。万一楚材晋用，或如明季倭患之徐、叶等，则毒蝮反噬，祸有不可问者。事关大局，窃抱杞忧。所愿与有心当事者，亟谋设法，为曲突徙薪之计也。”[①] 并强调说：“余世居澳门，素知底蕴。非独窝娼聚赌，年投规银数十万，而又有贩人出洋之举。其中被拐见诱者，十居其九。父失其子，妻丧其夫。长离桑梓，永溺风波，有死别之悲，无生还之望。言之伤心，闻之酸鼻。此无殊设陷阱于境中也。溯自设立招工馆以来，为其所陷害者不可胜计，中国之人，无不发指涕零者。”[②]

为了表明他看法的真实性，他还以具体的事实加以进一步说明：“吾邑李德成，曾经遍历皮鲁国之境地，深知皮鲁国之情形。因游澳门，夜被亲族拐售西番，自落陷坑，哀告无路。被俘至外洋，已当苦工十有六年，赤足科头，声色俱变，番奴之态，始终不怠。番人疑伊无回国之心，疏于防范。于是窃资夜逃，搭轮船，装疯病，直到金山，得脱罗网。”[③]“至于澳门之贩猪仔者，则以诱来之人卖与船主，其价则每名五六十元，而船主至皮鲁国后，每人可得三四百元，除所给贩者五六十元及路费七十元外，每名可得二百余元不等。若载三四百人，则生意颇有可观。故其于澳门经理贩人之事，不遗一分之余力，而亦不留一点之良心也。世有如此之好经营，而尚怪人之百端强拉硬执乎？而尚怪人之百计甘诱巧骗乎？然愚人之甘心愿往者亦复不少，至问其所为甘心者何也？并不知彼国之情形与工人况味耳。八元之工钱在中土不可谓薄，三餐之饭在中土不可谓苦。或以贪利往，或以免死往，或以不容于乡里往，此则甘心者之种种情节也。其余则不必问焉耳。吾故深罪夫皮鲁国雇人之人，而益

① 夏东元编：《郑观应集》（上册），上海人民出版社1982年版，第6—7页。
② 夏东元编：《郑观应集》（上册），上海人民出版社1982年版，第8页。
③ 夏东元编：《郑观应集》（上册），上海人民出版社1982年版，第15页。

不能恕船主；吾更深罪夫澳门贩人之人，而犹可以恕船主也。”①

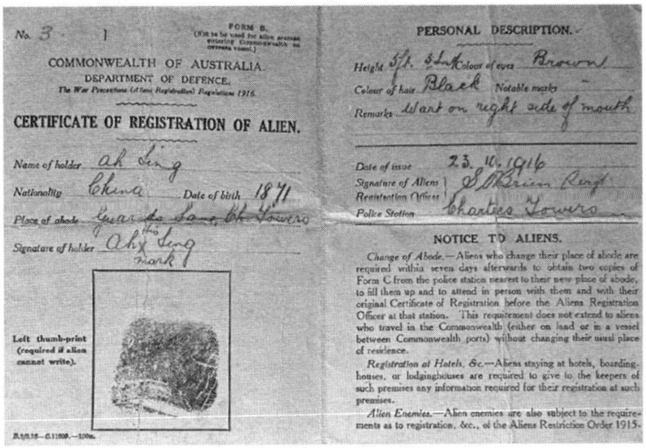
No. 3
FORM B.
COMMONWEALTH OF AUSTRALIA.
DEPARTMENT OF DEFENCE.
The War Precautions (Aliens Registration) Regulations 1916.
CERTIFICATE OF REGISTRATION OF ALIEN.
Name of holder Ah Sing
Nationality China Date of birth 1871
Place of abode
Signature of holder Ah Sing his mark
Left thumb-print (required if alien cannot write).
PERSONAL DESCRIPTION.
Height 5 ft. 3 In. Colour of eyes Brown
Colour of hair Black Notable marks
Remarks Wart on right side of mouth
Date of issue 23. 11. 1916
Signature of Aliens Registration Officer
Police Station Charters Towers
NOTICE TO ALIENS.
Change of Abode.—Aliens who change their place of abode are required within seven days afterwards to obtain two copies of Form C from the police station nearest to their new place of abode, to fill them up and to attend in person with them and with their original Certificate of Registration before the Aliens Registration Officer at that station. This requirement does not extend to aliens who travel in the Commonwealth (either on land or in a vessel between Commonwealth ports) without changing their usual place of residence.
Registration at Hotels, &c.—Aliens staying at hotels, boarding-houses, or lodginghouses are required to give to the keepers of such premises any information required for their registration at such premises.
Alien Enemies.—Alien enemies are also subject to the requirements as to registration, &c., of the Aliens Restriction Order 1915.

澳大利亚华侨陈奕轩的战时外国人登记证（2023 年摄于中山华侨历史博物馆）

Registrado dentro del plazo fijado por la Secretareia de Gobernación.
DATOS PERSONALES.
Núm. de registro 2265.
Origen China.
Nacionalidad Id.
Entró por Mexicali.
En (fecha) 5 Julio 1922.
Domicilio actual Av. Juarez. s/n.
SRIA. DEL AYUNTAMIENTO DE MEXICALI, B.CFA.
Padrón de Inmigrantes.
El Sr. WONG LUN CHING. cuya fotografía se adhiere al frente, fué registrado como extranjero en esta Secretaría, de acuerdo con lo dispuesto por el artículo 13 de la Ley de Migración.
Mexicali, B.CFA. a 11 de Julio. de 1927.
El Secretario del Ayuntamiento.

墨西哥华侨黄麟传的移民登记证（2023 年摄于中山华侨历史博物馆）

对这种“奸商每凭借澳地，以为匿漏国饷之窝；匪类复倚恃洋威，以肆抢劫行凶之恶。或投书以讲贿，或掳人以勒赎……不独鱼肉于澳中，抑且抢劫于澳外”的现象，郑观应看在眼里，急在心中，恨其害民，忧其祸国。在他个人之看来，“治其流者，先施其源”。他明确地指出：“今欲绝猪仔之风，须与澳门理论。况澳门乃我国之疆土，又因税厂一事，已屈辱我国中之官。则其为言也固理直气壮矣。由是谋之于野，请之于朝，特设澳门关监督专治之，西洋领事分治之。须敦友睦，和衷协济，不许洋船载出洋佣工之人。如敢私载出洋，罗网密布，以为渔利之计，以为贻祸之谋，按照律法治以拐骗之罪。船即充公，人即正法，又何患拐风之不绝乎！”②

其次，建议清政府在华移居的国家设立领事馆，以保护华民的利权。他说：“今各国商人来中土者，无不设立领事保护。而我民之出洋者，不知凡几，常闻受外洋之辱，而莫可申诉。何不照欧洲各国之法，于海

① 夏东元编：《郑观应集》（上册），上海人民出版社 1982 年版，第 16 页。
② 夏东元编：《郑观应集》（上册），上海人民出版社 1982 年版，第 17—18 页。

外各国都、各口岸，凡有华人贸易其间、居处其地者，则为之设领事馆。大都会则分立二员，大口岸则特立一员。遇有殴争、欺侮、凌虐诸情节，则照会该处地方官，按照万国公法，申理其冤，辨析其事。华人在彼处滋生事端，而不安本分者，治亦如之。如此，则寄寓之民既得安其生业，而贸易之途以开；佣工之人复得保其身命，而荼毒之害可免。在中朝既得以保卫夫人民，而默寓守在四夷之意。即欧洲各国，亦得以广收夫指臂，而可雪凌虐华人之诬。”[①] 在《病亡者无归论》中，他又以具体事例说明外国人应该尊重中国的习俗，按照中国的规矩办事，他说：“昨闻有陈晓峰者，广东香山石岐人，附法兰西轮船返港，次日偶染时疾，一病不起。同船戚友白于船主，并恳着船上木工作一木箱，暂行收殓，挂在船旁，到港申谢，或用小艇，装到海岛安厝，以便将来访寻。此事在船主仅出一言，则方便我华人无限。况船常有运柩往来，洋人非若有华人禁忌。既殓入箱，用船油灰缝密其口，亦何气味之有？或谓此事断乎可行。不料船主忍心害理，执意不从，竟将陈君尸身投于海中，以饱鱼腹。同船戚友欲稍方便而不能，唯一忍气吞声，听其残暴而已。”[②] 认为洋人“既渔我华人之利，当思保我华人之身”“既入我中国营生，当依我中国规矩”[③]。可见，对于香山澳门贩卖“猪仔”的现象，郑观应不仅毫不掩饰地加以揭露，而且还对以葡萄牙人为主的西洋拐骗贩卖华人为奴的丑恶言行进行了有力的驳斥，更对以澳门为中心的香山县及周边地区不法之徒助纣为虐、坑害同胞的劣行，不遗余力地加以声讨和谴责。难能可贵的是，他没有停留在道义上的口诛笔伐层面，而且还有解决这些问题的办法，表现出“仁者爱民”的家国情怀。从郑观应所述澳门“贩

① 夏东元编：《郑观应集》（上册），上海人民出版社 1982 年版，第 21 页。
② 夏东元编：《郑观应集》（上册），上海人民出版社 1982 年版，第 32 页。
③ 夏东元编：《郑观应集》（上册），上海人民出版社 1982 年版，第 32 页。

卖猪仔”现象的文字中，我们也不难想象近代中国香山县和澳门地区的社会环境和政治情状方面的复杂与混乱。

本图描绘了广府一带乡间出现以扑克牌赌博的情形。谭泉绘，刊于《时事画报》丁未年（1907年）第三十三期，潘达微、高剑父、何剑士、陈垣等编辑，光绪三十三年（1907年）石印本

其次，让郑观应揪心的是香山地区盛行的赌博之风。他在书信和论著中，数次谈到香山县和澳门地区乃至整个广东社会的赌博问题。他说：“查中国大害不外鸦片、赌博二事，而广东受赌博之害为独深，破民人之家，杀民人之命，以民人杀民人，皆出赌博也。”[①] 又说：“赌之为害，前人著为诗文，备法劝诫论之详矣，人欲免害，当亦早已知戒，何待今日？顾前则在上有禁赌之责，在下无承赌之商，名其事曰：偏门，鄙其人曰：捞家仔。稍知自爱者必不肯厕身其内。今则公然缴饷承办，业此者与正项营业相等，故士农工贾、男女贵贱莫不以此为致富之具、消遣之场。兄弟可以互商，父子不须顾忌，甚或以诙谐之语为解嘲之谈，谓今日赌已承饷，吾民不赌无以尽忠。呜呼！此赌风之所以见长而盗风之所由日獗也。”[②] 在郑观应的心目中，赌博是盗贼之原。“窃唯广东赌博盛行，盗贼充斥，赌为盗媒，贻害胡底，而尤以小围姓一项为最烈。既不必亲赴赌场又无须多金购买，士农工商村夫女子，下流社会肩贩挑役，零星凑集挖肉补疮，以数文钱冀获大利，

① 夏东元编：《郑观应集》（下册），上海人民出版社1988年版，第393页。

② 夏东元编：《郑观应集》（下册），上海人民出版社1988年版，第400页。

一日两次，竭尽脂膏，无论男女老少举国若狂，甚至乞灵木石，信祷鬼神，废业旷时流为败类，酿命倾家百弊丛生，风俗颓靡廉耻道丧。”[①]又说：“广东盗贼之多由于赌博所致，如小围姓、番摊、山票、铺票等项，经前粤督奏明准其纳饷弛禁。上下无耻，风俗一变，竟成赌国，其赌具日多，赌弊日甚：有因赌而丧命者，有因赌而倾家者，有因赌而失节者，有因赌而累亲者，有因赌而落职者。频见日报所载，无不深长痛惜。朝廷既知鸦片为我国之害，不惜巨大之饷，业已革除，而赌博是中国历朝及各国所严禁者，何贪此害人之饷而不禁耶？”[②]“何以言之？自前督宪李文忠公召商承充各赌，名曰截缉小围姓，又曰海防缉捕经费，群目为国课重地。赌馆可以抗官长缙绅，赌具大张，日夜搜剔，赌败者流为盗贼，截缉外洋，已乱在中国。纵民为盗，乃思从而缉捕之，各国无此政体，古今无此计画也。今鸦片一害已奉明谕分年递禁，计岁得三千余万，亦经筹款弥补，中外翕然，英庭亦不能不允。岂赌饷一百余万独贻害粤省而补救无从？”[③]并且“赌博为盗贼潜身之所，欲地方之安静，非严禁赌博不可。粤省赌风之盛害及妇女、幼孩。妇女不出闺门，而家产可以尽绝……妇稚至于甘徇不悔，壮夫更无论矣。赌之大者，围姓开设澳门，而带票多在省会。无论大、小试，科场揭晓之时，省澳轮渡带票者，明目张胆，为数不资，其字花、白鸽票等，省澳常川都有，得采一可倍蓰，而路头墙角之摊骰尚不在此数。陷人之具到处张罗，一入其中，悔之无及。其为害最甚者，莫如带票之妇妪，省城赌厂均用妇女带票，以其深入闺闱，勾串无迹，狡诈阴险，不啻附骨之疽。男子受害者明知其然，每多忍气吞声，莫可禁止。挽救之法，唯有先绝带票此项。三姑六婆居家本应禁绝，

① 夏东元编：《郑观应集》（下册），上海人民出版社1988年版，第384—385页。
② 夏东元编：《郑观应集》（下册），上海人民出版社1988年版，第389页。
③ 夏东元编：《郑观应集》（下册），上海人民出版社1988年版，第393页。

应不准其径入，以断祸根。如有送究，立即拘讯。容隐包庇，查明并究。带票既除，则赌厂已断巨蠹，盗贼无可容身，保全地方甚钜，岂止民间妇稚已哉！”[①]

赌博之风，在广东乃至全国早已有之。近代以来，包括香山县和澳门在内的广东社会，此风更甚，危害社会更深。历代统治者也曾下令禁止，遗憾的是一直收效甚微。从历史上看，广东人似乎更爱赌博，围姓赌博甚至得到官方认可，[②]澳葡政府还不断发出新的赌博执照，以便更多地抽取可观的“赌饷”。郑观应一向主张禁止赌博，在不断修订出版的《盛世危言》中，就多次提倡禁赌。他曾指出到1870年前后，澳葡从“娼赌规银”中获得的年收入高达数十万元。1885年，郑观应返澳门期间曾题《澳门感事》一诗，诗中提到澳门的经济状况，“商务鱼栏与鸦片，饷源以赌为大宗”[③]。在香山县特别是澳门等地禁赌实际上遇到利益各方的阻挡。因此，他多次上书地方督抚，强烈要求他们厉行禁赌，但赌博之风一直无法得到有效遏制。

除了赌博之风令郑观应忧心忡忡外，盗匪横行也使郑观应深恶痛绝。他在诗文和论著及朋友间的信函中，常常谈到广东和香山地区的盗匪问题。在《上督办粤防彭宫保并寄方、郑两军门》中，郑观应就指出：“广东盗风炽盛甲于他省，推求其故，由于缉盗者之不缉赃也。谚曰：捉贼捉赃。不究赃物所在，将何凭而指为盗耶？粤省豢盗成风，每有询追赃款，则上下群相讪笑，甚至加以捏赃之名，甘于庇盗而不恤，此其偏执之故。”[④]在《上督办粤防彭宫保筹拟八县联防节略》中，郑观应再次

① 夏东元编：《郑观应集》（下册），上海人民出版社1988年版，第465页。
② 胡根：《澳门近代博彩业史》，广东人民出版社2009年版，第172—183页。
③ 何修文编著：《中外诗人咏澳门》，海燕出版社2000年版，第51页。
④ 夏东元编：《郑观应集》（下册），上海人民出版社1988年版，第464页。

强调："窃唯粤东海防之要，其载在志书者以南、番、东、顺、香、新及新安、新宁八县为海防门户，诚以民居濒海，盗匪鸱张，且田地接近外洋，农疍又多麇集，奸人勾结，在在可虞。果欲清盗贼之源，则宜固联防之本。"①

如何防止盗匪蔓延，危害地方社会民生？郑观应认为禁赌是防治盗匪的重要步骤，因为如其所言："吾粤无业游民甚多，且赌博最盛，往往赌输即流为盗贼，结党抱劫。"②并认为他们："好赌懒做，利令智昏，联名拜会，抢劫乡邻，掳人勒索，抗拒官军……冀免抢掠，逼从匪人，被拿惩治，首从难分。会剿兵勇，齐集如云，萑苻悉靖，遗孽逃奔，纵有漏网，亦等游魂，清乡办匪，责成缙绅，练团编甲，斩草除根。"③不过，郑观应又特别指出："今日地方之病，不病在盗贼之不能清，而痛在官绅兵勇之不能各尽其力。苟能各尽其力，则星火扑灭，何致燎原？泾渭分明，何从流毒？……推究其原，与执国之人而问之，莫不谓游土各匪勾结拜会，其初不过无赖之徒被其引诱，继则逐渐猖獗逼胁，良民愚昧无知以为拜会可保身家，故其党徒日盛，每劫则称报仇，逞凶噬肥，乡邻坐视遂任其鱼肉。若一禀究，则害及全家。间有血性者出首报官，官军到时贼已远扬，扰及乡邻，众情归怨。是以端人正士逃避不遑，民无所依，惊失魂魄，故贼来从贼，兵来从兵，不肖之徒得以乘间舞弊，隔阂下情，虽官府廉明亦不能深知下民之苦。此致盗之所由来也。官军连年剿捕，心力交疲，闻报则仓猝移师，兵至则难免供给，兵来贼退，兵去贼还，民累输将，军劳奔命，此连年捕务之大略也。"④郑观应所说

---

① 夏东元编：《郑观应集》（下册），上海人民出版社 1988 年版，第 458 页。
② 夏东元编：《郑观应集》（下册），上海人民出版社 1988 年版，第 367 页。
③ 夏东元编：《郑观应集》（下册），上海人民出版社 1988 年版，第 381 页。
④ 夏东元编：《郑观应集》（下册），上海人民出版社 1988 年版，第 377 页。

的匪患盗贼之祸虽然主要是指广东全境客观存在的现象，但也是珠江三角洲地区包括香山在内的真实写照。

盗匪之患和赌博之风固然危害社会，但香山地区频繁的械斗同样困扰民生。郑观应在《禀请粤督岑宫保严禁械斗掳人盗骨勒赎事》中指出：

职道近闻广府各属乡民遇事忿争械斗之案，尚层见迭出。查其械斗之由则各有不同，如因争村陂、争水道、争祖坟、争阖乡风水众人公共之事，构讼未结，或结后复翻，因而械斗，与并未构讼而斗以及控自控而斗自斗者，皆为挟有夙嫌，必绅耆房族长主之。不惜祠中之费借以侵吞，糜他人之血肉，饱一己之贪私，蛇蝎居心甚于贼盗，非严办绅耆房族长不可。此外如赛会、戏场、赌馆及一切口角起衅，事出仓促，既不报官，复不报局，其始争哄不过在场三四人或十数人，而彼此寻仇纠斗，遂成不可遏抑之势，此则祸起初斗之人，绅耆房族长第不能禁约，厥咎稍轻。最可恶者，一家殴斗房族帮之，一村争殴各村帮之，开祠堂门造大锅饭，无赖之徒以此为得志，挟制索费，两造虽欲不斗而不能。若仅办起衅之绅耆房族长，则帮斗之人实非所能约束。拟请出示严禁并通饬各属，嗣后办理斗案，须察其起衅根由，除勒令绅耆房族长交出为首滋事之人严办外，如系怀挟公共夙嫌者，即查明是何绅耆，抑房长、族长主使、严拿务获究办。倘有外乡帮斗，亦即勒令外乡绅耆将为首帮斗之人交案，如查明系外乡绅耆主使帮斗者，并将该绅耆拘获，从重惩办，以儆凶暴，则功无量矣。[1]

---

① 夏东元编：《郑观应集》（下册），上海人民出版社 1988 年版，第 394—395 页。

上海淞隐阁刊行的二十篇本《易言》内封（引自《郑观应集》）

在《上顺德邓宫保书》中又特别强调械斗的危害。他认为“广府属各县两乡械斗之案时有所闻，皆因小事而酿大祸，所伤人命所毁屋宇，动辄十数至百数之多”，在他看来：“同社亲戚，倘有不平，应请官与局绅判断，何必同室操戈自残种族”“亟宜撰劝人勿械斗，勿赌博四字浅言告示，张贴各乡庙祠堂当道墙壁，并派人四出演说，以醒愚顽而维风化。”[①] 由此可见，珠江三角洲地区的械斗之风在近代中国仍然十分顽劣，乡村之间、宗族之间的矛盾有时超过官民之间的冲突。

赌博、盗匪、械斗三大问题，虽然一直为官府和民众的心头之患，但是这种现象并没有引起社会各界和政府的高度重视，更没有采取有效的根治措施。在官府，只是“头痛医头，脚痛医脚”式的应急处理，缺乏长效的控制机制和管理措施，有的地方组织甚至利用这些社会问题从中渔利。在民间社会，只能听之任之或逃之避之， 在苟且中偷生，在夹缝中求存。近代中国的广东社会，实际上缺乏安定团结和自在生活的政治社会环境。因此，在郑观应的笔下，我们看到的只能是混乱和动荡的衰世景象，而不是盛世的繁华和美景。

诚然，郑观应在《救时揭要》《易言》《盛世危言》和他的所有诗文日记、书信、函电中，反映的香山澳门乃至近代广东社会的丑恶现象，

---

① 夏东元编：《郑观应集》（下册），上海人民出版社 1988 年版，第 392 页。

并不是他有意要在香山人和广东人伤口上撒盐，或刻意撰文力揭香山人乃至广东人的短处，故意暴露香山澳门乃至广东社会内在的矛盾和危机，而是借对这些危害社会和民生福祉的突出问题的揭露和抨击，达到整治社会和保障民生的目的。虽然他笔下的香山县和澳门社会的形象并不清晰，但透过赌博、盗匪、械斗三大问题的认知，以及对这些问题成因的剖析和解决办法的建议，我们不难想象近代香山和澳门社会形象的本质和特征。

第三节　文化形象的塑造与人文精神的重建

每座城市都有自己特定的文化形象，每个社会都有自己内在的人文精神。香山是一个移民的社会，也是一个文化多元的地区。这里曾经遭遇过沧海桑田的巨变，也见证了中国历史上几次大的移民高潮。尤其是明清以来，不同时期的东西方文化在这里相互碰撞、相互融合，逐渐形成开放包容、务实进取、开拓创新的人文精神。[①]但是，香山的文化形象和人文精神长期以来并不广为人知，甚至香山人自己对此也缺乏深刻全面的认识。

历史上虽然也不乏香山人和局外人对香山社会的山川地理、风土物产、宗教礼俗、文化教育和民性民风等的评述，但其言其文缺乏广泛的传播，中外人士对香山社会的认识和了解既不具体也不真实，甚至是误解和贬抑。[②]在郑观应生活的年代，香山社会正处在从传统走向近代、从农业社会向近代工商社会转型的时期，多种文化相互碰撞，各种矛盾相互对立，共同推动着香山经济社会和文化生活的嬗变。受中西文化影响

① 参见丘树宏、胡波：《和美之城：中山》，中国青年出版社2009年版。

② 参见胡波、徐文泽、阮波、杨彦华：《文艺作品中的百年中山社会》，广东人民出版社2012年版。

较深的郑观应，身处大动荡大变革的时代，既对中国传统社会中的陋习有切肤之痛，又对西方现代社会的文明进步有着深刻的体认，因此，对家乡香山社会历史与文化等的认识与理解，常常会独具慧眼，总有真知灼见。

在《宝藏感怀》的诗文中，郑观应忧心忡忡地写道："吾乡多宝藏，合力同保守。因其有利害，所以不敢苟。立法极严明，包罗无弗有。凡事集众思，用能办良莠。群雄虽觊觎，畏我团体厚。列强虽狡狯，苞苴拒不受。风霜任蚀侵，日月绝尘垢。合群能自存，大名垂不朽。治国亦如斯，立宪方能久。迟恐悔无及，浮云变苍狗。只要有人格，何待十年后。因循误至今，尚复不知咎。危急存亡秋，群雄思豆剖。濡笔和血书，痛哭告我后。"[①] 表面上看，讲的是国事家事和心事，反映的却是国情乡情和民情。在《劝农歌》中，郑观应不仅向人们讲述了香山等地的自然条件、生态环境、风土物产、经济民生等方面的问题，而且也较为具体地透露了香山社会文化特色方面的信息。如其诗曰："中华旷土多，夫岂非官守。农人终岁勤，谷熟盗焚蹂。（注：广东沙田耕农被盗勒索不遂屡被焚劫。）惩粮不保农，试问谁之咎。法堂设巡警，炮船守涌口（香山围田时被打单）。招垦定新章，承垦分先后。免税若干年，岁辟若干亩。田成作已业，照章事无苟。如违即注销，业归他人有。借此警游惰，亦可别良莠。天时与地利，化学深研究。硗瘠变膏腴，肥料美称首。（注：美国新酵田饼肥田丰收数倍。）机器制新巧，便捷胜人手。尝闻东三省，土肥失耕耦。一望千万顷，田园荒芜久。况富五金矿，林森物并阜。南省近海隅，鱼盐亦利薮。彼族欲东来，我何向西走。急讲殖民术，期莫负君后。复设赛珍会，奖励较妍丑。农牧为工本，工是商之母。非但利民生，国饷

① 夏东元编：《郑观应集》（下册），上海人民出版社 1988 年版，第 1401 页。

资丰厚。”[①]不过，郑观应的笔下并不全是劝导农民和政府官员的说辞，有时还会流露出他对乡居生活的赞美与认同。在《题澳门新居》中，就有比较明快爽朗的色彩：“群山环抱水朝宗，云影波光满目浓。楼阁新营临海镜，记曾梦里一相逢。（注：先荣禄公梦神人指 地口：此处筑居室最吉，后至龙头井，适符梦中所见，因构新居。）”“三面云山一面楼，帆樯出没绕青洲。侬家正住莲花地，倒泻波光接斗牛。”[②]在《澳门感事》一诗中，郑观应再次把目光锁定当时澳门华洋杂居的社会生活，“澳门上古名莲峰，鹊巢鸠占谁折冲。海镜波平涵电火，山屏烟起若云龙。华人神诞喜燃炮，葡人礼拜例敲钟。华葡杂处无贵贱，有财无德亦敬恭。外埠俱谓逋逃薮，各街频闻卖菜佣。商务鱼栏与鸦片，饷原以赌为大宗。历查富贵无三代，风俗浇漓官势匈。屋价千金抽八十，公钞不纳被官封。昔有葡督极暴虐，竟为义士诛其凶。（注：义士沈亚米恶其虐暗杀之。）自谓文明实昏聩，不识公法受愚蠢。请问深知西律者，试思此事可曲从。”[③]诗歌虽然没有纪实文学那样注重细节和人事物件的描写，在叙事上有挂一漏万和抽象概括的缺陷，但从郑观应的诗文里仍然可以嗅到香山和澳门中西文化交融的生活气息，也不难想象当时香山和澳门社会真实的文化图景。

近代中国转型时期的香山，可谓中西融合，新老交替。这里既有如郑观应诗文中所反映的中西文化相互碰撞和相互融合的客观事实，又有古代文化传统与现代思想观念对立统一的新气象。可以说，香山社会在本质上是正统的、是相对开放的：一方面如郑观应所说的始终坚守儒家文化的准则，鼓励读书人走科举考试的晋升之路，要求青少年学习《三

---

① 夏东元编：《郑观应集》（下册），上海人民出版社1988年版，第1396—1397页。
② 夏东元编：《郑观应集》（下册），上海人民出版社1988年版，第1342页。
③ 夏东元编：《郑观应集》（下册），上海人民出版社1988年版，第1343页。

三乡镇雍陌村雍陌上街一景（摄于 2022 年）

字经》《百家姓》之类蒙学书籍，研读《大学》《中庸》《论语》《孟子》等四书五经，作八股文，以适应传统的科举考试制度；另一方面则允许子孙经商学贾，甚至公开地向洋人学习中外商贸业务，希望在商场上找到人生的立足点，并通过勤奋灵活、诚实守信的品质，达到发家致富的目的。因此，我们在郑观应的家书和相关论著中总是看到他对读书、做人、做事等方面的阐述，处处流露出他对家庭教育的重视和对中华传统美德的认同。与此同时，郑观应还时刻提醒家庭成员注意修身养性、安分守己、老实做人。他说："余有生以来，素位而行，惟守清、慎、勤三字。安分安命，穷通得失听于天，然时运不济，命途多舛，唯有忍耐顺受之而已。"[①] 又说："近世商界、政界正中外交争剧烈之时，吾人设献身其间，如精神智慧不足，即处于劣败地位；精神智慧即足，而无道德以贯注于其间，虽亦极一世之雄，然不过如石火电光，转瞬即归乌有。盖无道德而欲久享世界之幸福，断断乎未之有。一国如是，一家如是，即个

① 夏东元编：《郑观应集》（下册），上海人民出版社 1988 年版，第 1201—1202 页。

人一身之所处亦莫不如是。”[1]郑观应对道德伦理和儒家仁、义、礼、智、信等的高度重视和反复强调的做法，其实也折射出香山社会的文化传统和思想状态。

注重个人的德行，希望成就道德的楷模，其实也是香山社会极其普遍的价值取向。郑观应在《先考荣禄大夫秀峰府君行状》一文中就十分自豪地说：“官应夙承庭训，饫闻先曾祖璧庄公性耿直，胆识兼优，为高祖坟地被富豪侵葬，不畏财雄势大，挺身赴县力争，经年讼始得直，合族德之。先祖鸣岐公俭朴寡言，敦品励节，均不屑以寻章摘句为能。”又进一步指出：

先荣禄公……生秉异姿，夙承家学，读书过目成诵，藏书颇富，手自校雠，丹铅殆遍，然澹于进取，敝屣科名，设帐授徒，从游者多享盛名，各有建树，手录先贤格言，编辑成帙，名《训俗良规》，借以振聩发聋。一言一行，动为世法，性孝友，重然诺，慷慨好义，有古杰士风。时有巨猾与外家因争屋产，构讼人莫敢撄其锋。先荣禄公挺身折以大义，巨猾语塞，卒返侵地。光绪己卯、庚辰间，畿辅暨晋豫奇荒时，官应旅沪……先荣禄公命，邀集同志设协赈公所，并刊《晋豫铁泪图》，分途劝募得数十万金，全活无算。前山西巡抚曾忠襄公与相国李文忠公稔先荣禄公倡议最先，集款尤巨，交章入告，得旨褒异。奖曰“一门义行”，并颁“乐善好施”四字。事迹编列邑、郡、省、志，经力辞不获，德与功之及人如此，所谓立德、立功、立言者，非耶？先荣禄公晚年见官应兄若弟皆忝膺监司方面之任，孙曾林立，继继绳绳，益谦冲自矢，乐善不倦，寻筑室于澳

① 夏东元编：《郑观应集》（下册），上海人民出版社1988年版，第1205—1206页。

门，娱情山水，因善青乌术，自寻得牛眠地迁葬先祖，后闭户静坐，遂有出世之志。①

在这段评述其祖辈立德、立功、立言人生三不朽方面的文字中，我们不难发现香山社会的主流价值取向和道德观念，依然是儒家思想和道家观念，始终追求中正、平和、俭朴、敦厚、诚信、善良，始终强调个人的节操和事功。因此，在《训子侄之肄业日本者》中，郑观应这样写道："借地规则厉，发愤做工夫。坚忍方成器，卧薪尝胆无。立志在青年，老来悔已晚。须观有用书，学业身之本。蜘蛛能结网，仰食愧为人，一艺不能学，何由寄此身。失业因鸦片，倾家为赌钱。富由勤俭积，花酒勿流连。"② 由此可见，郑观应虽然饱读西书，熟谙洋务，但仍然念念不忘对子侄的训导和提醒，充分体现了家族长者之风。

但是，在肯定和强调传统文化和道德伦理具有教化作用的同时，郑观应还对当时香山社会的陋习和愚昧进行了无情的批判。在《救时揭要》一书里，郑观应就有专文讨论神会和梨园风俗，抨击溺女之风和堪舆迷信等社会恶俗和陋习。他认为："吾粤神会之盛，梨园之多，甲于他省。而有伤世道，较沪上花烟馆尤为盛焉。"③ 因此，他极力主张禁止梨园和神会之风俗，"使省梨园神会之资，改作济世救民之事"④。对香山乃至广东民间溺女之风，也是同样地呼吁政府实行严厉禁止的政策。⑤ 对香山民间过于迷信风水之术，进行了适度的批评，在他看来，"欲求福地，

① 夏东元编：《郑观应集》（下册），上海人民出版社 1988 年版，第 1222—1223 页。
② 夏东元编：《郑观应集》（下册），上海人民出版社 1988 年版，第 1380 页。
③ 夏东元编：《郑观应集》（上册），上海人民出版社 1982 年版，第 34 页。
④ 夏东元编：《郑观应集》（上册），上海人民出版社 1982 年版，第 35 页。
⑤ 夏东元编：《郑观应集》（上册），上海人民出版社 1982 年版，第 36—38 页。

先种心田”[①]。他说：“盖世人不体圣人之心一而天下之道同，互相非是，各尚所闻，专门分宗，口诵尧之言，心行桀之行，惟恭浮名，罔知道学。”[②]甚至肯定“大富由天，小富由勤，自甘怠惰，家道难成……顾处世既当克勤，尤当克俭。以勤开其源，补其拙，以俭节其流，养其廉。精执　业，生之有道，量入而出，用之有度。贫则谨身节用，而不虞其竭；富则处善循理，而不伤于盈。不敢心高气傲，不敢欺凌攘夺”[③]。在这段文字中，郑观应表达了他对人生幸福的看法，认为除了必须造命、惜命、安命外，还必须在德、勤、俭三方面加强个人的修养，而不是盲目地寄希望于风水之术或听天由命。

在上海等通商口岸城市工作和生活久了，对香山乃至整个广东乡村和城镇的人居环境和社会管理等的认识自然与众不同。郑观应对广东和香山地区公共交通和公共卫生方面存在的问题有着切身的感受。在《致张弼士侍郎论乡村道路不平书》中，他直言不讳地表达了自己的观感：“观应跋涉于乡村间者屡矣，道路之整齐而洁净者百不得一。旸则尘起漭天，涂肤窒息；雨则泥泞没胫，沾衣污裳。此古人之所以有行路难之叹也。设使遍中国之道路尽属康庄，则往来必众，人满为患之区可以与地广人稀者互相挹注。如是，不特荒弃之地顿成兴旺，即一隅所产瞬可转至他方，彼此之交通既便，自无过丰过歉之区，古之家给人足者此也。”[④]难能可贵的是，郑观应不仅能够自觉地以开放的视野和历史的眼光，以及民本主义的思想观念，认真审视广东香山地区的乡村道路建设存在的问题，而且还根据自己的所见所闻和知识经验，提出了切实可行的解决

① 夏东元编：《郑观应集》（上册），上海人民出版社 1982 年版，第 41 页。
② 夏东元编：《郑观应集》（上册），上海人民出版社 1982 年版，第 47 页。
③ 夏东元编：《郑观应集》（上册），上海人民出版社 1982 年版，第 49 页。
④ 夏东元编：《郑观应集》（下册），上海人民出版社 1988 年版，第 513 页。

办法："修路之法在于因地制宜，土壤轻浮则搀以沙石、砾石，峻嶒则益以涂泥，筑之欲其高，铺之欲其平，压之欲其实，沟泄旁通水有所泄，不致滞积成淖，以败吾路。乡村地僻，兴筑宜用土法。盖西法虽良美而所费太巨，且知之不明则用之不当，偾事伤财，不及土法之为愈也。路既成后，又须随时整理，用自无穷，若置之不顾，数年即坏，若至坏时始言重修，费巨功多，殊非得计。吾国乡间不乏旧路，观其工作均极坚美，徒以整饬无人，遂令窳败。设能于其所有，就而修整之；于其所无，扩而添设之；或旧虽有，而位置不当，则择适中之地而改造之。仿照西方两旁夹杂以土所宜木，非独为观美也。此中关系物产上之经济问题甚大，不可不知。"① 郑观应所说的乡间道路存在的问题，应该也是他青年时代在香山农村生活经历的真实写照。

对中国传统文化中的道德伦理观念的信奉和对社会陋习的批判，既有郑观应夫子自况的意味，又有香山社会人文精神重建的旨趣。崇文重教，修身养性，家国情怀，实际上就是香山社会的文化传统，德、勤、俭则是香山人的文化品格和精神气质。郑观应在语言文字中虽然阐释的大都是做人处事、安身立命的原则和道理，讲述的也多半是自己身边的人和事、心与性、知与行等方面的见闻和感悟，折射出的却是他熟悉的香山、澳门和广东社会的历史与现实，期待的也是香山社会文化形象的提升和人文精神的再生。

第四节　碎片化的香山形象与蜕变中的文化意蕴

严格说来，香山形象是一个不断塑造、不断完善的过程，没有静止不变的香山形象。清末民初的香山，实际上包括今天的中山、珠海和澳门。

---

① 夏东元编：《郑观应集》（下册），上海人民出版社 1988 年版，第 514 页。

郑观应笔下的香山，自然是清末民初的香山。在郑观应的笔下，我们看到的香山固然有令人向往、令人怀想的地方，但更多的是它的矛盾冲突和新旧对立，是它的文明进步和愚昧保守，是它的中西融合和古今并用。这种多元文化共存和多种对立因素统一的现象，也许恰恰就是清末民初处于转型期的香山社会的真实反映。

显然，郑观应不是一位形象塑造的高手，他一生在轮船招商局的三进三出和商场、官场、洋场上大起大落的经历，就足以表明他本身缺乏人生设计和形象塑造的战略眼光。尽管他从不满足于买办生活和洋务经历，也有意识地坚持著书立说和参与公益活动，甚至不遗余力地摆脱地缘和血缘关系的束缚，主动向江浙绅商和朝野人士靠拢，但结局表明，他并没有长远的人生规划和完美的自我形象塑造。他在盛世不断地撰写和修改《盛世危言》，也许本质上是因为“内之积感于存心，外之眷怀于大局”，完全出于家国的情怀，自我价值实现的冲动，甚至权与利的渴望。对香山澳门和广东社会的内在机理和外部形态的关注，并没有局限他的视野，反而使他更加清晰地看到国家和民族潜在的病灶和可能出现的危机。对香山社会和文化生态的历史与现状的重视，既是郑观应关注民生和忧患未来的起点，也是他用以思考中国和放眼世界的佐证。因此，在郑观应的笔下，我们看不到那种刻意美化家乡香山形象的文字，更找不到自我标榜的迹象，所能见到的主要还是对社会问题的揭露与批判、对乡规陋习的审视与改造等方面的思想话语。

不过，也正是郑观应的秉笔直书为人们了解清末民初的香山社会提供了具有历史价值的线索和宝贵的文字材料。如果说在其早期撰写的《救时揭要》里仅仅是反映香山和澳门地区的“贩卖猪仔” 现象，抨击的是社会恶俗和陋习方面的问题，那么在《易言》《盛世危言》和众多的书信、日记、诗文里，则主要是借香山社会政治、经济和文化等方面的事情来表达自己的政治见解和改革建议。长时期寓居上海和短暂隐居于澳门的郑观应，其故乡香山在他心目中的印象自然随着时光的流逝和世事的纷扰而日益模糊，他笔下的香山形象因此不可避免地出现碎片化和趣味性的倾向。阅读郑观应的论著、诗文和日记、信函，对香山和澳门印象最深的也许就是“卖猪仔”泛滥、赌博成风、盗匪横行、械斗不止、迷信风水、重男轻女和居住条件恶劣等的恐怖现象，而不是崇文重教、朴实自然、急公好义、爱国爱乡、兼收并蓄、开拓进取的人文精神风貌。

事实上，郑观应的笔端常带感情，故乡香山山水风光、田园意蕴及人文风貌，总是不经意地在他的文字中呈现出来。在《别粤寄内并示诸弟》诗中，郑观应颇为自得地写道：“青山绿水尽吾庐，野鹤闲云任所呼。堪笑鹊巢争未已，岂知拔宅是良图。”①对王韬所说的“闽粤人能坚忍、工心计；利之所在，不惮涉历险远，冲御波涛，轻去其乡，而不顾所居之地。动辄成邑、成都，顾其人之旅居于外者，虽传世至十余叶，而风俗、性情、衣冠、言语皆持守不变，与别族不相混也，且无不奉正塑、崇国号，以扬我国徽于数万里之外”②的现象，也表示出由衷的赞叹和认同。尤其是对香山人崇文重教、急公好义、爱国保家的文化传统和人文精神，始终抱着一种肯定和传承的态度。在《箴言寄纪堂侄》中，他特别强调：“家风守耕读，趋庭贻祖训。忝称通德门，积善纳余庆……虚心师修竹，鉴物悬明镜。居常娴律例，始可察利病。莫徇半分情，坚持三尺令。同寅贵和衷，折狱毋偏听。爱民惟教养，行政自操柄。变法分缓急，否则成弊政。”③而且他自己以身作则，言传身教，训诫子孙，希望良好的家风永远不败和优秀的文化代代相传。他说：“余囊读四书五经及《人谱聪训》《斋语录》《顾体集要言》《朱子格言》《颜氏家训》《训俗遗规》《呻

① 夏东元编：《郑观应集》（下册），上海人民出版社 1988 年版，第 1359 页。
② 夏东元编：《郑观应集》（下册），上海人民出版社 1988 年版，第 644 页。
③ 夏东元编：《郑观应集》（下册），上海人民出版社 1988 年版，第 1318 页。

郑观应家庭照，前排右四为郑观应（引自“郑观应生平史迹展”）

吟语》《心相篇》诸书，又闻先荣禄公庭训；黎明必须即起，汝固当为善，亦须量力为之，如不量力，虽善亦不当也。若不度德、不量力，恐于彼无济，于我有伤。”[①]又说：“仰人恤者不如自恤，求人救者不如自救。自恤自救之道何如？勤与俭而已。”[②]

从郑观应的自述中可知，其对家庭美德和社会公德的高度重视，既是自己生活阅历的一种真实的感悟，又是祖德家风、世道人心的具体体现。透过郑观应的书信和诗文，我们可以清晰地看到近代中国的香山人在中西古今文化的碰撞中的道德坚守和文化调适，可以想象到近代香山社会转型时的震荡和文化传统守望时的艰难。

① 夏东元编：《郑观应集》（下册），上海人民出版社 1988 年版，第 212 页。
② 夏东元编：《郑观应集》（下册），上海人民出版社 1988 年版，第 213 页。

事实亦是如此。近代中国社会转型时期的香山，同样遭遇着中外冲突、经济衰退、政治变革、社会转型的阵痛。一方面，政治变革、社会失控、沉渣泛起、“卖猪仔”、赌博、盗匪、械斗等社会问题日趋严重，直接影响着香山社会的安全和稳定；另一方面，中西汇通、古今碰撞、文化失范，传统中国社会的职业道德、家庭伦理、社会公德和个人美德受到严峻的挑战，整个社会面临着道德坚守和文化重建的双重压力。这种中与西、古与今、新与旧的对立和统一，就是郑观应笔下的香山，也是郑观应脑海中的清末民初香山社会蜕变中的真实印象。

第三章　郑观应笔下的广东社会

郑观应一生虽然大部分时间在上海、天津、武汉等地活动和生活，他的事业也主要是与近代中国早期工业化有关，但他与家乡广东和香山县始终保持着密切的联系。他不仅与身在广东的家乡人有着广泛而密切的往来，而且他的那本影响深远的《盛世危言》，也是在澳门完成的。对家乡的眷恋，不仅体现在他的各种社会活动和经济行为之中，他在文字的表达中也总是掩饰不住对家乡广东和香山县的热爱之情。在他的笔下，既有对广东社会丑恶现象的揭露和批判，又有对岭南地域文化的肯定和称赞；既有对官场黑暗和商场诡诈的愤怒和抨击，又有对乡规民约和人文精神的认同和褒扬；既有对广东民间社会活动和地方经济事务的关注和参与，又有对乡亲生活的关爱和对社会文明进步的期待。在郑观应的笔下，近代广东社会既开放又封闭，既文明又愚昧，既先进又落后，既兼容并包又盲目排外，既守望相助又党同伐异，整个社会和文化充满着矛盾和冲突。尽管如此，这些并不影响郑观应对家乡广东的评价。对郑观应来说，广东既是一道迷人的社会风景，又始终是令他魂牵梦绕的地方。郑观应留下的关于家乡广东的诗文书信，既是那个时代的历史记忆，又是郑观应乡土情结和文化怀乡的真实体现。

第一节 近代广东社会的隐与忧

鸦片战争后，五口通商，曾经独揽中国对外贸易的广州失去了一口通商时的绝对优势，商业重心也从广州逐渐转移到上海。开埠不到一个半月，已有四家外国商人在上海筹设洋行。1854年，洋行已多达120余家。19世纪50年代，上海取代广州已成为全国最大的对外贸易中心。①

五口通商前，广州是唯一的对外贸易港口，中国输出的商品，大体由两条线路到达广州：一条是长江下游的货物集中于江西经赣江，越大庾岭，到达广州；一条是长江中上游的货物集中于上海。长江上游的货物，沿江而下，集散于上海，再统一到达广州。于是，广州逐渐演变为中南地区性的商业城市。随着广州外贸地位的下降，原来商路上的城市和乡镇商业也随之衰退。②

外贸优势的丧失和商业中心的转移，使曾经一直依靠外贸和商业为生的大批从业人员失去了谋生的手段和发财的机会。两次鸦片战争和太平天国运动，不仅造成经济的衰退和社会的动荡，而且也激发了官民之间和土客之间的矛盾，使人民的生存生活环境更加恶化。③曾经在广东任职的郭嵩焘，谈到广东从前的殷富时就不无艳羡之情："从前国家繁盛之时，苏、广并称。江苏为财赋之原，故解款甚巨。广东则粤海关利擅华洋，夙称殷富，所征关税，除例解内务府广储司公用等银三十余万，

---

① 参见熊月之主编：《上海通史·第1卷·导论》，上海人民出版社1999年版；熊月之、周武主编：《上海：一座现代化都市的编年史》，上海书店出版社2009年版。

② 李浚源、任迺文等编：《中国商业史》，中央广播电视大学出版社1985年版，第223页。

③ 参见刘平：《被遗忘的战争——咸丰同治年间广东土客大械斗研究》，商务印书馆2003年版；邱捷：《晚清民国初年广东的士绅与商人》，广西师范大学出版社2012年版；何文平：《变乱中的地方权势：清末民初广东的盗匪问题与社会秩序》，广西师范大学出版社2011年版。

1905 年的广州旧貌（引自“郑观应生平史迹展”）

部库数十万外，余银存库，缓急皆可支拨。至藩库额征钱粮等银百余万，以之金充本地兵饷等项。不敷之数，则有运库盐课银六十余万，每年由部拨济本省充用，总在五十万两左右。此外别无格外拨款。是以各库常见充盈，广东之富，故与苏省并擅名于天下。”[①] 但是，到了清同治三年（1864 年）时，上谕要广东方面拨解时，郭嵩焘却抱怨道：“向年广东以兼通湖广、江西、揽数省之利，故为繁盛；福建南界广东，北界江浙，百货流通不出省境，故为俭约。近年内江通商，广东之利源已塞，而福建之建、宁、汀、漳、延、泉等府产茶极旺，径行贩运出洋，向以福建为第一口岸。以此二者之利，闽关课税，数倍从前。是广东由丰而已至于约，福建由约而浙趋于丰。情事较然，共知共见。自咸丰三、四年以来，福建用兵间有止息，广东寇敌繁兴，从无止息之时，其艰难又更甚于福

① 郭嵩焘：《郭嵩焘奏稿》，岳麓书社 1983 年版，第 92 页。

建。”[①] 天灾与人祸，内忧与外患，使广东沿海的居民无法正常生活下去。

而清政府被迫进一步对外开放和西方列强海外开疆拓土的需要，又为广东地区的居民出洋谋生提供了机遇和便利。尤其是 1860 年英法两国逼迫清政府签订的《北京条约》，更加明确规定：“凡有华民，情甘出口，或在英(法)国所属各处，或在外洋别地承工，俱将与英(法)民立约为凭，无论单身或愿携带家属，一并赴通商各口，下英(法)船只，毫无禁阻。”[②] 这一条款使华工出国由非法变为合法，清政府实行了两百多年的海禁政策因此失效。西方殖民者早就在中国偷偷摸摸地进行的贩卖人口活动，也因此合法化和公开化。尤其是香港取代澳门成为远东地区最大的贸易港后，澳门正常的贸易开始衰落，而苦力贸易却畸形地繁荣起来。1860 年，澳葡当局设立了专管苦力贸易的监督官，并开设了若干专门经营苦力贸易的“招工馆”，中国人称之为“猪仔馆”。1851 年时，澳门还只有五家“招工馆”，1865 年却增至十家。到 1873 年，仅葡萄牙、西班牙、荷兰三国，在澳门开设的“招工馆”就有三百多家，靠苦力贸易为生的人贩子达三四万余人。[③]

苦力贸易是过去黑奴贸易的继续，是用“中国隐蔽的苦力奴隶制代替公开的黑人奴隶制”[④]。葡萄牙殖民者召集一批拐匪、歹徒、地痞、流氓，付给人头钱，唆使他们到中国内地去掠卖苦力。当时送往海外的苦力大体上有三类：一类为人贩子收买的广东省“宗族械斗”中的俘虏；二类为人贩子在沿海一带用快艇绑架的村民和渔民；三类为人贩子设局

① 郭嵩焘：《郭嵩焘奏稿》，岳麓书社 1983 年版，第 90 页。
② 参见《筹办夷务始末（咸丰朝）》（第 2 册），中华书局 1979 年版。
③ 彭家礼：《十九世纪开发西方殖民地的华工》，载《世界历史》1980 年第 1 期。
④ 马克思：《哲学的贫困》，《马克思恩格斯全集》（第四卷），人民出版社 1958 年版，第 146 页脚注。

诱赌，强迫赌输者卖身偿还赌债。[①] 根据《华工出国史料》一书所提供的资料统计，1854 年至 1873 年，从澳门航行至古巴和秘鲁的苦力船共 43 艘，输出苦力 21137 人，而到岸时只有 13732 人，途中死亡数达 7405 人，死亡率高达 35%。苦力贸易既惨无人道，又危害社会。英国领事阿礼国也不得不承认："就在光天化日之下，只要人们离开自己的住宅，哪怕是走到通衢大街，谁也免不了有被人假借债务纠纷或私人嫌隙绑架而去的危险。这些人被绑匪带去，就成为囚徒，按每头若干价钱被卖给苦力承包人，运出海面以后，就再也听不到他们的消息了。广州城和附近各地的全体人民中，已经掀起了一种塌天大祸的感觉。"[②] 葡萄牙殖民者在苦力贸易中的做法，如同马克思在揭示荷兰殖民者实行盗人制度时所指出的那样，完全是一种背信弃义、贿赂残杀和卑鄙行为的表现。[③]

但是，并不是所有的人都能从苦力贸易中看到它的罪恶和危害，只有少数亲身经历者或耳闻目睹者，对苦力贸易才有切肤之痛。1855 年，香山人容闳在澳门时了解到猪仔馆的实情后，就心情沉重地写道："无数华工以辫相连结成一串，牵往囚室。其一种奴隶牛马之惨状，及今思之，尤为酸鼻。"[④] 但是，更多的人对此视而不见，甚至习以为常，就像郑观应所说的那样，"为民上者，竟置若罔闻焉。本地绅衿各顾身家恐遭其累。"[⑤] 尽管清政府在中外舆论和民众抗争的压力下拟定了新的招工条款，

---

① ［美］马士著，张汇文等译：《中华帝国对外关系史（第二卷）》，商务印书馆 1963 年版，第 194 页。

② 转引严中平：《五口通商时代疯狂残害中国人民的英美领事和商人》，载《大公报·史学周刊》，第 75 期。

③ ［德］马克思著，中共中央马克思恩格斯列宁斯大林著作编译局译：《资本论（第一卷）》，人民出版社 1975 年版，第 820 页。

④ （清）容闳撰，徐凤石等译：《西学东渐记》，商务印书馆 1934 年版，第 114—115 页。

⑤ 《申报》，1872 年 8 月 28 日。

禁止非法招工出洋，也一度派官员出国考察华工受虐待的情况，但是泥菩萨过河自身难保的清政府也只是心有余而力不足。相反的是，民间社会和有识之士的呼声，在当时却起到了振聋发聩的作用。

难能可贵的是，香山人郑观应的观察和思考，不仅严肃认真和深入细致，而且充满忧患意识和人道主义精神。1872 年 4 月 30 日，《申报》在上海创刊后不到两个月，具有买办经验和独立投资者身份的郑观应，就开始在《申报》上发表自己的时事观感和救弊主张。有趣的是，此时的郑观应虽然人在上海，但早年在香山和澳门的生活经历，以及在上海的洋场和商场中多年的历练，使他对澳门的“猪仔贸易”和广东社会的风习有了更加深刻的认识。在他后来结集出版的《救时揭要》里就有七篇文章涉及澳门猪仔贸易问题。在他看来，“夫猪仔馆者，拐贩华人过洋为奴，其所居名曰招工，俗谓之‘买猪仔’。粤东方言，物之小者曰‘仔’，盖言被拐者若猪仔之贱，有去无还，既入其笠，又从而招之意也。奇货可居，获利极厚，每名归西洋国税洋一元，归澳门拟事亭番官使费银两元。近复用赂蒙蔽华官。”①

澳门猪仔贸易的罪魁祸首不仅仅是那些所谓招工馆里工作的人员和人贩子，还有在澳门的洋人和华官。他说：“余世居澳门，素知底蕴。非独窝娼聚赌，年投规银数十万，而又有贩人出洋之举。其中被拐见诱者，十居其九。父失其子，妻丧其夫，长离桑梓，永溺风波，有死别之悲，无生还之望。言之伤心，闻之酸鼻。此无殊设陷阱于境中也。溯自设立招工馆以来，为其所陷害者不可胜计，中国之人，无不发指涕零者。”②“又闻粤省拐徒千万，与洋人串通，散诸四方。被骗出洋而死于难者，每年以千百计。有半途病死者，有自经求死者，有焚凿船只者。要之，皆同

① 夏东元编：《郑观应集》（上册），上海人民出版社 1982 年版，第 6 页。
② 夏东元编：《郑观应集》（上册），上海人民出版社 1982 年版，第 8 页。

归于尽。即使到岸，充极劳极苦之工，饮食不足，鞭挞有余；或被无辜杀戮，无人保护，贱同蝼蚁，命若草菅。”[①]对中外勾结，进行猪仔贸易的丑恶现象也进行了批判。他愤怒地说：“或云：‘所去者，皆经澳门拟事亭番官审讯。不愿去者，遣归原籍，而甘于去者，皆目为强徒。’实不知诡计百出，财通上下。堂中审讯，尽是冒名顶替之徒。解回原籍，岂是真情，诡称脱网，掩人耳目。计巧心狠，至此已极。富贵之家，聪明之子，亦往往误受其愚，自投陷阱，只身远出，四顾无亲，虽舍万金，无由可赎。”[②]“吾闻拐徒与洋人串通，约有数万，专投人之所好，或诱以娼赌，或假以银钱，一入其饵，不拘多寡，偶不及偿，即拘而赴诸海外。或潜匿四方，黑夜中于僻静码头，如粤省怡和街闸外之处，声呼过海，成载被擒，售于洋船。或灯后往来之人，竟被布袋笼套，拉牵而去者，不知几许。相率被骗而登由省往澳之士迫轮船，日当数百人。而拐徒之行踪诡秘，大胆无忌。”[③]在《论禁止贩人为奴》一文中，郑观应更进一步地阐述了“猪仔贸易”的危害：“余曩读英国笺乾氏先生所著贩鬻黑人出洋为奴一事，知祸起吕宋，即西班牙、葡萄牙国人，贪酷不仁，残害日久。”“不料西洋吕宋之人狼心未释，复肆毒于中土，设招工馆于汕头，流害粤东，盛行濠镜。其获利甚厚，其党羽甚强。其相与授受也，官听之而吏亦听之。即偶出示，欲挽颓风，而有言无实。以致日串拐徒，东诱西骗。到官审讯者，问其名则是，究其实则非：千百女童，竟认二媪之所生；百万佣人，亦是数人之替审。掩人耳目，包藏祸心。至所立合约，乃一时权变，登舟后已为砧上之肉，釜中之鱼，欲炙炙之，欲烹

① 夏东元编：《郑观应集》（上册），上海人民出版社 1982 年版，第 6 页。
② 夏东元编：《郑观应集》（上册），上海人民出版社 1982 年版，第 6 页。
③ 夏东元编：《郑观应集》（上册），上海人民出版社 1982 年版，第 10 页。

烹之。”[①] 难能可贵的是，郑观应敢于正面揭露澳门葡萄牙殖民者的丑恶行径：“盗贼之炽，奸宄之多，余足迹半天下，从未见有如澳门之甚者也！推原其故，则以有葡萄牙人为之把持，为之窝顿，遂使一隅之王土，竟分为人鬼之关，竟成为禽兽之域；黑浪颠风，昏无日月，岂非病民民生，失国计之大者哉。”“查澳门本广东香山县属地，为海隅之一大聚落，平日素为盗贼潜踪，奸人出没之薮。迩来大西洋人鹊巢鸠居，划疆分治，复创陋规，设猪仔馆，大开赌场。其招工之馆则何止百有余间也。其番摊之馆则已有二百余号矣。以致盗贼之流风日炽，猪仔之流害弥深。”[②] 在论及如何禁止猪仔贸易，杜绝盗贼奸宄时，郑观应认为“治其流者，先施其源”。“今欲绝猪仔之风，须与澳门理论。况澳门乃我国之疆土，又因税厂一事，已屈辱我国中之官。则其为言也固理直气壮矣。由是谋之于野，请之于朝，特设澳门关监督专治之，西洋领事分治之。须敦友睦，和衷协济，不许洋船载出洋佣工之人。如敢私载出洋，罗网密布，以为渔利之计，以为贻祸之谋，按照律法治以拐骗之罪。船即充公，人即正法，又何患拐风之不绝乎！”[③]

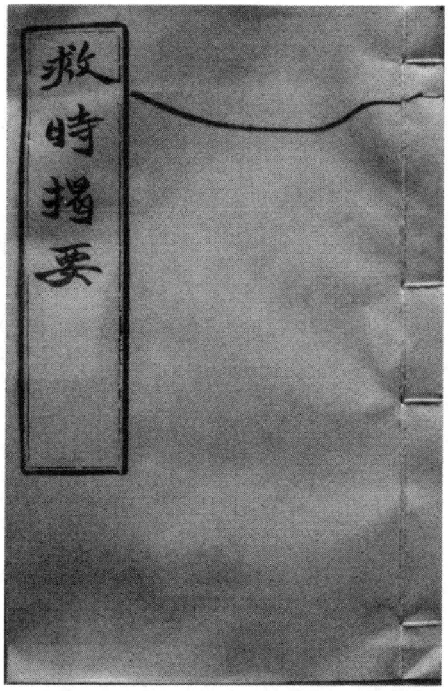

郑观应著《救时揭要》，1873年刊行。内容主要是郑观应在《申报》发表文章的结集，反映其早期的爱国思想（上海图书馆藏，引自“郑观应生平史迹展”）

在郑观应的《救时揭要》里，除了

① 夏东元编：《郑观应集》（上册），上海人民出版社 1982 年版，第 12 页。
② 夏东元编：《郑观应集》（上册），上海人民出版社 1982 年版，第 17 页。
③ 夏东元编：《郑观应集》（上册），上海人民出版社 1982 年版，第 18 页。

对澳门猪仔贸易的起源、演变、过程、性质、特点、规模、影响等进行了比较细致具体的分析说明，还对产生的原因和解决的办法提出了自己的设想，给那些对澳门猪仔贸易情况并不甚了解的国内外人士提供了有益的帮助，也深化了人们对苦力贸易和广东社会的认识和了解。他的文章在《申报》上陆续发表后，很快在国内外产生了强烈反响，也给葡萄牙政府禁止澳门苦力贸易施加了强大的舆论压力。尽管澳门人口贩子叫嚣停止苦力贸易对澳门是一场灾难，因为这样一来，“许多合法职业完全停顿，成千上万的人失业。由于人口和资金的外流，房地产的价值也大大降低了，澳门政府因此失去每年约有20万银元的财政收入”[①]，但是，葡萄牙政府迫于国际社会的压力，不得不在1873年12月20日正式宣布禁止澳门的苦力贸易。

其实，郑观应关注的不仅仅是澳门的猪仔贸易，对其时广东出现的道德伦理、公共秩序及不良生活方式等社会问题，也格外留意。在《拟自禁鸦片烟论》一文中，他特别指出：“鸦片乃害人之物，中外共知。既外国不能为我绝其源，即加税亦不当力阻。况外国之例，如烟酒之类，必税重以窒其流。彼意亦在救人，非真图饷。岂彼可为，而我不能为。万国公法亦未必衷乎理、循乎义者，是在当事之果否能力陈其弊耳。”[②]在他的《拟请设华官于外国保卫商民论》一文中，虽然反复申述在外国设立领事馆的重要性和必要性，认为“如此，则寄寓之民既得安其生业，而贸易之途以开；佣工之人复得保其身命，而荼毒之害可免”[③]，但我们从侧面不难想象当时华人出国前后的悲惨情形，也不难看出清政府在对

① ［葡］徐萨斯（Montalto de Jesus）著，黄鸿钊、李保平译：《历史上的澳门》，澳门基金会2000年版，第340页。

② 夏东元编：《郑观应集》（上册），上海人民出版社1982年版，第19页。

③ 夏东元编：《郑观应集》（上册），上海人民出版社1982年版，第21页。

本图描绘了佛山一商人将烟枪剖开送交振武宗社陈列的情形。谭泉绘，刊于《时事画报》丁未年（1907年）第十二期，潘达微、高剑父、何剑士、陈垣等编辑，光绪三十三年（1907年）石印本

本图描绘了惠来县令命兵勇杂役定期戒除烟毒的情形。葛璞绘，刊于《赏奇画报》丙午年（1906年）第二十二期，张克诚、朱锡昌、霸伦、海仲等编辑，光绪三十二年（1906年）石拓本

外关系和保护侨民上的不作为。在《痛亡者无归论》一文中，郑观应就以具体的事例，对华侨在外的不幸的遭遇做了进一步的说明："余昨闻有陈晓峰者，广东香山石岐人，附法兰西轮船返港，次日偶染时疾，一病不起。同船戚友白于船主，并恳着船上木工作一木箱，暂行收殓，挂在船旁，到港申谢，或用小艇，装到海岛安厝，以便将来访寻。此事在船主仅出一言，则方便我华人无限。况船常有运柩往来，洋人非若有华人禁忌。既殓入箱，用船油灰缝密其口，亦何气味之有？或谓此事断乎可行。不料船主忍心害理，执意不从，意将陈君尸身投于海中，以饱鱼腹。同船戚友欲稍方便而不能，惟忍气吞声，听其残暴而已。"① 在郑观应看来："人为中国之人，地为中国之地，既入我中国营生，当依我中国规矩。即如在申洋人所租界内之地，在粤洋人所住之港，我华人偶有不合例，

① 夏东元编：《郑观应集》（上册），上海人民出版社1982年版，第32页。

即禁而议罚，决无宽恕。何以洋人入我中国营生，渔我中国之利，反不循我中国之规矩，此意何意乎？岂以我华人孱弱，无妨任意残暴乎？”①显然，郑观应关心的并不仅仅是华侨的不幸遭遇，更重要的是国家主权的丧失。

第二节　近代广东社会的乱与治

国家主权和民生问题一直是郑观应关注的重点，近代广东社会由赌博引起的盗匪泛滥和械斗成灾的严重社会问题，同样使他始终保持着高度的警惕，并在书信、文牍和相关著作中多次涉及这些问题，并反复阐述赌博、盗匪、械斗等现象产生的原因，强调其对社会安定团结与和谐发展，以及民生福祉造成的危害，还详细地提出了解决的方式和方法。可以说，郑观应的著作，较深入地反映了近代广东社会长期存在的突出问题。

在近代广东社会存在的所有问题中，最令郑观应痛恨的是赌博之风。他说：“窃唯广东赌博盛行，盗贼充斥，赌为盗媒，贻害胡底，而尤以小围姓一项为最烈。既不必亲赴赌场又无须多金购买，士农工商村夫女子，下流社会肩贩挑役，零星凑集挖肉补疮，以数文钱冀获大利，一日两次，竭尽脂膏，无论男女老少举国若狂，甚至乞灵木石，信祷鬼神，废业旷时流为败类，酿命倾家百弊丛生，风俗颓靡廉耻道丧。”②又在《致广州两粤广仁善堂董事徐君树堂书》中旧事重提，他说：

> 赌之为害，前人著为诗文，备法劝诫论之详矣，人欲免害，当亦早已知戒，何待今日？顾前则在上有禁赌之责，在下无承赌之商，名其事曰：偏门，鄙其人曰：捞家仔。稍知自爱者必不肯厕身其内。

① 夏东元编：《郑观应集》（上册），上海人民出版社1982年版，第32—33页。
② 夏东元编：《郑观应集》（下册），上海人民出版社1988年版，第384—385页。

今则公然缴饷承办，业此者与正项营业相等，故士农工贾、男女贵贱莫不以此为致富之具，消遣之场。兄弟可以互商，父子不须顾忌，甚或以诙谐之语为解嘲之谈，谓今日赌已承饷，吾民不赌无以尽忠。呜呼！此赌风之所以日长而盗风之所由日獗也。①

郑观应认为，广东赌具最毒者莫如字花、白鸽票、山票。他说：

彼贪心投买者，偶得一中，即喜形于色，而不知前之猜买输去凡几，后之猜买更输凡几，日复一日终处必输之地，断无必胜之效也。嗜赌者全不计此，无论肩挑贸易、舆夫艺徒，每日得钱数十文或数百文，必尽输之摊馆、票馆而后快，输之不足则典衣质物甚或偷窃，终至流为盗贼。此皆山票、白鸽票、字花、番摊、铺票等阶之厉也。不特此也，闻赌馆每日遣人分携票底往各处登门求售，声音得彩者次日将银送到，于是各妇女以为所出者少所入者多，且以为不出户庭可获财利，不惜求神向卜节食短衣以为之……其害可胜言哉！

对那些主张“驰赌”的言论，郑观应同样给予了严厉的批评：

赌之为害夫人皆知，奈饷项无可筹抵，故大宪难于严禁耳。不知禁与不禁系官治之权，戒与不戒系自治之权。枚乘之言曰：人性有畏其影而恶其迹者，却背而走迹愈多影愈疾，不如就阴而止影灭迹绝。我诚设法禁戒，万众一心何难收影灭迹绝之效，若畏其难而置之，势不至迹愈多影愈疾不止。②

---

① 夏东元编：《郑观应集》（下册），上海人民出版社 1988 年版，第 400 页。
② 夏东元编：《郑观应集》（下册），上海人民出版社 1988 年版，第 401 页。

在《致南海姚伯怀大令书》中，郑观应又再次谈到禁赌之事：

前日畅谈时事，弟以小围姓，挂销号两事为广东百余年来病商害民之弊政，特求执事与督署幕中诸公转乞督宪设法筹抵，奏请豁免，则吾粤有口皆碑，功德垂于竹帛矣。今幸得准如所请，小围姓已奏请严禁，唯挂销号一事，不料为洋税司及关上委员谗阻，谓如豁免，漏税必多。其实为属吏所愚，假公济私，欲苛罚商人，遂其中饱之计耳。①

由此可见，郑观应所请求的禁赌之事，在广东地方上并没有实际的效果，原因如其所言，即地方官吏过于渎职和普遍腐败，根本没有在禁赌方面做足彻底的功夫，甚至以筹饷为由，使赌博公开化和合法化。这一方面说明广东政风和民风过于窳败，另一方面也暴露了广东地方经济和财政的短板。

与那些主张禁赌的人不同的是，郑观应不仅看到了赌博本身的害处，而且还明确地意识到赌博的危害，以及赌博与盗匪泛滥之间的内在关系。他多次指出赌博易致盗贼泛滥：

广东盗贼之多由于赌博所致，如小围姓、番摊、山票、铺票等项，经前粤督奏明准其纳饷弛禁。上下无耻，风俗一变，竟成赌国，其赌具日多，赌弊日甚：有因赌而丧命者，有因赌而倾家者，有因赌而失节者，有因赌而累亲者，有因赌而落职者。频见日报所载，无不深长痛惜。朝廷既知鸦片为我国之害，不惜巨大之饷，业已革除。而赌

① 夏东元编：《郑观应集》（下册），上海人民出版社 1988 年版，第 398 页。

博是中国历朝及各国所严禁者，何贪此害人之饷而不禁耶？[①]

在《上粤督张安帅请禁赌书》中，郑观应再次指出赌博的危害，认为它是导致盗贼横行的主要原因：

查中国大害不外鸦片、赌博二事，而广东受赌博之害为独深，破民人之家，杀民人之命，以民人杀民人，皆出赌博也。何以言之？自前督宪李文忠公召商承充各赌，名曰截缉小闱姓，又曰海防缉捕经费，群目为国课重地。赌馆可以抗官长缙绅，赌具大张，日夜搜剔，赌败者流为盗贼，截缉外洋，已乱在中国。纵民为盗，乃思从而缉捕之，各国无此政体，古今无此计画也。今鸦片一害已奉明谕分年递禁，计岁得三千余万，亦经筹款弥补，中外翕然，英庭亦不能不允。岂赌饷一百余万独贻害粤省而补救无从？[②]

又在《致天津海关道唐少村观察书》中写道：“吾粤无业游民甚多，且赌博最盛，往往赌输即流为盗贼，结党抢劫。”[③]并认为：“赌博为盗贼潜身之所，欲地方之安静，非严禁赌博不可。粤省赌风之盛害及妇女、幼孩。妇女不出闺门，而家产可以尽绝。孩稚罔知利害，而微资亦竟靡遗，其簧蛊惑人则数文、数十文之微，一旦皆可巨富。妇稚至于甘徇不悔，壮夫更无论矣。赌之大者，闱姓开设澳门，而带票多在省会。无论大、小试，科场揭晓之时，省澳轮渡带票者，明目张胆，为数不资，其字花、白鸽票等，省澳常川都有，得采一可倍蓰，而路头墙角之摊骰尚不在此数。

① 夏东元编：《郑观应集》（上册），上海人民出版社 1982 年版，第 389 页。
② 夏东元编：《郑观应集》（下册），上海人民出版社 1988 年版，第 393 页。
③ 夏东元编：《郑观应集》（下册），上海人民出版社 1988 年版，第 367 页。

陷人之具到处张罗，一入其中，悔之无及。”[①]究其原因，郑观应还是直言不讳地指出：“由于政治日坏，民无生计，亦不清查户口，鲜于教育耳。”[②]并强调：“至于政治之利弊，职道前著《盛世危言》，穷究中外政治盛衰利弊有年，遂知我国之贫弱由于政治不良，上下唯利是图。不守法律，不重八德，又无赏罚，已略言之。”[③]“今朝廷开奔竞之门，士夫工梯荣之术，而究其目的，无一不唯利之是图。是以狡黠者到民愈甚，结上愈深，禄位于以愈固；而清廉谨守勤政恤民之官，愈以不能立足。吁！礼义廉耻国之四维，四维不张，国乃灭亡。循是以往，虞之不腊，夫岂待言！职道蒿目时局，怆怀国事，觉前途悲观不能隐忍。为此不揣冒昧，妄进狂言。”[④]他甚至肯定地说：“今日地方之病，不病在盗贼之不能清，而病在官绅兵勇之不能各尽其力。苟能各尽其力，则星火扑灭，何致燎原？”[⑤]在郑观应接二连三地上书陈述赌博危害行动的背后，我们不难发现近代广东的官场习气极其丑陋和恶劣的现实，也可以窥测到近代广东民间社会对待赌博和盗匪的痛恨态度。

械斗，不独是近代中国珠三角地区特有的现象。自明清以来，福建、江西、广东、广西等东南地区土客之间，因冲突而起的大规模械斗时有发生。有的学者就指出：“宗族械斗之风业已成为东南地区的一种暴力传统，此外，种族内部（以语言与习俗为区别）形成了一种特别具有爆炸性的氛围。勤劳而具有凝聚力，并且习惯于武力自卫的宗家移民，在与比邻而居的土著的对峙中自成一系，极易触发暴力行为，竞争的后果之一便是导致了太平天国运动的发生和1854—1867年的广东土客大械

①　夏东元编：《郑观应集》（下册），上海人民出版社1988年版，第465页。
②　夏东元编：《郑观应集》（下册），上海人民出版社1988年版，第422页。
③　夏东元编：《郑观应集》（下册），上海人民出版社1988年版，第423—424页。
④　夏东元编：《郑观应集》（下册），上海人民出版社1988年版，第425页。
⑤　夏东元编：《郑观应集》（下册），上海人民出版社1988年版，第377页。

斗。”[①]但是，械斗现象在珠三角地区又呈现出另一番景象，其实质不外乎宗族派系和地方势力的利益之争。在郑观应的笔下，广东各地乡民遇事忿争械斗之案，此起彼伏，层出不穷。他说：

刘平著的《被遗忘的战争——咸丰同治年间广东土客大械斗研究》封面

查其械斗之由则各有不同，如因争村陂、争水道、争祖坟、争阖乡风水众人公共之事，构讼未结，或结后复翻，因而械斗，与并未构讼而斗以及控自控而斗自斗者，皆为挟有夙嫌，必绅耆房族长主之。不惜祠中之费借以侵吞，糜他人之血肉，饱一己之贪私，蛇蝎居心甚于贼盗，非严办绅耆房族长不可。此外如赛会、戏场、赌馆及一切口角起衅，事出仓促，既不报官，复不报局，其始争哄不过在场三四人或十数人，而彼此寻仇纠斗，遂成不可遏抑之势，此则祸起初斗之人，绅耆房族长第不能禁约，厥咎稍轻。最可恶者，一家殴斗房族帮之，一村争殴各村帮之，开祠堂门造大锅饭，无赖之徒以此为得志，挟制索费，两造虽欲不斗而不能。若仅办起衅之绅耆房族长，则帮斗之人实非所能约束。[②]

① 刘平：《被遗忘的战争——咸丰同治年间广东土客大械斗研究》，商务印书馆2003年版，第9页、序二。

② 夏东元编：《郑观应集》（下册），上海人民出版社1988年版，第394—395页。

对于械斗掳人盗骨勒赎的事情，地方人士也从不回避，甚至还公开承认：

> 照得粤东民情犷悍，俗尚浇漓，每因争田沟水道、睚眦微嫌，往往两乡械斗及串通外匪掳人勒赎，扰害善良，甚有发冢掘坟，殃及泉壤者，忍于乃祖乃宗；或怀一己私怨遽加害于若子若妇；或以其人之懦弱辄挟此枯骨以勒索资财；或以家道之小康，辄恃其凶焰而扬言销毁，多方勒诈，公然挟制。被害之家往往不敢控告，盖因控告之后讼费既损多资，而破案仍无一获，甚至毁骸灭迹，搜觅无期。忍恨吞声，幽明同愤。而地方官即有见闻亦以事难措手，率不访办。以致明目张胆肆行无忌。①

械斗，不仅滥杀无辜，激化矛盾，而且不利国计民生与社会和谐稳定。因此，郑观应一再呼吁地方政府和朝廷加强防控，做好疏导和协调的工作，避免矛盾纠纷和直接冲突，从而有效地维护地方的安定团结和民间社会的生活秩序。遗憾的是，在郑观应的笔下，我们见到的仍然是连篇累牍的关于赌博成风、盗匪横行和械斗频繁的记录。这也清晰地表明，近代广东在社会转型时期，地方政府对民间社会缺乏影响力和控制力，无法解决日益严重的社会问题，还人民一个安定清静的生活环境。民间社会也因生存环境和条件的恶化，不得不依靠自身的力量来维护或寻找生存的空间和发展的机会。郑观应所呼吁的也正是民间社会所期盼的，只是他的这种彻底根治三大弊病的希望过于渺茫。直到他离开生活的世界之时，广东社会的“三大顽敌”依然十分活跃，有些地方甚至比过去更加

---

① 夏东元编：《郑观应集》（下册），上海人民出版社 1988 年版，第 395 页。

严重。[1]不过，郑观应留下的这些关于清末民初广东社会极其严重的赌博、盗匪和械斗现象的文字，在客观上为我们深入全面地认识和了解清末民初广东社会的历史特点和具体细节，提供了有益的线索和史料补充，使我们通过这些具有时代特点的记述，重绘清末民初广东社会的历史画卷。

第三节　近代广东社会的丑与美

爱美之心，人皆有之。在人类的文明史上，不同族群和各种时空区域的人们，总是凭借各自的生存现实和人生理想，表达对美的感受和憧憬，并由此显现出自身的精神气质和人生价值。可以说，美对人类的必要性，是一个不争的事实。

但是，在现实生活中，丑总是与美形影相随，谈到美就必定想到丑。那么，什么是美？什么是丑？虽然不同的时代有不同的理解，但通常的情形是美向着高处走，不断地将人的本质力量提高升华，以至超出了一般的感受和理解，在对象中形成一种不可企及的伟大和神圣的境界，这时就产生了崇高。美向着低处走，愈走愈低微卑贱，以致人的本质力量受到窒息和排斥，而非人的本质力量却以堂皇的外观，闯进了人们审美的领域，这时它在对象中显现出来的就不是美，而是丑。因此，美是一种肯定性的价值，它使人振奋、愉悦、欢快；丑是一种否定性的价值，它使人厌恶、鄙弃、反感。一般来说，丑的事物，往往是违背自身发展规律的，有碍于人生的。其外在的组合形式往往是凌乱的，不能怡人，甚至扰乱人的心绪和思想。正如恩格斯所言："在黑格尔那里，恶是历史发展的动力借以表现出来的形式。这里有双重的意思，一方面，每一

---

① 参见邱捷：《晚清民国初年广东的士绅与商人》，广西师范大学出版社2012年版；何文平：《变乱中的地方权势：清末民初广东的盗匪问题与社会秩序》，广西师范大学出版社2011年版。

种新的进步都必须表现为对某一神圣事物的亵渎，表现为对陈旧的、日渐衰亡的，但为习惯所崇奉的秩序和叛逆，另一方面，自从阶级对立产生以来，正是人的恶劣的情欲、贪欲和权势欲成了历史发展的杠杆。”[①]也就是说，善与恶、美与丑，尤其是丑，往往是刺激人们前进的一种重要动力。

不过，在郑观应的眼里，近代中国的广东社会到处沉渣泛起、满目疮痍，少有值得称道的善和美，只有那些说不尽的丑恶和道不完的陋习。尤其是世风日下、人心不古，官场上你争我斗，商场上尔虞我诈，朋友间背信弃义，亲友间反目成仇，民间社会也是盲目迷信风水，赌博成风，盗贼遍地，械斗频繁，完全不是统治者自诩的和“帮闲文人”粉饰的“同治中兴”或“太平盛世”，而是势如累卵、险象环生的令人忧心如焚的衰世。《救时揭要》就是他“触景伤时，略陈时弊，随所见闻，频登《申报》，更伸鄙臆”的结果。[②]他的朋友余治在为《救时揭要》作序时，也肯定了这一点：“崇论宏议，震古烁今，又复抉摘隐微，切中时弊。大声疾呼，唤回醉梦，是真能以菩萨心，吐广长舌，普度众生者。良医救世，对症立方，无限苦衷，溢于楮墨。知作者下笔时，已有万千苦恼苍生环而待命。此经世大文也，急宜付梓，以当宝筏。”[③]

在《易言》自序中，郑观应还是强调自己的写作动机是因为“内之积感于寸心，外之眷怀于大局。目击时艰，无可下手，而一言以蔽之曰：‘莫如自强为先’”。[④]对此，王韬也深表认同：“《易言》一书，乃杞忧生盱衡时事、思挽时局、幽愁积愤之所为作也。凡目有所触、耳有所闻，

① 引自［德］恩格斯著，张仲实译：《路德维斯·费尔巴哈和德国古典哲学的终结》，载《马克思恩格斯选集》第4卷（上册），人民出版社1975年版，第233页。
② 夏东元编：《郑观应集》（上册），上海人民出版社1982年版，第5页。
③ 夏东元编：《郑观应集》（上册），上海人民出版社1982年版，第3页。
④ 夏东元编：《郑观应集》（上册），上海人民出版社1982年版，第63页。

本图描绘了南海县某征粮大员召妓开宴的情形。葛璞绘，刊于《时事画报》丙午年（1906年）第三十六期，潘达微、高剑父、何剑士、陈垣等编辑，光绪三十二年（1906年）石印本

本图描绘了广东某县官员纵容罗浮山道观借神惑众的情形。谭泉绘，刊于《时事画报》乙巳年（1905年）第一期，潘达微、高剑父、何剑士、陈垣等编辑，光绪三十一年（1905年）石印本

默识于心而深思其故，一旦恍然有得，因揭其要，以质于世。”[①] 郑藻如在《盛世危言》序中同样认为：“盛衰倚伏之机，即天人相通之故，懦夫俗士往往蒙昧其本原，相与粉饰而委顺之，乃无由收人定胜天之功效，皆坐其不能见机于早也。唯然，而陶斋之书之切直，洞中夫时局之隐微，斯不啻李将军射虎之矢，靡坚不摧。若采而见诸施行，则女娲氏补天之石不是过也。”[②]

郑观应虽然在广东生活和活动的时间并不长，但早年和晚年在家乡广东的生活经历，在他的脑海里还是留下了极其深刻的印象。尤其是他少年多病，为求名医名药，遍寻广东各地，因此，对民间疾苦和地方陋习均有较深入的认识和了解。他在《议遍考庸医以救生命论》中，就对其时广东等地的中医业界的丑恶现象予以揭露：

---

① 夏东元编：《郑观应集》（上册），上海人民出版社1982年版，第61页。
② 夏东元编：《郑观应集》（上册），上海人民出版社1982年版，第228—229页。

余少习岐黄，足迹半天下。所见各处名医，鲜识三关九候之妙，阴阳变化之奇，仅熟一二古方，仿说祖传，妄思济世。碌碌庸医辄夸师授，招牌远贴，遍托吹嘘，炫耀声名，居为利窟。或以病试药，偶中其机，道说是非，议论人物，居然自傲，勒索愈多。出门则先索谢金，一元至四元；入门则先求挂号，五十至八十。轿钱非一千亦八百，跟役无三钱亦二钱，贫富相同，亲邻不减。偶遇一症，便以为奇货可居，而暗受戕害者不可胜计。[①]

尽管如郑观应所言，当时庸医害人性命，又夺人钱财的现象十分普遍，但在他的记忆里还是有像顺德陈乃济先生那样“业精岐黄，有求之者，不拘日夜风雨，如期必至，谢金随惠，轿钱不取”，而且，“施衣舍药，收葬尸骸，家计荡然”[②]。古人常云：“不为良相，便为良医。”郑观应以切身的感受和亲眼所见的事实，具体地反映了其时部分医院医家坑蒙拐骗和敲诈勒索的丑恶现象，并用真人真事来劝诫医生要有仁心仁术、积德行善、普济众生，要求政府加强医院、医生和医药等方面的管理与控制，惩恶扬善，真正做到利民、惠民、保民、为民。

对于梨园陋俗和溺女暴行，在郑观应的诗文里也有不少反映。他说：“吾粤神会之盛，梨园之多，甲于他省。而有伤世道，较沪上花烟馆尤为盛焉。”[③]认为这种“神会”既浪费钱财又易诱发火灾，百害而无一利。尤其是梨园之设，动费数百金，而且“赌博借此开场，棍徒逞其伎俩。果其演忠孝节义、可泣可歌之事，使人兴感，或借为易俗移风之一助，

① 夏东元编：《郑观应集》（上册），上海人民出版社 1982 年版，第 25 页。
② 夏东元编：《郑观应集》（上册），上海人民出版社 1982 年版，第 27 页。
③ 夏东元编：《郑观应集》（上册），上海人民出版社 1982 年版，第 34 页。

犹可说也。乃事有涉乎风流，最易动人情欲。此种淫戏多出于小班，而小班价廉，乡间易演。文士以为风雅，淫人以为得法。不知真男真女当场卖弄，凡淫艳之态，人所不能为于暗室者，彼光天化日之下公然出之；秽亵之词，人不忍闻于床笫者，彼稠人广众之场大声呼之。其忘廉丧耻较之古人裸逐，相去几何？乡间妇女因而改节者，有之；密约幽期，因而成就者，有之。诱人犯法，莫此为甚！何况费钱惊心，又恐贼盗之偷劫乎！”① 对这种“以有用之财，作无益之事”的现象，郑观应始终持否定和批评的态度，指出“何如集资效范文正公之创义仓、开义学、设育婴堂、收埋路尸、舍药施药，利民利物，作方便阴功，足以邀天之佑乎？”② 强调：“劝人为善，修身为本”“有心世道者宜出示严禁，开导愚蒙，使省梨园神会之资，改作济世救民之事，岂不善哉！”③ 本来，梨园是中国古代百姓娱乐生活的重要场所，中国人的许多历史文化知识和道德伦理观念等，均部分来自梨园的创作和表演，近代广东梨园风俗却受商品经济大潮和外来文化的影响而渐趋庸俗化和功利化。在郑观应笔下，梨园已失了传统的移风易俗的进步功能，却成了铺张浪费、诲淫诲盗的伤风败俗的场所。因此，他提出了强烈的批评，并要求予以改造。

除了梨园风俗曾一度引起郑观应关注外，弥漫广东的风水迷信，也成了郑观应笔下的谈资。他在《堪舆吉凶论》一文中，就讲述了发生在广东高州的故事：“高州有一富家，生四子。长子早卒，二、三子竞尚堪舆之学。以为人生富贵，不必他求，若得一二大地，获福无穷矣。平时各夸其能。兄以弟识见尚浅，弟以兄眼高手生，虽日事于深山穷谷之中，无一当意。间或得一地，则兄弟意见不合，几至十年，尚不知牛眠

① 夏东元编：《郑观应集》（上册），上海人民出版社 1982 年版，第 34 页。
② 夏东元编：《郑观应集》（上册），上海人民出版社 1982 年版，第 35 页。
③ 夏东元编：《郑观应集》（上册），上海人民出版社 1982 年版，第 35 页。

本图描绘了广州一些居民以风水缘故阻挠电话局竖立电线杆的情形。谭泉绘，刊于《时事画报》乙巳年（1905年）第三期，潘达微、高剑父、何剑士、陈垣等编辑，光绪三十一年（1905年）石印本

何处。为其亲者即使得吉地，而父母之魂魄频年淹滞，于心何安？况不可必得乎！”[①] 在郑观应的观念世界里，风水固然系乎人的祸福，但仍以积德行善为根本。即所谓“欲求福地，先种心田”。因为“山川英灵之蕴，冲和之粹，必有神物为护持，宰物者秘之以待善人。如苏文忠公之祖端正道人，乐善好施，得异人之点穴。吴都宪之成人夫妇，救百户，得天赐之牛眠。顾璘生避葬，朱衣报德。孙文祥利济，二凤相生。诸如此类，岂人力之所能，非福从心至者哉！”[②]

对时人普遍以风水迷信作为阻挠开矿辟路的理由，郑观应不仅有所揭示，而且还进行了理性的批判。他说：

> 中国矿务不兴，利源未辟，其故有二。一由于官吏之需索，苟苞苴未至，必先托辞以拒，或谓舆情未洽，或谓势多窒碍，恐致扰民，由是事卒难行，每多中止。一由谬谈风水者妄言休咎，指为不

① 夏东元编：《郑观应集》（上册），上海人民出版社1982年版，第41页。
② 夏东元编：《郑观应集》（上册），上海人民出版社1982年版，第41页。

便于民，以弁众听，于是因循推诿，动多掣肘，而有志于开矿者不禁废然返矣。夫开矿为中国一大利源，奈何任其蕴而不宣，坐致穷困！此犹富者积粟满仓而反嗟无食也。今各省理财之人明知中国煤、铁、五金诸矿为至旺至美，而竟不能立时开掘者，皆为风水所格，谬悠之说信之甚坚，积习相沿牢不可破，以形家者言，遵守奉行同于圣贤经传，一孔之人凭其目论，若以为吉凶之来其应如响。使其说而诚，何以郭景纯为千古葬师之祖，而不能保其身？后世之擅青乌术者，何以其子孙未闻有富贵者？其虚诞伪妄不待明者而知之矣。试观法人在越南开煤矿、筑铁路以裕富国之谋，而其国益强；日人近拟赴台湾开五金各矿，将来其国必益富，皆不闻为风水所阻。故欲图富强必先开矿，奈何徇俗流之见，而甘于自域也哉！中国既不能自开，徒增外人之垂涎。于以叹信风水而阻止开掘者，乃外人之功狗而中国之蠹贼也。至于西人所讲风水，则大异于是。西人所至通商开埠，但择四山环绕，风静水深，以备停泊，舟舰可冀安稳而无虞。其所居之屋宇，只求其高燥轩爽，敞朗通达，街衢洁净而已。若择葬地止卜高原远于民居，多植树木以泄秽气，且多数十家同葬，俟葬满再择别处。从未闻开矿辟路而专讲风水，以致多所窒碍者也。日本不讲风水，国祚永久，一姓相承至数千年。欧洲不讲风水，富强甲于五洲，其商民有坐拥多资富至二三百兆者。由是言之，风水安足凭哉？是宜有以革之。秉国钧者，盍加以剀切谕导，用辟其谬，借以转移风气哉！①

显然，郑观应对中国人特别是广东人的风水迷信持一种批评的态度，

① 夏东元编：《郑观应集》（上册），上海人民出版社1982年版，第712—713页。

认为风水迷信严重地阻碍了中国铁路、工矿和经济的发展，甚至还成为人们思想解放、开拓创新的绊脚石。对风水迷信的批判，从侧面也反映了近代中国在中西文化碰撞时，传统的思想观念和价值取向，在相对开放的广东社会同样根深蒂固，牢不可破。

2005 年修葺的澳门郑家大屋

不过，郑观应笔下的广东，也并不全是丑恶现象的记录，还有许多值得回忆和称道的事情。澳门是他的避难所和写作《盛世危言》的地方，对澳门的中西交汇、五方杂处、万象丛生，也给予了适度的宽容和谅解："澳门上古名莲峰，鹊巢鸠占谁折冲。海镜波平涵电火，山屏烟起若云龙。华人神诞喜燃炮，葡人礼拜例敲钟。华葡杂处无贵贱，有财无德亦敬恭。外埠俱谓逋逃薮，各街频闻卖菜佣。商务鱼栏与鸦片，饷源以赌为大宗。历查富贵无三代，风俗浇漓官势匈。屋价千金抽八十，公钞不纳被官封。昔有葡督极暴虐，竟为义士诛其凶。自谓文明实昏聩，不识公法受愚蠢。请问深知西律者，试思此事可曲从。"[①] 虽然在郑观应的笔下，澳门固然有其色彩斑斓、鱼龙混杂、藏污纳垢的浑浊，但也有其开放包容、中外交流、互利互惠的明亮。因此，他才有"群山环抱水朝宗，云影波光满目浓。楼阁新营临海镜，记曾梦里一相逢"和"三面云山一面楼，帆樯出没绕青洲。侬家正住莲

① 夏东元编：《郑观应集》（下册），上海人民出版社 1988 年版，第 1343 页。

花地，倒泻波光接斗牛”的《题澳门新居》佳作问世。[①]

过去，岭南属于边缘之区，向称“南蛮”之地，人们误以为这里远离中原和朝廷，缺乏教化和训导，民情犷悍，俗尚浇漓，毫无文化可言。但在郑观应的笔下，呈现给人们的则又是另外一番人文的社会风景。尤其是以地缘和血缘为中心的耕读传家的家庭教育模式和崇文重教的文化传统，给郑观应留下了许多终生难忘的印象。他说：“余曩读四书五经及《人谱聪训》《斋语录》《顾体集要言》《朱子格言》《颜氏家训》《训俗遗规》《呻吟语》《心相篇》诸书，又闻先荣禄公庭训：黎明必须即起，汝固当为善，亦须量力为之，如不量力，虽善亦不当为也。若不度德、不量力，恐于彼无济，于我有伤。”[②]又回忆说：“官应夙秉庭训，饫闻先曾祖璧庄公性耿直，胆识兼优，为高祖坟地被富豪侵葬，不畏财雄势大，挺身赴县力争，经年讼始得直，合族德之。先祖鸣岐公俭朴寡言，敦品励节，均不屑以寻章摘句为能。”而“先荣禄公……生秉异姿，夙承家学，读书过目成诵，藏书颇富，手自校雠，丹铅殆遍，然澹于进取，敝屣科名，设帐授徒，从游者多享盛名，各有建树，手录先贤格言，编辑成帙，名《训俗良规》，借以振聩发聋。一言一行，动为世法，性孝友，重然诺，慷慨好义，有古杰士风”。[③]而且“乐善好施”，事迹编列邑、郡、省、志。[④]对此，郑观应常常引以为荣，并以身作则，教诲子孙，传承家风，以为德、勤、俭是做人的根本，对那些“读书者不知穷理，又不能专习一艺，虽好新学，而不得新学之益，粗通中、西文字，即效西装、食西餐、饮洋酒、吸纸烟、戴金丝眼镜，肩帽革靴，高领窄衣，徒袭西人外貌，未得西人实学，已

---

① 夏东元编：《郑观应集》（下册），上海人民出版社 1988 年版，第 1342 页。
② 夏东元编：《郑观应集》（下册），上海人民出版社 1988 年版，第 212 页。
③ 夏东元编：《郑观应集》（下册），上海人民出版社 1988 年版，第 1222—1223 页。
④ 夏东元编：《郑观应集》（下册），上海人民出版社 1988 年版，第 1223 页。

三乡镇雍陌村东轩郑公祠（摄于 2022 年）

自以为熟悉洋务，足为新学中人矣。究其所学，实一艺无成，全在文饰上做工夫。虚文浮伪，抵掌高谈，动说自由，而不识自由之理；动说爱国，而不识爱国之道”的“新派人物”，颇不以为然。[①] 因此，他在与广东同乡和家人谈及地方教育和人才培养时，反复强调融合中西文化，突出时代和民族特点，重视人格的锻造和精神的训导，追求人的自我修养和自我完善，在惩恶扬善和美的追寻中达到立己达人、救国爱民的目的。

在郑观应的心目中或在他的历史记忆里，广东是开风气之先和得风气之先的地区，也是一个思想解放、文化多元、工商发达、经济繁荣的社会。尽管他曾抱怨：“吾粤婚姻、丧祭、添丁、开学、祝寿之文烦琐已极，唯习俗相沿，积重难返。”但他仍然十分认同王韬对闽、粤两地

---

① 夏东元编：《郑观应集》（下册），上海人民出版社 1988 年版，第 211—212 页。

民风民俗的评说："逸史王韬曰：闽粤人能坚忍，工心计；利之所在，不惮涉历险远，冲御波涛，轻去其乡，而不顾所居之地。""其人之旅居于外者，虽传世至十余叶，而风俗、性情、衣冠、言语皆持守不变，与别族不相混也。且无不奉正朔、崇国号，以扬我国徽于数万里之外。"[①] 对闽粤人移居海外的胆识和才干，以及忠君爱国的情怀，还是给予了适度的肯定。尤其是对广东人的敢想敢干、开拓创新的精神，表示了高度的认同和由衷的赞美。

由此可见，郑观应笔下的近代广东社会，虽然有着这样或那样的社会弊端，甚至官场商场的不良习气和丑恶现象，直接影响到他在广东的事业和生活，但是注重地缘和血缘关系、崇文重教、农商并重的文化传统和开放包容、开拓创新、乐善好施、忍辱负重的人文精神，还是给郑观应留下了极其深刻的印象和甜美愉悦的回忆。

第四节　结语：道是无情却有情

近代中国社会转型时期的广东，因鸦片战争、太平天国起义、洋务运动、戊戌变法和辛亥革命这一连串历史事件的发生，都与广东和广东人有着最直接的关系，因此，一直为中外人士所关注。在来华的传教士、商人、官员的日记、书信和论著中，也有许多关于近代广东社会政治、经济、文化和自然、人文等方面的记述，但他们毕竟有文化上的偏见和心理上的隔阂，以及活动范围上的限制，不可能深入广东民间社会进行调查研究，因此，他们的记述难免有雾里看花的笼统和模糊。在入粤任职的官员和游历广东的外地文人墨客的诗文里，也有不少文字涉及广东社会的方方面面的问题，甚至还有细致入微的描写，但仍不免有局外人或旁观者看

① 夏东元编：《郑观应集》（下册），上海人民出版社 1988 年版，第 644 页。

问题的浅显和统治者高高在上的空疏。

郑观应 70 岁留影

郑观应则不同，他在外打拼了大半辈子，又始终与家乡香山人和广东同乡保持着密切的联系，甚至在人生的低谷时期返回广东，隐居乡间，韬光养晦，积蓄力量，待东山再起，并完成了最具影响力的《盛世危言》一书的编著，也在如火如荼的广东近代工商业的建设中发挥了积极的作用，还在地方自治和移风易俗，以及社会教化等方面的活动中扮演着极其重要的角色。尽管在家乡广东的生活和工作经历并没有给他留下太多的美好回忆，但家乡广东的社会风貌和人文环境，还是不可避免地成为他思考中国和探索世界的立足点或现实依据。他极力鼓吹的“兵战不如商战”的“商战”论，公开倡议的“君主立宪”主张，强调利用国际法来解决中外交涉问题，呼吁以谈判方式达到保护侨民和维护国家利权目的的建议等，就与他的广东经历和经验有关。因此，他笔下的近代广东社会，不是个人主观的想象，而是时代的历史记录；不是表面现象的简单描述，而是社会本质的真实反映。

郑观应对近代广东社会中存在的“隐与忧”“乱与治”“丑与美”等问题的审视与思考，固然难免有以点带面，以偏概全、挂一漏万的放大或缩小，也难免改革者的激进和思想者的抽象，但透过他这些充满理性和热情洋溢的文字，仍然清晰地看到近代广东在中与西、古与今、新与旧相互冲突下的文化和社会融合，也可以想象得到近代广东那种多元文化并存的社会生态和错综复杂的人际关系，对郑观应的价值观、人生观、世界观产生的深刻影响，甚至由此直接触摸到近代中国社会变革中的时代脉搏，真实地感受到身处变革时代的集思想家、实业家和爱国者于一身的郑观应内心的期待和焦虑。

虽然在郑观应的笔下，鸦片战争以来的广东社会似乎处处充满着矛盾和冲突，事事存在着利权的纷争和纠葛，甚至人人盘算着自己的得失和安危，根本就没有轻松愉快和安全稳定的迹象，但是，只要我们认真地阅读郑观应笔下的文字，结合其书写时的社会和文化背景，仔细揣摩其作品上下文的语境，就会发现郑观应留下来的有关广东的文本，都饱含着他对家乡的热情，透露出他对家乡的眷恋，更流露出他对未来广东走向现代化和人文化的期待。对于家乡广东，郑观应的心情是复杂而难言的，但是对家乡的感情是真实而具体的。一言以蔽之，东边日出西边雨，道是无“情”却有“情”。

第四章　郑观应与唐廷枢

郑观应和唐廷枢，他们既是同乡又是世交，既是同行又曾同事，人生中的生活和工作，总会有不少的交集。论年龄，唐廷枢比郑观应早生十年，却比郑观应早去世近三十年。论教育和职业，郑观应忙于应付科举考试之时，唐廷枢却在父亲的安排下完成了西式教育，入香港巡理厅任正翻译和上海海关副大写。①郑观应年十七奉严命赴沪学“贾”，在新德洋行买办秀山叔处供走奔之劳，承教英语，②成为英商宝顺洋行一名买办之时，做了十年英语翻译工作的唐廷枢，因出色的英语写作和表达能力，也顺利地成为怡和洋行的买办。十年买办生涯的唐廷枢，凭着自己在洋行出色的表现，受晚清大臣李鸿章之札委，先后出任轮船招商局总办和开平煤矿总办。③郑观应在宝顺洋行歇业后不久，也因在洋行的历练和对轮船揽载业务的熟悉，而为英商太古洋行所倚重，被聘为总理兼管

① 汪敬虞:《唐廷枢研究》，中国社会科学出版社 1983 年版，第 158 页。

② 夏东元编著：《郑观应年谱长编》（上卷），上海交通大学出版社 2009 年版，第 17 页。

③ 戴龙基主编：《唐廷枢资料系年》（上册），澳门科技大学内部刊印，第 77 页。

账房和栈房等事，权力相当于总买办。[①]虽然郑观应在赈灾济困和创办实业及著书立说等方面为江浙绅商学界和洋务官僚所知，甚至受李鸿章札委为上海机器织布局会办和总办，但正式成为当时官方看重的轮船招商局的一名帮办，则有唐廷枢力荐之功。[②]

唐廷枢（引自“郑观应生平史迹展”）

在郑观应的人生路上，唐廷枢对郑观应的作用和影响虽然不是最主要的力量，但却是郑观应朋友圈中一个不可忽略的人物。无论是在唐廷枢生前还是在唐廷枢死后，郑观应对他都充满敬意。1892年10月7日，唐廷枢病逝天津，郑观应“闻信之下，悲悼久之”[③]，并感叹地说：“绝人才识济时心，新法旁参用意深。万里风云腾骥足，一时声誉满鸡林。闽疆独挫天骄气，象译全通海国音。商务肇兴功不泯，凄凉身后费沉吟。”[④]在对唐廷枢之死表示悲痛之时，也对其一生的功业给予了高度的评价，其情之深，其

① 夏东元编著：《郑观应年谱长编》（上卷），上海交通大学出版社2009年版，第53页。

② 夏东元编著：《郑观应年谱长编》（上卷），上海交通大学出版社2009年版，第114—115页。

③ 夏东元编著：《郑观应年谱长编》（上卷），上海交通大学出版社2009年版，第337页。

④ 夏东元编：《郑观应集》（下册），上海人民出版社1988年版，第1276页。

意之切，实在令人动容。

但是，学界对郑观应与唐廷枢之间的关系并没有足够重视和深入研究，即使有所注意，也大多是轻描淡写或一笔带过。目前，所见邵建的《郑观应在上海》和《一个上海香山人的人际交往——郑观应社会关系网络研究》，以及曹天忠的《唐廷枢的社会群体交往论述》，易惠莉的《郑观应评传》和汪敬虞的《唐廷枢研究》[①]，虽然注意到了唐廷枢与郑观应之间的合作与同乡之间的交往，但仍然缺乏深入的研究和集中的讨论。作为同乡又有世交关系的郑观应和唐廷枢，在共同参与洋务企业的创建和经营活动中，各自的表现和相互的影响如何？作为投资创业者和合作共事者的郑观应和唐廷枢，他们之间的关系又是如何？为什么郑观应与唐廷枢、徐润都是世交，徐润甚至是他进入上海宝顺洋行的引荐者，但他与唐廷枢关系最密切，对徐润则颇为不满？对诸如此类问题的探讨，既有益于进一步深化人们对郑观应和唐廷枢的认识和理解，又有利于拓展人们研究香山商帮和洋务运动，以及中国近代社会的空间。

邵建著的《郑观应在上海》封面

① 汪敬虞：《唐廷枢研究》，中国社会科学出版社 1983 年版；易惠莉：《郑观应评传》，南京大学出版社 1998 年版；邵建：《郑观应在上海》，上海辞书出版社 2011 年版；邵建：《一个上海香山人的人际交往——郑观应社会关系网络研究》，上海辞书出版社 2014 年版；曹天忠：《唐廷枢的社会群体交往论述》，林广志主编：《唐廷枢研究（第 1 辑）》，社会科学文献出版社 2020 年版。

第一节 相知相识：都是有志者

郑观应比唐廷枢出生晚十年，但他们都生活在同一个时代。他们同是香山人，一个住在香山上恭常都唐家湾，一个家在香山谷都雍陌，两地相距不远，但山路崎岖曲折，当时村民往来还是不太方便。因此，郑观应与唐廷枢初次相识，应该是他们到上海以后的事情。郑观应在家乡读书时是否听说过比他大十岁的唐廷枢的故事，我们不得而知。但是，雍陌郑氏家族和唐家湾唐氏家族之间的通婚就足以表明，两地之间的村民一直有着密切的交往，郑氏和唐氏两族之间的关系源远流长。

郑观应所在的谷都雍陌乡和唐廷枢诞生地上恭常都的唐家湾，都是靠山面海之地。唐家湾人素以渔盐为业，“勇于航海，不畏波涛，纷纷到海外谋生”。① 明清以来，唐家湾人经常从陆路或水路赴澳门经商。《香山唐氏子英房谱》就有这样的记载：“世镛，号笙以，邵公孙，百珩公长子也。”“公父文玑翁，少孤家贫，业油漆，在澳营生。赋性醇厚，气度恬静，目不知书，而言行多与古人暗合。其得于家教者素也，少年运蹇，生理旋起旋伏，因远客雷琼海口贸易数年，复回澳，渐见顺适，家道小康。而性喜交游，重然诺，凡澳内当道诸友，时相往来，乡人下澳者，欵接周至，铺中几同逆旅焉。”② 得天独厚的地理环境和邻近澳门的区位优势，唐家湾与外界因此一直保持着密切的联系。到了晚清，这里“风俗敦庞，人心厚懿，士气腾茂，农谷丰登，商贾往来之繁，鱼盐居积之富，迨有过之而无不及”③。而谷都的雍陌乡，曾是通关海防军营所在地，又是岐澳古官道南干道的重要组成部分，村民以农耕为主，商业为辅，《郑雍陌祖房家规》内有“子孙当勤以光宗族，如学业不成亦当为农为商，

---

① 参见《珠海乡音》，1988 年第 2 期。

② 《达祖长房十九世》，唐佑衡、唐炜深：《香山唐氏子英房谱》第四册，内文无页码。

③ 唐有淦：《唐家村村史》，唐家镇人民政府编印，第 22 页。

是守本分”的训诫。[①] 明清以来，特别是晚清时期，乡民赴澳门和上海以及海外谋生创业者络绎不绝。郑观应就说他“自幼从海舶遍历越南、暹罗、新加坡等处，熟悉洋务”[②]。由此可见，无论是唐廷枢的出生地唐家湾，还是郑观应早年生活的地方雍陌乡，都不是蛮荒之地，更不是与世隔绝的地方。这里自明朝葡萄牙人租住澳门后，就一直与澳门和外界保持着密切的联系。清代唐家湾还设有专门的海上“长行渡……往沙梨头、澳门、唐家、海门”。[③] 雍陌乡更是岐澳古道（官道）的重要驿站，乡民去澳门或县城石岐，也是很平常的事情。

但是，郑观应成长之地雍陌乡与唐廷枢的出生地唐家湾，在自然环境和人文风貌上又各具特色。唐家湾距澳门不远，水陆交通方便，尤其是它位于香山县石岐和澳门关闸的中间点，古官道从唐家南下到茭塘下村，至杨寮村，经神前迳至山场村再到澳门，19 世纪 30 年代美国的海上航行图和 1909 年的香山县全图，均标出了“唐家村”和“唐家环”的方位。因濒临大海，经常遭到海盗的劫掠，当时的文献就有这样的记载：“隆庆二年七月初三日，白艚贼船二十余只突至香山县唐家、九洲地方打劫。”[④] 因水路和陆路都通向澳门，故乡人去澳门或从澳门出洋经商做工者众。[⑤] 唐廷枢幼时也曾到澳门游玩，在《英语集全》的自序中，唐廷枢就说：

---

① 中山市人民政府地方志办公室编：《中山乡情（第一卷）》，广东人民出版社 2018 年版，第 568 页。

② 夏东元编：《郑观应集》（下册），上海人民出版社 1988 年版，第 1516 页。

③ （清）田明曜修，陈澧等纂：《香山县志》（光绪版），卷 6《建置》，第 360 页。

④ （明）张瀚：《台省疏稿》卷 6，《海上擒获捷音疏》，第 478 册，续修四库全书影印明万历二年吴道明刻本，第 108 页。

⑤ 参见汤开建：《唐廷枢家族与澳门关系考述》，以唐氏家族族谱及《中国丛报》资料为中心；林广志主编：《唐廷枢研究（第 1 辑）》，社会科学文献出版社 2020 年版。

> 余幼时偶与二三友人到澳门一游，将及澳、见官泛炮台房屋，枕行倾倒，诘其故，为番人滋事所致。及抵澳，见番人楼台庙宇宏壮可观，其炮台船只坚固，却与内地不同。心疑之，欲究其人从何而来，所然何事？但想言不通、字不达，欲究无从，莫若先学其文字，便可彼此言语相通，即决意请西洋国博学者受之师。后两月，一长者问余所学，告以故。长者曰："何不学英语乎？英国比诸西洋国尤胜，其艺尤巧，其人在我国贸易尤多。"余曰："然。"遂就学数年，颇得其绪，深究之，略能通晓音义。[①]

由此可见，唐家湾人与澳门有着密切的联系。澳门不仅成为唐家湾人游历观光和经商做工的首选之地，而且也是唐家湾人开眼看世界、学习西洋语言文字和历史文化及科学技术的重要场所。

相对唐家湾而言，雍陌乡虽然距离澳门较近，陆上交通也比较顺畅，村民去澳门经商做工也不在少数，但大多数人仍以农耕和种植业为主要生产方式，耕读传家之风尤盛。郑观应就自陈："官应夙秉庭训，饫闻先曾祖璧庄公性耿直，胆识兼优，为高祖坟地被富豪侵葬，不畏财雄势大，挺身赴县力争，经年讼始得直，合族德之。先祖鸣岐公俭朴寡言，敦品励节，均不屑以寻章摘句为能。"[②]郑观应的借父亲郑文瑞，"生秉异姿，夙承家学，读书过目成诵，藏书颇富，手自校雠，丹铅殆遍，然澹于进取，敝屣科名，设帐授徒，从游者多享盛名，各有建树，手录先贤格言，编辑成帙，名《训俗良规》，借以振聩发聋。一言一行，动为世法，性孝友，

① 唐廷枢：《英语集全》自序，第417册，广州大典影印广东省立中山图书馆藏同治元年经纬堂刊本，第197—198页。（标点由作者标示）

② 《先考荣禄大夫秀峰府君行状》，夏东元编：《郑观应集》（下册），上海人民出版社1988年版，第1222页。

重然诺，慷慨好义，有古杰之风。时有巨猾与外家因争屋产，构讼人莫敢撄其锋，先荣禄公挺身折以大义，巨猾语塞，卒返侵地。”①1882年，上海绅商在为郑文瑞祝寿而刊布的征诗启事中也称：“先生幼敏慧，读书自课极勤苦，屈于有司之试，乃出游治生为孝养……先有用之书断不可不读，近人著录义关劝惩者勿以浅近忽之。”不过，对于志不在读书和科名者，他也不刻意强求，“即命之经商，而戒不得废书”②。郑观应的母亲陈氏也是“孝谨宜家，佐该绅之父创置义田，广刻善书，年未四旬，以久侍姑疾，劳瘁以殁，训其所生三子勤苦自励，存心利济”。③由此可见，郑观应青少年时感同身受的是父母的言传身教，耳濡目染的是儒家和道家等传统文化，与受西方近代文化影响较深的唐廷枢不同的是，郑观应身上儒家文化传统的气息更加浓厚。

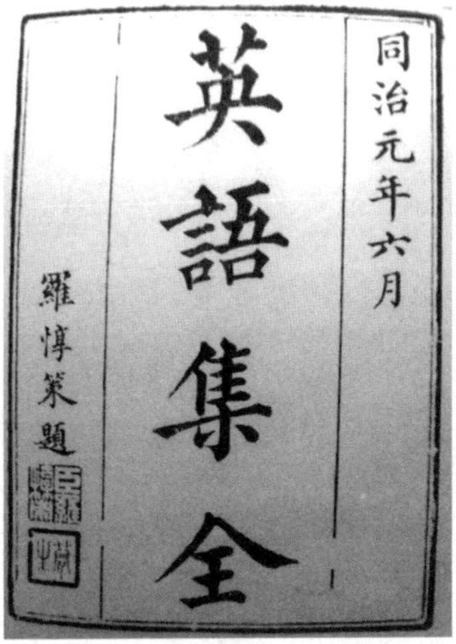

唐廷枢编著的《英语集全》封面

郑观应正是在科举考试失败后，“年十七奉父命赴沪学商务”④。结束西式教育后的唐廷枢，也在1858年先于郑观应转任上海海关副大写。1859年唐廷枢开始担任上海海关正大写及总翻译时，郑观应则通过姻亲曾寄圃和世交徐润的关系，

① 《先考荣禄大夫秀峰府君行状》，夏东元编：《郑观应集》（下册），上海人民出版社1988年版，第1223页。

② 《郑秀峰先生八旬开帙征请启》，载《申报》，1882年9月16日。

③ 《王承基等禀山西抚院曾》，夏东元编：《郑观应集》（下册），上海人民出版社1988年版，第1508页。

④ 《中华民国三年香山郑慎余堂待鹤老人嘱书》，夏东元编：《郑观应集》（下册），上海人民出版社1988年版，第1483页。

进入上海宝顺洋行做杂务工，次年被宝顺洋行派管丝楼兼轮船揽载事宜，获得了买办头衔，开始了自己的买办生涯。作为当时罕见的英语翻译人才的唐廷枢，在上海海关做了几年正大写和总翻译后，也于1863年获得英商怡和洋行经理的青睐，出任怡和洋行总买办。[①]相对唐廷枢而言，郑观应在宝顺洋行的工作更加紧张而繁忙，他不但要熟悉揽载和丝楼管理等业务，而且还要继续学习英语和独立经商。1862年，21岁的郑观应开始在政治、实业两个方面探索救国之道时，唐廷枢则因“洋务中人，多来问字，余见烦忧，编辑出版了《英语集全》”“以作闭门避烦之计”[②]。编辑出版《英语集全》的目的也是为了“主要适应广东人和外国人往来、打交道的需要”。[③]不过，唐廷枢也有香山人的商业头脑。在进入轮船招商局之前，唐廷枢已有了自己的生意。据《徐润年谱》所记，1863年，“南北花旗开仗，又值歉收，以致印、英两国无处购棉，乃至中华贩运，各花行抛出之货，无法可交，只有掺水一法。幸本号随买随卖，稍获盈余，然亦险矣。修华号唐景星公亦照我们办法，体念商艰，一面退回原定之货，一面收加定银，各行照市代收，得以转亏为盈”。[④]1868年，唐廷枢、徐润、卢际周、梅子余、姚筠溪、叶仕翘、唐翘卿，创办上海茶业公所并充董事，在汉口也设立了茶业公所。同年，与徐润充任丝业公所、洋药局董事。除此之外，唐廷枢还与徐润充任上海山东路仁济医院、辅元堂、清节堂、仁济堂、元济堂、格致书院董事。[⑤]1868年，唐廷枢还担任公正、北清两轮船公司华籍董事，并附股怡和洋行的谏当保险、琼记洋行的航

---

① 汪敬虞：《唐廷枢》，珠海出版社2010年版，第39页。

② 《清华学报》，1961年6月，第170页。

③ 《清华学报》，1961年6月，第172页。

④ 汪敬虞：《唐廷枢》，珠海出版社2010年版，第51页。

⑤ 汪敬虞：《唐廷枢》，珠海出版社2010年版，第51页。

运企业和马立司和美记洋行的轮船以及怡和洋行的华海轮船公司。[①]1872年，他还与徐荣村诸人创捐集款，设席于徐润之宝源祥号，成立广肇公所，“联乡里而御外侮。”[②]郑观应在宝顺洋行期间，除了白天工作，在傅兰雅英语夜班学习英语外，还“究心政治、实业之学”，并开始酝酿写作《救时揭要》的某些篇章。[③]1873年6月，唐廷枢脱离怡和洋行担任新创办的轮船招商局总办时，郑观应的《救时揭要》正式刻书出版。

年长郑观应十岁的唐廷枢，在早期移民上海的香山人乃至广东人中，显然是一位非常活跃且有影响的知名人物，而且也是一位乐意帮助同乡和朋友的成功人士。他在致怡和洋行机昔的信中就表示：“只要我能腾出几分钟时间，我总是帮助我的本地朋友工作，他们全都要我代表他们和外国洋行做生意。为了照顾他们的利益，我已经被他们推举为公正和北清两轮船公司的董事。这样做的结果，不但使我每年可以得到大约一千两的收入，大大帮助了我的家庭，而且使我对外界所发生的事，有了充分的了解。”[④]郑观应进入洋行当买办，虽然不是唐廷枢的引荐，但是并不能因此肯定与唐廷枢无关。毕竟唐廷枢与徐润是世交，而徐润又是郑观应进入宝顺洋行的担保者或引荐人。他们同在上海，彼此之间的交往肯定不少，目前，我们尚未找到郑观应购买或阅读唐廷枢的《英语集全》的材料，但《上海新报》从1863年1月1日至4月16日不间断重复刊发唐廷枢《英语集全》的发售广告，[⑤]对于关心时事和政治，且

---

① 汪敬虞：《唐廷枢研究》，中国社会科学出版社1983年版，第172—174页。

② 汪敬虞：《唐廷枢研究》，中国社会科学出版社1983年版，第172页。

③ 夏东元编著：《郑观应年谱长编》（上卷），上海交通大学出版社2009年版，第22页。

④ 《清华学报》，1961年6月，第164页。

⑤ 戴成基主编：《唐廷枢资料系年》（上册），澳门科技大学内部刊印，第8页。

认为“今日时势，非晓英文，业精一艺，不足以多获薪水”[①]的郑观应，不可能不注意到唐廷枢编撰的《英语集全》的实用价值。唐廷枢在上海短短的几年时间获得成功，显然与他“说起英语来就像一个英国人”不无关系。对于这一点郑观应显然心知肚明。更何况郑观应还积极参与上海香山人组织的各种投资和公益活动。他说：“年二十六，宝顺洋行停业，当上海和生（祥）茶栈通事，旋承办和生祥茶栈，代两湖、江西、徽州茶客沽茶。洋商士多达等举官应为公正长江轮船董事，兼做荣泰驳船公司。年二十九，和生祥茶栈停业，当扬州宝记盐务总理。”[②]短短的几年间，郑观应的投资和经营活动涉及茶叶、轮航业、贩盐业等领域。1867年，公正轮船公司成立时，郑观应就有投资，而唐廷枢则是该公司最重要的华人董事。郑观应何时被推为公正轮船公司的董事尚不清楚，但可以肯定，他与唐廷枢不仅相识而且相知，甚至合伙经营一些商业项目。1880年，郑观应在《致招商局总办叶顾之观察书》的附录《选译外国通商章程》第七条中显示，唐廷枢创设保险公司，“邀沪上各商号（于1875—1876年）创设仁和、济和保险公司，官应所开和生祥茶栈亦在其列”[③]。而1873年初刻本《救时揭要》临时附录《论中国轮船进止大略》，则可视为是对轮船招商局的创办和香山人试图进入招商局的一种积极主动的反应。易惠莉在《郑观应评传》里指出：“郑观应《论中国轮船进止大略》应是买办商人普遍议论背景下的产物，正是在买办商人由民族轮航业的局外人向局内人转变的微妙时机，他确是在该文中处处流露出‘舍我谁堪’，急欲参与的积极态度。”并“反对官方直接从事轮船制

① 《中华民国三年香山郑慎余堂待鹤老人嘱书》，夏东元编：《郑观应集》（下册），上海人民出版社1988年版，第1483页。

② 《覆考察商务大臣张弼士侍郎》，夏东元编：《郑观应集》（下册），上海人民出版社1988年版，第619页。

③ 夏东元编：《郑观应集》（下册），上海人民出版社1988年版，第575—576页。

造和轮运”，对“商人尤其买办商人涉足轮船制造和轮运充满信心”，明确提出“以商代官之长策”。[①] 可以说，郑观应发表此文，也是为买办商人特别是香山买办商人进入轮船招商局在思想和舆论上造势，在客观上更为唐廷枢、徐润等香山买办入局主持轮船招商局的各项工作埋下了伏笔。

易惠莉著的《郑观应评传》封面

郑观应和唐廷枢，带着自己的人生梦想，从广东香山出发，不约而同地来到了开埠通商的上海，开始了谋生创业的人生之旅。作为香山同乡和世交，他们从相识到相知，从独立经营到合伙创业，壮大了自己，也成就了别人。两个教育背景不同的年轻人，虽然早期的经历不同，但在上海这里殊途同归。

第二节　同行同事：都是同路人

1873 年，郑观应在《论中国轮船进止大略》中对轮船招商局创建初时的选人用人的指导思想及官办的做法表示异议，表面上看只是他一己之见，实际上也反映了当时上海绅商和买办商人的心声。朱其昂虽然勇敢地以“身家作抵”来筹办招商局，却无力打开局面，招商局招股也收效甚微。孙士达就筹款集资之困，曾向李鸿章建议：“以闽粤人财雄力厚，

① 参见易惠莉：《郑观应评传》，南京大学出版社 1998 年版，第 83—84 页。

或能效其所长。”[①]李鸿章也决定起用广东香山籍的上海知县叶廷眷，望他“入局会办，当可招致粤商”。[②]在致船政大臣沈葆桢的信中，李鸿章称：“敝处试办招商，彼族尚无异词，华人偏增多口，大都股富诡寄洋行，几疑中国之不能自立。”[③]身处上海商海洋场的郑观应，不仅对买办商人经济实力和经营新式航运企业的能力有较深入的了解，而且对“官办”和“商办”企业的各自利弊有较为清醒的认识，《论中国轮船进止大略》作为《救时揭要》的附件刊刻发行，其动机诚如易惠莉所言：“意在向政府和社会表示商人参与民族轮航业创办的愿望”“该文在多方面地表现商人在这一领域的能力和实力的同时，也在舆论上推动着洋务运动由求强向求富方向的转变。”[④]

不过，郑观应对商人尤其是买办商人参与创办民族轮航业的期望，很快变成了现实。徐润有这样的记述：“同治十二年（1873 年）五月，李中堂（李鸿章）面谕并札林委员月槎，会同朱观察（其昂），约商唐景翁与余，接创商局。其时，各办事者为商总、商董。是年六月，唐景翁乃奉札充总办，除漕运事归朱道经办，其余劝股、添船、造栈、揽载、开拓船路，设立各处码头，由唐道一手经理。”[⑤]李鸿章札委起用香山买办唐廷枢和徐润进入轮船招商局，固然有诸多现实的考虑，但郑观应的思想主张和基本态度，在客观上也起到舆论引导的作用。

---

① 聂宝璋编：《中国近代航运史资料（第一辑）》，上海人民出版社 1983 年版，第 787 页。

② 聂宝璋编：《中国近代航运史资料（第一辑）》，上海人民出版社 1983 年版，第 787 页。

③ 聂宝璋编：《中国近代航运史资料（第一辑）》，上海人民出版社 1983 年版，第 833 页。

④ 易惠莉：《郑观应评传》，南京大学出版社 1998 年版，第 87—88 页。

⑤ （清）徐润撰，梁文生校注：《徐愚斋自叙年谱》，江西人民出版社 2012 年版，第 26 页。

1873 年的轮船招商局（中山市博物馆提供）

郑观应对买办商人参与创办轮航业所持的积极态度以及对“商办”企业的期盼，在唐廷枢和徐润出任轮船招商局的总办会办这件事情上得到了可喜的回应。尤其是唐廷枢重新拟定的《轮船招商局章程》（八条）中，“商办”的特色就得到充分体现：“办事商董，拟请预先选定，以专责成也。商局设于上海，议交唐丞廷枢专管，作为商总，以专责成。再将股份较大之人公举入局，作为商董，协同办理”，“轮船归商办理，拟请删去繁文，以归简易也。查商人践土食毛，为国赤子，本不敢于官商二字，稍存区别。惟事属商办，拟宜俯照买卖常规，庶易遵守，兹局内既拟公举商董数名，协同商总料理，其余司事人等，必须认真选充，不得人浮于事，请免添派委员，并拟除去文案、书写、听差等名目，以节靡费。”[①] 开宗明义地打出了“商办”轮船招商局的旗帜，原来的“轮

① 交通、铁道部交通史编纂委员会编辑：《交通史航政编》第 1 册，第 145—146 页。

船招商公局”也被“轮船招商局”所代替，“商办”的色彩非常明显。从这一点上看，唐廷枢与郑观应在民族企业是“官办”还是“商办”的问题上，他们的立场和观点完全一致。尽管在唐廷枢和徐润入主轮船招商局受到各大中外媒体的高度关注和普遍好评之时，郑观应却“未对这项具有民族经济意义的新事业投诸实质上的热情”。[①]并在完成《论中国轮船进止大略》后不久，又加入了太古轮船公司，被聘为总理兼管栈房。[②]这种言行不一的表现看似自相矛盾，但联系当时的实际情况看，就不能因此简单地做出判断，怀疑郑观应真实的思想倾向。因为无论是从年龄和资历上看，还是从社会地位和经济实力上比较，唐廷枢和徐润应该是轮船招商局总办和会办的不二人选。同时，郑观应与他们既是同乡又是世交，不可能对招商局的总办会办人选再持异议，更何况英商太古轮船公司于1874年给了郑观应满意的职位和丰厚的待遇。

受聘于英商太古洋行轮船公司，对郑观应来说，也许是所说的“初则学商战于外人，继则与外人商战，以挽利权以塞漏卮”[③]的一种思想和行动的延续。1875年，他在《易言》（36篇）的自序中就透露了自己的心迹和行踪：“往余于同治庚午（1870年）、辛未（1871年）间，端居多暇，涉猎简编，偶有所见，随笔札记。内之积感于寸心，外之眷怀于大局。目击时艰，无可下手，而一言以蔽之曰：‘莫如自强为先。’自强之道不外乎此数大端而已。”他坚信：“江海不以大受而拒细流，泰、华不以穷高而辞块壤。今使天下之大，凡有心口，各竭其知，各腾其说，以待輶轩之采，刍荛之询，不必谓言出于谁某，而但问合于时宜于否。

---

① 易惠莉：《郑观应评传》，南京大学出版社1998年版，第96页。

② 夏东元编：《郑观应集》（下册），上海人民出版社1988年版，第620页。

③ 《覆考察商务大臣张弼士侍郎》，夏东元编：《郑观应集》（下册），上海人民出版社1988年版，第620页。

应亦盛世所弗禁，大雅所不斥也。”[①] 虽然郑观应服务于太古轮船公司，但同时于1878年被委任为上海机器织布局襄办。1880年，李鸿章札委郑观应为改组后的上海机器织布局会办，郑观应虽认股五万，但内心十分复杂。在《致津海关道郑玉轩（郑藻如）观察书》中，对招商局的近况做了如下分析和评议：

叶观察（顾之）虚公整顿已得撙节之方，所益亦自不细。外间议论近有两种：一谓规模太大，事本极难，必不能更望起色；一谓从此整理，不但可复旧物，且可更收利权。二说相反，然为前说者语似近情，为后说者言涉夸诞。要而论之，得人则兴，失人则败，故欲事之兴，唯在得人而已。以上海之招商局而用唐君景星为总办，谓中堂不得人可乎？谓唐君不尽心力以自任可乎？所最难者，中堂能知总办之才，总办未必知分办之才，分办未必知百司执事之才。人才固属难得，得才尤贵器使，事之不举，则不器使之过也。且叶、徐皆久于洋务，熟识商务之才，今有南北洋之督护海运米之专利，谓上台措置不周、体恤不至可乎？当时开局之初，动色相戒，勿蹈官派陋习。及今观之，其所谓勿蹈者皆其所不便者也。至其所便者，则相与安之矣。且善为行场店业者，自掌柜以至学徒，一有弊患，立可觉察，优劣勤惰，公论灼然。考其由来，未有不用威而纯用恩者也。叶、唐、徐三君皆同乡世好，兼属姻亲，每为代筹隐忧而究不能避缄默之诮，仰荷下问，知必有关怀大局，轸念友朋之心。窃谓宜劝中堂切嘱诸公，先以揭发欺蔽，显示惩创为要务，其余布置及一切开源节流之论且置勿道。洋人所以能事无不举者，以立法必行，

① 夏东元编：《郑观应集》（上册），上海人民出版社1982年版，第63—64页。

> 毫无假借也……若虑事系创成，不稍顾全体面为远人所笑，则积玩愈深，贻误愈大，亦非所以爱任事之才也。近年轮船公司无不获利，彼此相形体面，何在我局规模较大，一经失势，便为渊丛之殴，思之寒心。非我兄之明，断不敢直抒胸膈，倘有可采，尚祈训示，想必不为外人道也。①

其实，叶廷眷自认是官方代表，与唐廷枢、徐润二人意见不合，甚至存在矛盾和冲突。郑观应既不认同叶廷眷的官派作风，又对唐廷枢和徐润在用人和管人上的重情而少“惩创”颇有微词。在这里，郑观应是局外人，又是同行者，他对轮船招商局内的现状看得如此透彻，也表明郑观应平时与唐廷枢、徐润、叶廷眷等香山同乡保持着较多的交往和交流。

不过，与唐廷枢、徐润等不同，郑观应看问题比较客观，为人耿直坦诚，遇事冷静理智，和而不同。诚如其在致彭器之观察书中所言：“弟自忖才力绵薄，硁硁自守，不敢欺世盗名，亦不敢行险侥幸，宁蹈执德不宏之讥，而不肯自侪于流俗……做事必依规矩，度德量力。”②他与唐廷枢都有洋行买办的经历，与唐廷枢等在上海的香山买办商人们常有交集，大家相处甚欢。但当唐廷枢等拟在外洋创设宏远公司时，郑观应却表示极不赞成，主张在上海立下根基，以后再谋发展。在致黎召民的函中，他说：“去春拟在外洋创设宏远公司事，发起于唐景翁，得执事韪而行之。商务振兴，关系全国权力不少。执事志在先于伦敦地方开设字号，由小及大，以通中外交易，此不求制胜，先求不败之成算也。而官

① 《后编》卷十《船务》，夏东元编：《郑观应集》（下册），上海人民出版社1982年版，第783页。

② 夏东元编著：《郑观应年谱长编》（上卷），上海交通大学出版社2009年版，第89—90页。

应欲集成本百万，则以远渡重洋创立基业，非有巨款不足以壮声势而广招徕，诚恐往来汇票不通，必须以提单作抵，货须估验，汇兑吃亏，诸多窒碍……官应在沪上二十余年，握算持筹，日与洋人相习，语言文字幸能粗通，洋货、丝茶尤多经手，所以能取信于人者，唯生平不敢作一欺人之言，始能微有虚声，不意竟达清听，今辱采及葑菲，敢不敬献刍荛。”“鄙见以为在上海先立不拔之基，即以三十万金分存上海银行及票号钱庄，使处处皆有伦敦公司存款，人人皆知伦敦公司事业，然后料理出洋。洋人具有耳目，既知根基稳固，交易自必乐从，寄番诸事可以得心应手。”“或以十万金先行试办杂货，开设伦敦地方，借通中外之气，以二十万留存上海为寄番押款成本。”并表示“倘蒙畀以事权，必当竭尽心力以图报效，薪水之多寡有无，皆所不计也。”[①] 由此不难看出，郑观应并不是那种盲从于人的人，他有自己的坚持，但也不是那种思想保守、性格固执、态度冷淡的人，他有自己的追求。在太古轮船公司任职期间，仍受李鸿章札委为上海电报分局总办，参与电线、电报机等器材的购买、转运等工作，并对电报章程的制定做出了不少的贡献。值得注意的是，郑观应在驻沪照料验由大北公司代购材料及分运各处事宜上，也得到了唐廷枢、郑藻如、徐润等人的大力支持。[②]

1881 年，为整顿轮船招商局，唐廷枢、徐润和郑藻如等香山人试图争取郑观应进入招商局，经反复思量，郑观应同意于 1882 年太古轮船公司合同期满后再入驻轮船招商局。在致津海道郑玉轩（藻如）观察书中，郑观应坦言：“日昨李秋亭、唐景星二君传述李傅相谕，将委弟招商局

① 夏东元编著：《郑观应年谱长编》（上卷），上海交通大学出版社 2009 年版，第 103—104 页。

② 夏东元编著：《郑观应年谱长编》（上卷），上海交通大学出版社 2009 年版，第 110 页。

事。李君所传较唐君尤为切实。弟深知局中难处，岂敢率尔从事。惟轮船公司事宜经历有年，不敢云一无知解，既蒙傅相谬采虚声，唐、徐二君均系世交，又尝相浃洽，甚可尽我所能。所虑官督商办之局，权操在上，不若太古知我之真，有合同可恃，无意外之虑。窃闻宦海变幻无常，万一傅相不在北洋，而后任听信谗言，视创办者如鹰犬。弟素性愚戆，只知尽心办事，不识避忌钻营，更易为人排挤矣！弟曾对景翁言及，彼托秀山家叔相劝，毋庸过虑，勿再与太古订立合同。"①在致招商局总办唐廷枢信中，郑观应更加明确地表明了自己的态度，做出了自己的选择："昨家叔秀山面述公等与各股东盛意，嘱弟辞太古入招商局等因。窃思招商局与各国轮船公司争利，连年亏耗颇巨，若不早日维持恐难自立。我国无轮船往来各通商口岸，更为外人所欺侮，弟承不弃，且占股份，敢不勉竭驽骀？……是以弟不计薪水之多寡，唯恐舍长局而就短局，有关名誉耳。"②从郑观应致郑藻如和唐廷枢二人的信中不难发现，郑观应不仅一直对轮船招商局的内部事务和外部环境十分关注并较为了解，而且在道义和行动上一直支持唐廷枢和他开创的事业。在入招商局前，郑观应就参与了唐廷枢主持的项目建设，彼此之间都有充分的交流和商量。在致盛宣怀信中就说："下海铺基地一节，前奉手书，极思报效，嗣经唐景翁勘定……兹经洋匠堪明，云尚可间，只嫌稍广，恐致靡费，尚是小疵。昨与景星相商，拟遵前约办理。"③这就说明郑观应在入局前后一直与唐廷枢保持着较密切的联系，也十分尊重唐廷枢的意见和决策。唐

① 夏东元编著：《郑观应年谱长编》（上卷），上海交通大学出版社 2009 年版，第 114—115 页。

② 夏东元编著：《郑观应年谱长编》（上卷），上海交通大学出版社 2009 年版，第 115 页。

③ 夏东元编著：《郑观应年谱长编》（上卷），上海交通大学出版社 2009 年版，第 116 页。

廷枢和徐润在给郑观应的信中，对郑观应入局后的薪水也给予了很好的安排："昨与秀翁细谈一切，皆已妥洽。且夙忝至好，得获同袍，奚如欣幸。惟缘局中经费有常，未能从丰，殊为歉仄，现拟月奉坐办薪水二百两，年结花红约提一分，大旨每年连薪水可包六千金之砠（数），倘花红上有多，则仍归阁下，决不以六千金为限止也。"[①]就这样，郑观应在唐廷枢、徐润、郑藻如等香山同乡的大力引荐和精心安排下，很体面地进入招商局任帮办，正式成为唐廷枢、徐润的同行和同事，长期游离于官场之外的郑观应，在郑藻如、唐廷枢、徐润等同乡同行的帮助下，终于实现了身份转变。以前，郑观应出于太古轮船公司买办身份，没有直接就招商局内部事务公开发表评说的文字，其间虽然上书叶廷眷，希望他作为直接参与招商局活动的官方人物，出面推动政府完善近代企业活动的法律和政策，[②]也曾与郑藻如私下里谈及他对招商局的看法，甚至对唐廷枢、徐润的做法颇有微词，但他权衡利弊后，还是欣然接受了李鸿章的邀请，与唐廷枢、徐润一起共事。郑观应到任轮船招商局，任招商局揽载事务的帮办，本来希望有所作为，但实际上招商局内人事盘根错节，利益争夺十分激烈，根本发挥不了郑观应个人的作用。尽管如此难以有所作为，但郑观应仍然对招

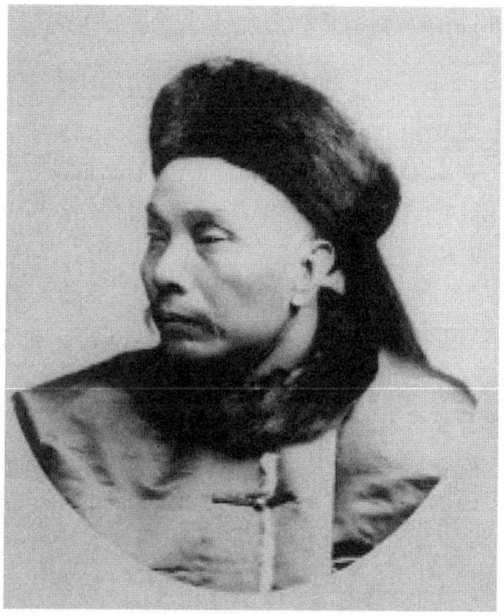

郑藻如（引自"郑观应生平史迹展"）

---

① 夏东元编著：《郑观应年谱长编》（上卷），上海交通大学出版社2009年版，第116页。

② 夏东元编：《郑观应集》（下册），上海人民出版社1988年版，第573—574页。

商局的发展前景充满期待。

有时，愿望和目的往往因这样或那样意想不到的困难而难以达成。郑观应刚刚进入招商局，上海因地价飞涨迅速拉开了企业投资热潮的序幕，但就商业和金融的真实状况而言，上海的经济形势并不乐观。唐廷枢、徐润、郑观应似乎对在中国现有的金融体制下发行股票的集资形式，全面推进企业创办活动本身所具有的危险性缺乏预见，在情况逐渐恶化之际，他们还没有表现出企业家应有的警觉和谨慎。唐廷枢在这期间还赴朝鲜和欧洲做商务访问，郑观应也赴南洋考察通商码头，甚至还参与交涉谈判收回淞沪旱线。[①]当时，中法战争的气氛，也加剧了沪上的金融危机，当时就有人指出："今年法越构衅，久而不定，存资于人者，深恐扰及商埠，皆思捆载而归，市面为之一紧。"[②]当开平煤矿和轮船招商局的股票跌到发行价时，唐廷枢和郑观应也曾试图干预股价下跌，然而已无力回天。徐润不仅宣告破产，还因挪用轮船招商局资金收购地产而被革职离局，唐廷枢因挪用轮船招商局公款，将自己"前入局本股票银及其弟（唐廷庚）存银拨抵欠数，故免参处"[③]。郑观应也在1884年初受彭玉麟奏调赴粤防差遣，甚至还有南洋之行，后因太古洋行的讼案，被港英当局拘留。[④]

曾有功于轮船招商局的创办和经营的唐廷枢、徐润和郑观应三位香山买办，因对国际局势和金融风险缺乏应有的警觉，甚至乐观地在短时间内不断地扩大企业规模，投资各种新的企业，结果因金融风潮的冲击和中法战争的影响，他们挪用招商局的资金无法一时还清。最终事与愿违，

---

① 夏东元编：《郑观应集》（下册），上海人民出版社1988年版，第1012—1025页。
② 《答暨阳居十采访沪市公司情形书》，载《申报》1884年1月12日。
③ 易惠莉：《郑观应评传》，南京大学出版社1998年版，第327页。
④ 易惠莉：《郑观应评传》，南京大学出版社1998年版，第343—344页。

经济上严重受损，政治上惨遭打击，社会声誉也深受其害。与郑观应有结拜之交的经元善，就曾惋惜地说："乙酉（1885年）因事赴津见傅相，大骂轮局总办跋扈飞扬，布局总办假仁假义。"[①]在李鸿章眼里，此时的唐廷枢"跋扈飞扬"、郑观应"假仁假义"，他们二人在同行和共事时的遭遇，竟是如此雷同，实出人意料之外。

第三节　同道同心：都是有情人

郑观应与唐廷枢共事的时间并不长，但他们同道又同心。郑观应首次进入轮船招商局时，唐廷枢只是一位挂名的总买办，大部分时间在唐山开平煤矿，招商局实际上正处在整顿风波之后，内部人事关系盘根错节，外部环境复杂多变，前景不太乐观的状况中。1881年3月，徐润遭父丧，"招商局中人事，以唐廷枢因公留津，徐润复丁艰回籍"[②]。招商局正处在用人之际，出于洋务企业发展和招商局经营管理上的需要，更出于上海香山人在招商局中的利益等多方面的考虑，唐廷枢、郑藻如、徐润等引荐有经验有实力的郑观应，也是合情在理的选择。

郑观应后来在《论招商局及肇兴公司事略》中表达了感谢唐廷枢等人的推荐之情："余曩时总理宝顺及太古轮船公司事务，嗣又与洋人创办公正轮船公司，及各口揽载行三十余载。施蒙盛杏荪、唐景星、徐雨之三观察，采听商情，禀请傅相帮办招商局。"[③]但晚年的郑观应，对三次入局的经过又做了略有不同的陈述："溯自光绪八年（1882年）以来，先后入局三次。第一次，因怡和、太古与本局营业竞争，大减水脚，互

① 《中国创兴纺织原始纪》，虞和平编：《经元善集》，华中师范大学出版社2011年版，第287页。

② 易惠莉：《郑观应评传》，南京大学出版社1998年版，第262页。

③ 夏东元编：《郑观应集》（上册），上海人民出版社1982年版，第618页。

1873 年，郑观应参与创办英商太古洋行轮船公司。图为上海太古洋行办公大楼旧貌（引自“郑观应生平史迹展”）

争揽载数年之久，股价日跌，每股只沽三十余两。北洋大臣与股东皆起恐慌，有大股东密禀北洋大臣，饬前总办唐景星等邀官应入局，并托人劝辞太古买办各职事。故太古合同期满，即荐保杨桂轩接办，官应遂脱离太古，奉北洋大臣札委，入局帮办。遂偕唐君与太古、怡和会商调和，不复争揽，订立合同，摊分水脚以船之多少而定分数，本局得多数。”[①] 又言：“忆三次入局之时，皆值局事困难之际，而出局之日，又当局事发达之秋。目睹生意衰而复盛，股价跌而复涨，皆借前督办、总办暨董事会诸公惨淡经营及各办事员协助之力，官应幸适逢其会，亦期告无罪于股东耳。”[②] 表面上看，郑观应对入局轮船招商局是被动的回应，其实恰恰是他内心的期盼。在《禀谢李傅相札委帮办轮船招商总局》中，就

① 《辛酉年春致轮船招商局董事会书》，夏东元编：《郑观应集》（下册），上海人民出版社 1988 年版，第 949—950 页。

② 夏东元编：《郑观应集》（下册），上海人民出版社 1988 年版，第 954 页。

可以隐约地看到郑观应的自得和自信：

据上海轮船招商总局唐道等称，“卑局生意日见扩充，揽载一切事宜时与外人争竞，尤为局中要务。徐道润一人照料肆应不遑，张道鸿禄经理海运漕米亦属纷繁，因各股商佥称郑道官应前在太古洋行总理揽载诸务，与各行商往来最熟，该行船务日见兴旺，乞请宪台札委郑道帮办招商局，专管揽载事宜，以资臂助；张道专管漕米事宜。各专责成，洵属有裨局务。职道等早欲禀请，因郑道与太古合同未满，总办电报沪局差委，恐尚有经手事件。兹悉太古合同之期已满，电报沪局已禀请经主事元善管理，郑道可以抽身。理合禀请札委到局，借资熟手，以慰众望，实为公便”等情到本大臣。据此，除批“该局生意日广，事务益繁，郑道熟悉商情，和平公正，为众商所信服，应饬委赴局帮办，专管揽载事宜。仰该道等与之和衷筹商，竭力经营，庶局务蒸蒸日上，是所切盼。缴。”挂发外，合行札饬……伏念职道才疏识浅，猥荷恩遇，迭加委任，未报涓埃。招商局诸务繁重，连年与外国轮船争利，颇费心力，揽载事宜尤为切要。职道自量才力惧弗胜任，只以前在各轮船公司经理有年，各商向亦浃洽，重蒙训勉，不敢固辞。遵于三月初一到局，理合禀报宪辕，仰祈宫太傅伯中堂俯赐鉴察。无任感祷。[①]

这种表面上的自谦和无任感祷，实际上是借唐廷枢等的说辞来增添自己在李鸿章心中的分量，凸显自己的价值和作用。

关于郑观应离太古轮船公司而入轮船招商局的真实背景和内心动机

---

① 夏东元编：《郑观应集》（下册），上海人民出版社1988年版，第781—782页。

的评判，似乎可以作为一种比较切近实际的解读。易惠莉就曾有过精彩而实在的评述："至 19 世纪 80 年代初，郑观应在官方洋务企事业领域涉足得已足够深了，他与官方在政治上的联系亦已足够深，一旦李鸿章出面邀请，他既是不由自主，亦是不得不做出允诺。郑观应 1881 年决定加盟招商局的动机，并非着眼于个人眼前的经济利益和权力地位上的欲望。他的选择从属于官方对他的期望，他在织布、电报等事业方面与官方的涉入过深，致使他在太古与招商局之间做选择时已缺乏完全的自由和独立。同时，他希望与官方有更深及更高层的联系。"①不过，还应补充的是，郑观应同意入局，还有同乡世交和同行同道等情感方面的考量。

尽管郑观应等认为李秋亭（李金镛）转述李鸿章之谕时比唐廷枢"尤为切实"，又相信"唐、徐二君均系世交，又尝相浃洽，甚可尽我所能"，言语之中似乎有意淡化唐廷枢的引荐作用和与唐廷枢的关系，但事实上郑观应与唐廷枢之间的联系一直比较紧密。他不仅参与了唐廷枢倡办的民办或官办企业的筹建，而且参与谋划并入股唐廷枢创办的开平粤局和塘沽耕值（植）公司。②在《广州城南地基公司股东说帖（补刊）》中，郑观应就自称：

> 窃于前清光绪十五年开平煤矿局总办唐景星、会办徐雨之推广煤局分设广州，由刘吉六引购城南林桐芳沿河坦地，合建商场兼栈房、码头之用……购地后唐景星函致郑陶斋谓该地归开平矿局就近代理，

① 易惠莉：《郑观应评传》，南京大学出版社 1998 年版，第 273 页

② 夏东元编：《郑观应集》（下册），上海人民出版社 1988 年版，第 972—976 页。在《致天津翼之五弟书》中记载："昔年经理开平粤局，兄与开平矿局李君玉衡、唐君景星共出资本银三万两，除买广州城南地基六十九亩，并升科涨滩一百亩，约共银一万五千两，现值价银二百四十余万两。"夏东元编：《郑观应集》（下册），上海人民出版社 1988 年版，第 1184 页。

开平煤矿全景。它是中国第一家民族资本的大型煤矿（中山市博物馆提供）

> 不须酬劳，惟要准开平矿局择用至深水处一段自行出资建筑码头、造栈房，为堆煤储货之需，应计租费、地价若干，俟日后填地工竣，估出何价，出租何价，即照数算还地基公司，决不使稍有吃亏等语。此系唐景星与徐雨之商定之法，有信为据，且有刘吉六、唐道绅、徐仁立等共知共见。①

言语之中对唐廷枢的决策和建议言听计从，对唐廷枢的为人也高度认同，“唐景星观察及沪上诸臣公与余共事有年，深知鄙性忠勤，因人受累，乃禀请傅相札委办理开平煤矿、粤局事宜”②，并说：“近日欲振兴实业、开矿办有成效者，惟唐君景星、李君秋亭而已。”③在致盛宣怀的书信中亦表示：“窃思中外通商数十年以来，各公司办有成效，有大利可派、股价大涨者，仅得电报、轮船、开平矿务三公司。此三公司之

① 夏东元编：《郑观应集》（下册），上海人民出版社 1988 年版，第 989 页。
② 夏东元编：《郑观应集》（下册），上海人民出版社 1988 年版，第 1172 页。
③ 夏东元编：《郑观应集》（下册），上海人民出版社 1988 年版，第 955 页。

办有成效皆赖我公与唐君景星之力，惨淡经营，始有今日。”① 对唐廷枢兴办实业的成效和干事敬业的精神充满敬意。

郑观应不仅对唐廷枢惨淡经营轮船招商局和开平煤矿局所取得的成效深表敬意，而且也在许多问题的看法上与唐廷枢不谋而合。在轮船招商局是“官办”还是“商办”的问题上，郑观应和唐廷枢都主张“商办”，对“官督商办”也缺乏信心，赞成实行股份制，“将股份较大之人公举入局，作为商董，协同办理”。对1873年唐廷枢主持制定的《轮船招商局章程》和《轮船招商局规》所推行的股份制和商办性质及股东权利等，都表示高度认同，他制定的《创办欧洲及南洋油船公司招股章程》就沿用了股份制，实行集资入股兴办航运业。② 他在《覆陈君可良、唐君翘卿、谭君干臣论商务书》中，甚至对官督商办表示不满，他说：“（官应）经营商务垂数十年，颇知其故。查中国之所谓大公司者，唯电报局、轮船招商局、开平矿务局，表面观之，畴不谓成效大著差强人意；设纯粹归商办理而非官督商办，其所收效果宁有涯涘！盖官督商办者，既有委员监督，而用人之权操自督办，股东不能顾问。”而且“（股东）多是官场中人，官气难除，且于商务率皆瞆瞆，所委用者又不问其材之能否胜任，大抵瞻徇情面，非其亲戚即其私人，甚至挂名局内，干领脩金不知凡几，结党营私毫无顾忌，而局务遂日归腐败矣。”③ 可见，在“商办”还是“官督商办”企业问题上，郑观应与唐廷枢既观点相同，又行动一致，都是商办近代民族企业的倡导者和践行者。

郑观应第二次进入招商局，仍然有唐廷枢的鼎力支持。④ 只不过郑观

---

① 夏东元编：《郑观应集》（下册），上海人民出版社1988年版，第871—872页。
② 夏东元编：《郑观应集》（下册），上海人民出版社1988年版，第887—891页。
③ 夏东元编：《郑观应集》（下册），上海人民出版社1988年版，第621页。
④ 易惠莉：《郑观应评传》，南京大学出版社1998年版，第376—382页。

应 1892 年 12 月 6 日进局视事时，唐廷枢已于 10 月 7 日在天津病故。在致盛宣怀的信中，郑观应对唐廷枢的逝世感到无比悲痛："知唐景翁于八月十七日作古，闻信之下，悲悼久之。盖此公一生精力尽消磨于商务、洋务之中。数十年来备尝艰苦。凡事不因仇怨，顾全大局，力图整顿，洵为吾粤中办洋务之特出者。弟与之谊属至亲，诸多叨爱，相依最久，亦相知最深，见其身前一切多为亲友所累，外强中干，有名无实，其身后谅可想见。阁下情殷念旧，当亦为之感慨也。伏忆景翁前在上海与公等创办招商局务，颇费心力，同事有年，故人情重，无待鄙言赘及矣。今闻其景况如此，想我公维持大局，顾虑周详，必有以使前人感激而为后人勉励也。"①

唐廷枢的突然离世，对郑观应来说，无疑是顿失一位宽厚仁慈而精明能干的兄长和事业上的伙伴，但他并没有因此意志消沉，而是殚精竭虑地完成唐廷枢未竟的事业。郑观应明知盛宣怀与唐廷枢不睦，在接受盛宣怀邀请出任轮船招商局帮办一职前，仍坦言对唐廷枢的敬意，并吁请盛宣怀重金抚恤唐廷枢遗属。后来招商局在公积项下拨赠恤金一万五千两，以示对唐廷枢一生"鞠躬尽瘁，死而后已"的褒奖。郑观应对唐廷枢的敬重因此可见。

郑观应与唐廷枢两位香山人，从相识相知，到同行同事，虽然各自所受的教育不同，早期的经历也彼此殊异，但他们有发展中国民族工商业的理想和抱负，有广阔的视野和宽广的胸怀，更有丰富的科学知识和经营管理现代企业的经验，在商办而非官办或官督商办现代民族工商企业问题上，他们有着广泛的思想共鸣。在个人利益和国家民族利益发生冲突时，他们都毫不犹豫地放弃个人利益而选择了国家和民族利益；在

① 转引易惠莉：《郑观应评传》，南京大学出版社 1998 年版，第 378 页。

振兴民族经济、发展现代新型工商业的过程中，他们勇于担当，善于创新，大胆改革，敢于直言，体现出的是典型的企业家精神。尽管在企业拓展和经营管理等问题上，郑观应与唐廷枢之间也有意见相左的时候，但并不影响他们的关系和友情。尤其是郑观应在唐廷枢去世后，对其创办的实业和未竟的事业仍然心存敬意，并没有因个人的损失而抱怨，而是处处维护唐廷枢的威信和形象，真正是同心同德、相知相识、有情有义的同乡同道。

第五章　郑观应与孙中山的交往

第一节　问　题

郑观应与孙中山，都是中国近代史上颇有影响的人物。郑观应以买办和经营新式企业为生，却以思想家和学者立世，成名比孙中山早。孙中山以医生入世，而以革命为生，成推翻帝制、创建共和之伟业。他们二人的年龄差距较大，郑观应比孙中山早生 24 年，几乎是两代人。但是，郑观应是孙中山的同乡，又是他的前辈。他们虽然各自的经历不同，但思想认识上仍然有着某种相同或相近的地方。在人们看来，孙中山与郑观应的关系应该较为密切才是。因为郑观应较早地热心政治和实业，爱国心切，且在工商界和官场上有较大的影响力，甚至有着广泛的人际关系和良好的声誉。所以，他很自然地成为孙中山学习和交往的对象。而郑观应对年轻的孙中山也曾给予力所能及的帮助。因此，研究者们普遍认为他对孙中山的思想和活动，可能产生过积极的作用和影响。

关于郑观应和孙中山的相互关系，目前虽然已经有了一些专家和学者的关注，也发表了一些有代表性的研究成果[①]，本人与孙中山研究会的高兆锦也合作撰写过相关的文章，但是大都是泛泛而论，缺乏足够的史料依据和深入细致的分析。而且目光主要集中在孙中山早期与郑观应的交往上，对于郑观应在后来孙中山的革命生涯中的态度和交往却很少讨论。庆幸的是，近年来，人们开始注意到晚清民国时期他们之间的关系。尤其是邵建的《郑观应与孙中山关系再讨论》和李吉奎老师的《1894 年前后的孙中山与郑观应》，为我们进一步了解郑观应与孙中山的关系

孙中山（中山市档案馆提供）

① 参见唐玉礼译：《郑观应与孙逸仙》，台北中山社会科学译粹 1987 年版；［美］庄奇瑞：《郑观应（1841—1920）：孙中山民族主义思想的来源之一？》，载《亚洲研究》，1969 年 2 月 28 卷第 2 期；尹全海：《论郑观应对孙中山的影响——兼论孙中山的洋务思想》，载《开封教育学院学报》1991 年第 4 期；钟卓安：《郑观应与孙中山》，载《岭南文史》1994 年第 4 期；吴相湘：《孙逸仙近代思想与郑观应、容闳、严复、胡适之比较》，载《广东社会科学》1996 年第 6 期；梦柳：《郑观应·孙中山·包惠僧》，载《比较法研究》，1999 年第 1 期；郭展礼：《郑观应对孙中山改革思想之影响》，载《岭南文史》2002 年第 3 期；张苹、张磊：《郑观应与孙中山关系析论》，载《广东社会科学》2003 年第 3 期；黄明同、张冰：《郑观应与孙中山经济思想的历史承传》，载《纪念郑观应诞辰 160 周年学术研讨会论文集》，澳门历史文物关注协会、澳门历史学会 2003 年版；刘居上：《孙中山上书李鸿章前后的郑观应》，载《纪念郑观应诞辰 170 周年学术研讨会论文集》，澳门历史文物关注协会、澳门历史学会 2012 年版；徐新：《郑观应对孙中山的重大影响——从〈盛世危言〉到〈上李鸿章书〉看中国清末的改革思想》，载《纪念郑观应诞辰 160 周年学术研讨会论文集》，澳门历史文物关注协会、澳门历史学会 2003 年版；夏东元：《郑观应》，广东人民出版社 1995 年版；易惠莉：《郑观应评传》，南京大学出版社 1998 年版；胡波：《香山买办与近代中国》，广东人民出版社 2007 年版。这些论著都程度不同地涉及郑观应与孙中山的相互关系，为我们了解郑观应与孙中山的关系提供了线索和思路。

提供了不一样的视角。[①] 大致说来，目前对郑观应与孙中山的关系研究存在两种看法：一种看法认为 1894 年前后，他们之间有比较密切的联系，以后就没有交往；另一种看法认为郑观应与孙中山的交往实际上并不密切，更非忘年之交。不过，持第一种看法的人比较多，持第二种看法者虽然比较少，但也有一定的道理。

为什么在郑观应与孙中山的关系问题上会存在不一致的看法？显然与文献材料较少和历史证据不足有关。要解决这个问题，除了进一步发掘资料外，还需要从他们各自的思想文化背景和处境经历来考量。

第二节　交　往

郑观应是孙中山的同乡前辈，1866 年孙中山出生时，他已在上海宝顺洋行做了近八年的买办。1883 年，孙中山从檀香山返回翠亨村时，郑观应已有《救时揭要》和《易言》二书刊行向世。1884 年至 1892 年间，孙中山因求学和度假，经常往返于广州、香港、澳门 、香山。1885 年 1 月 4 日，因太古洋行借口要郑观应赔偿他于 1881 年冬保荐的太古洋行总买办杨桂轩亏欠的四万余元，向香港当局提出控告，而被拘留于香港。5 月下旬“脱累归里，杜门养疴”。此后的四五年，除偶尔外出访友外，大部分时间都是在澳门读书写作。

孙中山在粤港求学期间，郑观应正在澳门过着半隐居式的生活。作为同乡先贤，郑观应其人其事，年轻的孙中山肯定时有所闻。但是，孙中山和郑观应何时何地通过何人彼此相识和进行交往，至今说法不一。

---

① 参见邵建：《郑观应与孙中山关系再讨论》，载《社会科学》2014 年第 3 期；李吉奎：《1894 年前后的孙中山与郑观应》，中共中山市委宣传部、中山市社会科学界联合会编：《郑观应研究的当代价值：纪念郑观应诞辰 175 周年学术研讨会论文集》，广东人民出版社 2019 年版。

香山商业文化博物馆内孙中山与郑观应在郑家大屋交流的场景(摄于2023年)

有的认为，孙、郑相识是由陆皓东介绍的，因为陆皓东早在上海就与郑观应有过交往。1885 年至 1892 年间，郑观应隐居澳门时，从上海回乡的陆皓东很有可能与孙中山一起拜访过郑观应。而郑观应曾与陆皓东的父亲陆晓帆合资经营生意。陆皓东曾在上海电报局任译员。郑观应也参与了上海电报局的创建。他对陆皓东知之有素也在情理之中。[①]1890 年，陆皓东回乡结婚时，郑藻如也赋闲在香山之家。郑观应编撰《盛世危言》时，也得到过郑藻如的帮助。他们之间的联系一直比较密切。[②] 陈锡祺先生也认为，在 1890 年前，孙中山很有可能与郑观应有过接触。因为没有西医修养的郑观应，在这期间编撰了一本《中外卫生要旨》的书，学过

① 李吉奎：《1894 年前后的孙中山与郑观应》，中共中山市委宣传部、中山市社会科学界联合会编：《郑观应研究的当代价值：纪念郑观应诞辰 175 周年学术研讨会论文集》，广东人民出版社 2019 年版，第 12—13 页。

② 参见易惠莉：《郑观应评传》，南京大学出版社 1998 年版，第 166—168 页、第 250—253 页、第 383—384 页、第 428—432 页。

西医的孙中山对此很有可能给予郑观应不少的帮助。[①] 郑观应与孙中山的交往，还可以从他的《盛世危言》一书中找到有力的佐证。在《盛世危言》一书的《农功》篇里，郑观应就简明扼要地介绍了孙中山的思想和活动。他说：“今吾邑孙翠溪西医颇留心植物之理，曾于香山试种罂粟，与印度所产之味无殊。犹恐植物新法未精，尚欲游学欧洲，讲求新法，返国试办。唯恐当道不能保护，反为之阻遏，是以踌躇未果。”[②] 郑观应在自己的著作里专门提到孙中山的言行和志向，说明他对孙中山还是有比较深入的了解。

《中外卫生要旨》，1890年刊行（引自“郑观应生平史迹展”）

关于《农功》篇，有的人认为是孙中山所写，经郑观应稍加润饰后辑入《盛世危言》[③]。夏东元在《郑观应年谱长编》中也说：“《农功》篇，《革命逸史》等书说是孙中山所写，我认为这是可信的。孙中山自1888年后几年，屡从香港经澳门回乡——香山翠亨村。孙在澳门有一些友人。这几年郑观应正在澳门辑著《盛世危言》。孙与郑在政治上有维新改革的共同语言，在医理方面也有同调。从此文中科学种田的知识看，似乎是孙中山这位医学家手笔无疑。但此篇有些地方郑观应改写过。”并强调：

---

① 陈锡祺：《同盟会成立前的孙中山》，陈锡祺：《孙中山与辛亥革命论集》（增订本），中山大学出版社1992年版，第86—87页。

② 夏东元编著：《郑观应年谱长编》（上卷），上海交通大学出版社2009年版，第347页。

③ 陈锡祺主编：《孙中山年谱长编》（上册），中华书局1991年版，第62页。

“孙中山草拟此文，当在1890年前后两年的这段时间。”[①]易惠莉在《郑观应评传》中，通过对《农功》篇和《上李傅相书》的文字比较，也认为郑观应与孙中山有过比较密切的交往和深入的交谈，相信“郑观应所了解的孙中山的思想活动，不只是《农功》篇中所反映的内容，还应包括孙中山有上书当道的计划”[②]。

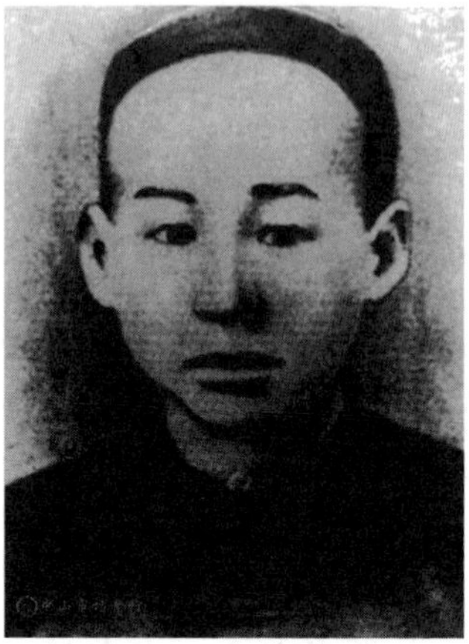

陆皓东（1868—1895），香山（今中山）南朗翠亨村人。1895年与孙中山组织香港兴中会，同年10月26日在广州举行武装起义时因事泄被捕，11月7日英勇就义。被孙中山称为“中国有史以来为共和革命而牺牲者之第一人”（中山市档案馆提供）

1894年，孙中山上书李鸿章时，又再次得到郑观应的帮助。冯自由在《中国革命运动二十六年组织史》中有这样的记载：“甲午春，总理偕陆皓东买舟北上”“既抵沪，暂寓三洋泾桥名利客栈，藉港友函介，分访王韬、郑观应诸人”“时总理复结识陈廷威、宋耀如二人。廷威为水师将弁，由官（观）应介绍相识”。[③]郑观应不仅为孙中山介绍了新的朋友，而且还亲自写信给他的好友盛宣怀，请他帮忙向李鸿章引荐孙中山。他写道：“敝邑有孙逸仙者，少年英俊，曩在香港考取英国医士，留心西学，有志农桑生植之要术，欲游历法国讲求养蚕之法，及游西北省履勘荒旷之区，招人开垦，免致华工受困于外洋，其志不可谓不高，其说亦颇切近，而非若狂士之大言欺世者比。兹欲北游津门，上书傅相，一白其胸中之素蕴，

① 夏东元编著：《郑观应年谱长编》（上卷），上海交通大学出版社2009年版，第348页。
② 易惠莉：《郑观应评传》，南京大学出版社1998年版，第433—434页。
③ 冯自由：《中国革命运动二十六年组织史》，商务印书馆1937年版，第13—14页。

弟特敢以尺函为其介，俾叩谒台端，尚祈进而教之，则同深纫佩矣。”[①] 并谓：“孙逸仙医士拟自备资斧，先游泰西各国，学习农务，艺成而后返中国，与同志集资设书院教人；并拟游历新疆、琼州、台湾，招人开垦，嘱弟恳我公代求傅相，转请总署给予游历泰西各国护照一纸，俾到外国向该国外部发给游学执照，以利遄行。想我公有心世道，必俯如所请也。”[②] 从这段文字里，我们不难发现，郑观应不仅与孙中山有较密切的交往，而且对孙中山格外提携和奖掖。

据夏东元 1980 年采访郑观应三子郑润燊时所知，孙中山至少两次到过澳门郑慎馀堂，也到过郑观应在上海的家中，与郑观应也有少数的书信往来。而且郑观应对孙中山有过资助，孙中山还留下借条。但这些书信和借条后来被郑观应烧毁了。在夏东元看来，“惯于保存资料的郑观应为什么要将有关孙中山的函件、借条等付之一炬，这主要是由于孙中山是清政府追捕的对象，唯恐为此而遭殃故也”[③]。夏东元的这种判断，应该是合情合理的。尤其是 1892 年写成、1894 春刻版印刷的五卷本《盛世危言》，在提到孙中山时称：“今吾邑孙翠溪西医，留心植物之理”，而 1895 年增加内容后刻版印刷的《盛世危言》十四卷本，就将“吾邑孙翠溪”替换成“今粤东有业西医者”。为什么要做这样的改动？道理其实很简单，就是孙中山在檀香山成立了反清组织——兴中会，并在 1895 年春返回国内，准备发动起义。据陈少白所记：“在正月十几，（孙）又要我到上海来找郑陶斋，当时还有一两个人也找回去帮忙。”[④] 政治嗅

① 沈渭滨：《孙中山与辛亥革命》，上海人民出版社 1993 年版，第 45 页。
② 沈渭滨：《孙中山与辛亥革命》，上海人民出版社 1993 年版，第 45 页。
③ 夏东元编著：《郑观应年谱长编》（上卷），上海交通大学出版社 2009 年版，第 348 页。
④ 陈少白：《兴中会革命史要》，中国史学会主编：《辛亥革命（一）》（中国近代史资料丛刊），上海人民出版社 1957 年版，第 29 页。

觉十分敏感的郑观应立刻意识到这位年轻人可能给他带来危险，因为发动反对清政府的起义，在当时一定会招来杀身之祸，甚至有毁家灭族之灾。为了规避风险，保护自己，郑观应决定再刻十四卷本《盛世危言》，并在涉及孙中山的文字中做了巧妙的改动。[①]

同样，在孙中山革命生涯的演讲、谈话、论著中，也回避了与上书李鸿章有关的人和事，甚至没有提到郑观应这个重要的人物。这不仅与孙中山对郑观应的政治倾向取保留或否定的态度有关，而且也与作为“革命家”的孙中山有意回避上书李鸿章之举有关。不过，在晚清时期切断与郑观应的联系，也未尝不是孙中山对郑观应的一种人身安全的保护。在后来撰写《孙文学说》时，孙中山就既没有提及郑观应的推荐和帮助，更没有述及上李鸿章书之事，只是轻描淡写地表示：“及予卒业之后，悬壶于澳门、羊城两地以问世，而实则为革命运动之开始也。时郑士良则结纳会党、联络防营，门径既通，端倪略备。予乃与陆皓东北游京津，以窥清廷之虚实；深入武汉，以观长江之形势。至甲午中东战起，以为时机可乘，乃赴檀岛、美洲，创立兴中会。”[②] 如果说辛亥革命时期不公开郑观应帮助上书之事，有保护郑观应之考虑，那么二十多年后，孙中山仍然不提及郑观应其人其文其事，则完全是为了表明革命的先知先觉性和自己的政治正确性。至于民国以后，二人经常同城而居，有无往来，则需要进一步发掘材料。不过，民国初年，南京临时政府与轮船招商局

① 参见李吉奎：《1894 年前后的孙中山与郑观应》，中共中山市委宣传部、中山市社会科学界联合会编：《郑观应研究的当代价值：纪念郑观应诞辰 175 周年学术研讨会论文集》，广东人民出版社 2019 年版，第 14—15 页；易惠莉：《郑观应评传》，南京大学出版社 1998 年版，第 485—486 页。

② 中山大学历史系孙中山研究室、广东省社会科学院历史研究所、中国社会科学院近代史研究所中华民国史研究室合编：《孙中山全集（第六卷）》，中华书局 1985 年版，第 229 页。

曾有过一段纷争，孙中山是否与刚刚回到上海并与庄得之、张仲炤组织招商局维持会，以恢复整顿局务的郑观应有过联系，有待查考，但同年 11 月 9 日郑观应在致盛宣怀的函件中，却有“昨闻中山电项城饬部员如查明组织新公司确无洋股应即报告，等语”①。虽然语言文字比较平淡，但说明郑观应对时势和招商局的运营以及孙中山的言行等还是有所关注。有的研究者认为，郑观应早“已将孙中山排除出朋友圈，他们经常同城而居，但也再无往来”，并肯定地说：“这就无怪乎 1922 年郑观应去世后孙中山无所表态。”② 其实，郑观应是 1921 年 6 月 14 日（辛酉年五月初九）在上海提篮桥招商局公学宿舍病逝的。尽管当时影响广泛的《申报》于 1921 年 6 月 15 日刊登了郑观应 6 月 14 日去世的讣告，但身处广东的孙中山正忙于应对桂系军阀陆荣廷的三路围攻和内政外交，③ 根本不可能看到有关郑观应去世的报道。晚年的郑观应，一方面沉迷于修道养生，宣称“当此乱世，亟欲成道救民”④，

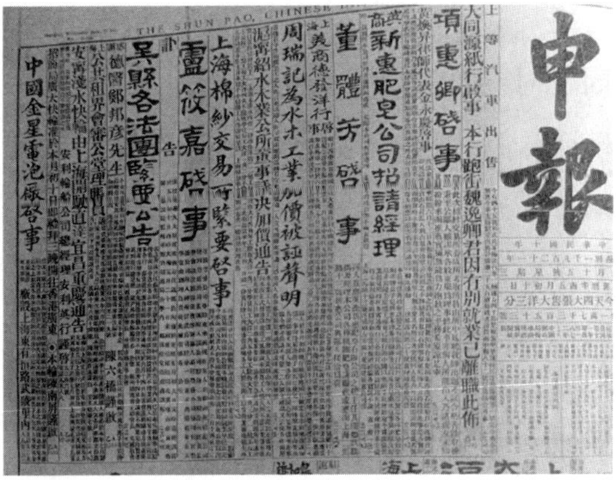
申報

項惠卿啓事

新惠肥皂公司招請經理

董體芳啓事

周瑞記為水木工業加價被誣聲明

上海棉紗交易所緊要啓事

靈筱嘉啓事

訃告

吳縣各法團聯電公告

中國金星電池廠啓事

1921 年 6 月 15 日，《申报》刊登的郑观应讣告

① 夏东元编著：《郑观应年谱长编》（下卷），上海交通大学出版社 2009 年版，第 763 页。

② 李吉奎：《1894 年前后的孙中山与郑观应》，中共中山市委宣传部、中山市社会科学界联合会编：《郑观应研究的当代价值：纪念郑观应诞辰 175 周年学术研讨会论文集》，广东人民出版社 2019 年版，第 19 页。

③ 陈锡祺主编：《孙中山年谱长编》（下册），中华书局 1991 年版，第 1358 页。

④ 夏东元编：《郑观应集》（下册），上海人民出版社 1988 年版，第 105 页。

对时局表示不满甚至悲观；一方面反对专制独裁，倾向于民主宪政，认为中国社会的发展进程尚未到实行民主宪政的时机。在思想观念和政治倾向上他与孙中山之间很难产生共鸣，但在爱国救国和爱民救民的情感意向上，两人仍然有高度的一致性。这也是他们初识和彼此信任的心理基础和离合的思想前提。不能因为后来他们之间缺乏密切的交往，就否定他们之间的理解和默契。

盛克琦编校的《郑观应养生集》封面

第三节　影　响

社会交往的过程是一个相互影响的过程，也是一个相互学习相互支持的过程。孙中山与郑观应的交往，虽然有主动与被动之别，有密切和疏离之分，但交往的结果必然是相互都受到一定的影响。

首先，是郑观应的思想言论和人格魅力，吸引了年轻的孙中山，使他情不自禁地主动接近郑观应。郑观应虽然没有获得正式的“功名”，也没有做过实质性的官员，但他深谙与西人周旋的方式方法，又熟悉洋务工作和善于经营新式企业，因此成为李鸿章幕府中的重要人物。他又经常撰写文章议论时政，鼓吹政治改良和经济改革，其言论在当时对年轻的读书人和有志之士产生了相当大的吸引力。他议论的范围，几乎触及可能有助于或有关于中国近代化的课题。他与其他同时代的洋务自强论者主要的不同在于，他主张倡工商以富民，重视民意，设立议院，实行君主立宪，兴办学校，培养科技人才等。他是晚清改良主义思潮的先驱人物。年轻的孙中山主动地与郑观应交往，一方面是希望得到郑观应这位同乡先贤的帮助和提携；另一方面是孙中山与郑观应在思想观念、知识结构、人生理想和政治抱负上有许多相通相似的地方，彼此之间有交流互动的空间。对孙中山来说，接近郑观应，不但从他那儿获得了进入上流社会必不可少的帮助，而且思想和行为均受到一定的影响。有的研究者认为郑观应对孙中山的影响至少有三点：第一，国家民族思想；第二，求中国富强的民生社会改革思想；第三，对中国现代化总体观念的启发。[①]这三方面的影响，除了国家民族思想这一方面的影响不太明显以外，孙中山早期的政治主张和改良主义思想倾向，以及后期的中国近代化思想，就较明显地受到郑观应的影响。如在1894年《上李鸿章书》中提出的“人尽其才，地尽其利，物尽其用，货畅其流”的主张，与郑观应在1892年出版的《盛世危言》自序中提出的“人尽其才”“地尽其利”“物畅其流”的三大改革原则就没有什么本质上的差别。郑观应在政治上，提倡地方自治，推选贤与能的基层官吏作为人民的代表，反对专制独裁，实行国家力量与民间资本相结合的政策，以“对抗列强经济侵略，保护国家利权，发达民族资本”。郑观应这些关乎国计民生的主张，也为孙中山日后实业救国的理念，民族、民权、民生三民主义的思想，提供了知识上和理论上的帮助或启发。有的研究者就指出：“上书事件体现了孙中山此期对科举以外的传统入仕途径抱有过一定幻想，郑观应曾对孙中山的思想和行为以一定的影响和帮助。”[②]

其次，就素有“硕学”买办和“通人”之称的郑观应这一方面而言，其所受孙中山的影响虽然不大，但“留心经济之学十有余年”，“远至

① 华中兴：《中山先生政治人格的解析》，台北正中书局1992年版，第91—92页。
② 易惠莉：《郑观应评传》，南京大学出版社1998年版，第429页。

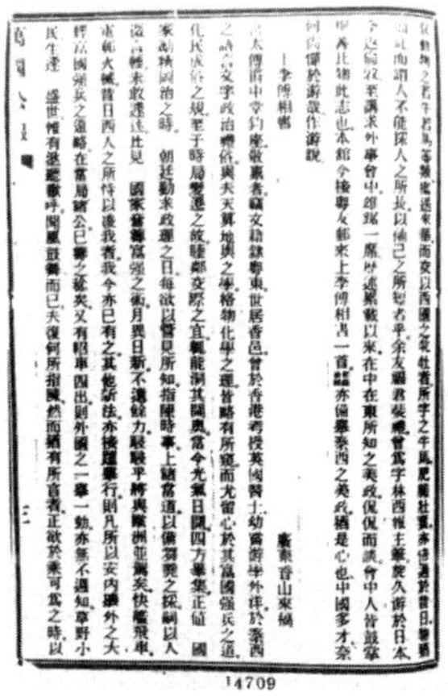

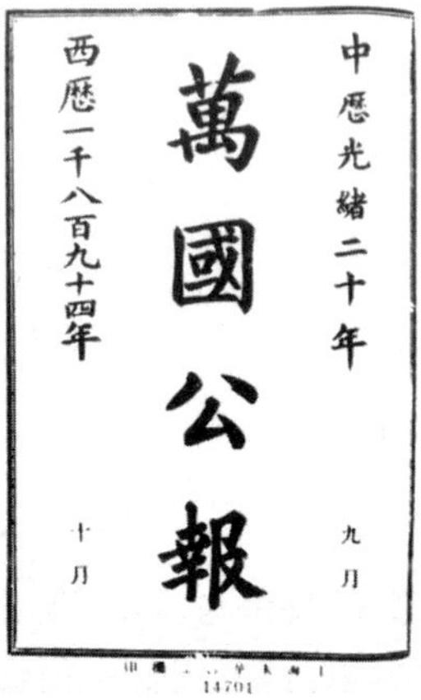
中歷光緒二十年 九月
萬國公報
西歷一千八百九十四年 十月

1894年初，孙中山撰《上李傅相书》，指出富强之本、治国之道，关键在于人能尽其才、地能尽其利、物能尽其用、货能畅其流。图为发表在《万国公报》上的《上李傅相书》（引自“郑观应生平史迹展”）

欧洲时局之变迁，上至历代制度之沿革，大则世间之天道人事，小则泰西之格致语言，多有旁及”的孙中山，对郑观应来说，无疑是一个很好的交谈对象。从与孙中山的交谈中，郑观应肯定了解了不少海外奇闻逸事和包括西医在内的西方近代自然科学和社会科学方面的知识，对于他撰写《中外卫生要旨》和《盛世危言》二书，显然有一定的启发和帮助。据易惠莉研究，郑观应在澳门守制期间，最后编定《盛世危言》（五卷本）。也就是自1892年春至1893年8月，《农功》篇可能就是这个时期增加的。因为不仅《农功》篇中的许多言论与孙中山《上李傅相书》的有关内容十分相似，而且《农功》篇中有关孙中山游学之事的介绍，与郑观应为孙中山所写的引荐信也十分接近。由此不难想象，郑观应与孙中山应该有过深谈。特别是《农功》篇的内容明显有与孙中山《上李傅相书》相一致的地方，自然不能排除郑观应受孙中山影响的可能性。他所了解孙中山的思想活动，也“不只是《农功》篇中反映的内容，还应包括孙中山有上书当道的计划”。[①] 同时，青年孙中山喜谈时务，锐意改良，热

① 易惠莉：《郑观应评传》，南京大学出版社1998年版，第434页。

心救国救民的精神风貌，在一定程度上对郑观应的政治热情起到一定的推动作用。

最后，郑观应与孙中山的交往，彼此都受到对方的影响。没有郑观应对年轻孙中山的赏识和帮助，就可能没有《上李傅相书》北上天津等地之举，更可能没有后来一系列的革命言行之发生。尽管历史不能假设，孙中山的反清革命思想和革命活动也非郑观应所能接受，但上书失败，对孙中山的影响不言而喻。孙中山和陆皓东手持郑观应等的推荐信到了天津，“鸿章借辞军务匆忙，拒绝延见，仅由罗丰禄代领得农桑会出国筹款护照一纸，总理由是深知清廷腐败无可救药”。[①]孙中山后来仍然感慨地说：“吾党于是怃然长叹，知和平之法无可复施，然望治之心愈坚，要求之念愈切，积渐而知和平之手段不能不稍易以强迫。”[②]尤其是在北京看到“满清政治下之龌龊，更百倍于广州”[③]。上书李鸿章目的未达，却强烈地刺激了孙中山，使他因此从根本上改变了原先以和平方式救中国的想法。而郑观应在与孙中山接触的过程中，也对新思想、新知识和新技术等有了更加深入的了解，并深切感受到了年轻人的朝气与活力，同时也隐隐约约地感到了山雨欲来风满楼的政治局势和社会危机的迹象。

第四节　结　语

郑观应和孙中山，都是中山市近代史上两位杰出的具有影响的历史

---

① 冯自由：《中国革命运动二十六年组织史》，商务印书馆1937年版，第14页。

② 广东省社会科学院历史研究室、中国社会科学院近代史研究所中华民国史研究室、中山大学历史系孙中山研究室合编：《孙中山全集（第一卷）》，中华书局1981年版，第99—100页。

③ 中山大学历史系孙中山研究室、广东省社会科学院历史研究室、中国社会科学院近代史研究所中华民国史研究室合编：《孙中山全集（第七卷）》，中华书局1985年版，第116页。

人物。他们在近代中国社会的新陈代谢中，各自以不同的方式在不同的领域发挥了重要作用。他们之间的交往和交流，在近代中国历史上留下了不可磨灭的记忆，也保留了一段富有神秘色彩的历史佳话。

诚如有的研究者所言："郑观应与孙中山的这段交往在郑观应此后的生活历程中似乎没有留下值得记录的痕迹，但它并不意味着这段交往缺乏意义。在我们理解 1895 年后郑观应对以孙中山为首的革命党人的态度及双方关系演变发展时，不能忘了郑观应与孙中山曾有过如此一段交往经历。"① 他们之间的交往，不仅使他们各自的人生增添了戏剧性的色彩，也增加了中山历史和中国近代文化的厚度。从他们的交往关系中，我们既感受到思想家的睿智，又领略了伟人的风范。郑观应平易近人、提携后进、关心社会的品德，孙中山敏而好学、积极上进、自信自强的精神，无疑值得我们学习和推崇。

① 易惠莉：《郑观应评传》，南京大学出版社 1998 年版，第 435 页。

第六章　同光时期的郑观应民本思想

第一节　研究缘起

凡是研究近代中国政治思想史和社会思潮的学者，对被称为早期维新派思想家的郑观应的政治思想，特别是民权思想和君主立宪的政治主张，也许并不陌生。因为郑观应不仅是“戊戌变法以前影响最大的资产阶级改良派代表人物”，而且还是“中国近代明确提出实行君主立宪要求的第一人”。[①]因此，近百年来，人们对郑观应政治思想的研究也主要集中在他的民权思想和君主立宪等政治主张上。有的甚至认为郑观应的《易言》中的《论议政》，《盛世危言》中的《议院》和《盛世危言》增订本中的《原君》，大致代表了他在19世纪70年代、80年代、90年代三个阶段民权思想的发展水平，也大体反映了当时整个资产阶级改良派民权思想发展史的一个缩影。[②]但是，仔细研读郑观应的《救时揭要》、《易言》、《盛世危言》、《盛世危言》增订本和改订本等相关的著述，

---

① 熊月之：《中国近代民主思想史》，上海人民出版社1986年版，第141页。

② 熊月之：《中国近代民主思想史》，上海人民出版社1986年版，第152页。

就会发现郑观应的政治思想，从19世纪70年代的《易言》到19世纪末改订的八卷本《盛世危言》，在本质上并不像人们普遍认为的那样在不断改变，而是其民权思想和政治主张并没有质的飞跃，只是量的扩张和范围的放大，在根本原则上始终没有偏离《易言》时期所认定的君民共主的政治主张。值得注意的是，中国儒家治国安邦的民本思想在他的语言文字和实践活动中倒是有着突出的表现。他对西方民主政治的历史文化和思想学说的评价，夹杂着大量的民本思想话语和比附上古三代政治的言辞，就是十分明显的例证。可以说，民本思想不仅成为郑观应解读西方近代民主政治的历史文化和思想学说的重要理论资源，而且也直接或间接地左右着郑观应的理论探索和政治实践。

遗憾的是郑观应的民本思想的内涵、表现形式、作用影响、性质特征等问题，一直没有引起学术界的高度重视。到目前为止，尚无专文讨论。在国内虽然有个别学者对早期维新思想家的重民思想有少量专题的研究，[①]但并没有涉及郑观应个人的民本思想。因此，进一步探讨郑观应的民本思想尚属必要。一方面，研究郑观应的民本思想，有利于深化我们对郑观应政治思想，尤其是民权思想和宪政主张的认识；另一方面，研究郑观应民本思想的变化过程，有助于我们准确地把握民本思想在近代中国的历史命运，为我们科学地评价民本思想在近代中西文化碰撞中的地位和作用、价值与意义等，提供有力的佐证。

第二节　思想之旅

民本思想作为完整的思想体系，其内容主要包括三个方面：其一，“民”在“邦国”中的地位与作用，肯定“民唯邦本”“国以民为基”；

---

① 刘学照：《洋务思潮与近代中国》，山西高校联合出版社1994年版，第24—41页。

其二，君主、政权与“民”之关系，强调“民为贵，社稷次之，君为轻”，“君依于国，国依于民”的相互关系不可改变；其三，“固本”与“宁邦”之关系与固本之措施，即“民存则社稷存，民亡则社稷亡”，民安则国安，民乱则国危，统治者应重民意、民力和民生，这样才能使“本固”而“邦宁”。[①] 在儒家民本论者的心目中，民本思想既是国家长治久安的基本保证，又是政治实践的伦理底线。[②]

民本思想是儒家用来治国安邦的指导思想，在上，受历代统治者的高度重视；在下，为士大夫和平民百姓所推崇。[③] 在中国古代社会，它一直是人们衡量君臣好坏，政治得失的价值尺度，也是儒家用来律己和治人的政治行为准则。在儒家文化长期浸润下的君、臣、民，其政治思想和政治行为中，打下民本思想的烙印，也就不足为奇。[④]

郑观应的祖父虽然是一个“不屑以寻章摘句为能”的封建文人，但郑观应的父亲却是一个“少攻儒业，授徒自给”的布衣塾师，且热心地

---

① 陈胜粦:《林则徐与鸦片战争论稿》，中山大学出版社 1985 年版，第 591—592 页。

② 参见许雅棠：《民本治理学》，台湾商务印书馆 2005 年版；金耀基：《中国民本思想史》，台湾商务印书馆 1993 年版；刘泽华主编：《中国政治思想史》（三册），浙江人民出版社 1996 年版；王保国：《两周民本思想研究》，学苑出版社 2004 年版；李泽厚：《中国古代思想史论》，人民出版社 1985 年版；游焕民：《先秦民本思想》，湖南师范大学出版社 1991 年版；孟祥才、傅永霖主编：《中国古代民本思想与农民问题》，山东大学出版社 2003 年版；韩锴：《中国民本思想》，红旗出版社 2006 年版。

③ 参见韩喜凯总主编：《民本·概论篇》；《民本·贵民篇》；《民本·爱民篇》；《民本·利民篇》；《民本·安民篇》；《民本·为民篇》，齐鲁书社 2000 年版；郭湛波：《近五十年中国思想史》，山东人民出版社 1997 年版；徐宗勉、张亦工等：《近代中国对民主的追求》，安徽人民出版社 1996 年版。

④ 陈启智、张树骅主编：《儒家传统与人权·民本思想》，齐鲁书社 2004 年版；夏勇：《中国民权哲学》，生活·读书·新知三联书店 2004 年版；萧公权：《中国政治思想史》，台湾联经出版事业公司 1982 年版；干春松：《制度化儒家及其解体》，中国人民大学出版社 2003 年版；关桐：《古代社会文化探究》，中国社会科学出版社 2005 年版；梁启超：《先秦政治思想史》，东方出版社 1996 年版；胡适：《中国哲学史大纲》，东方出版社 1996 年版。

三乡镇雍陌村里的雍陌郑公祠（摄于2022年）

方公益之事，有人称他“家居筹置义田兴立善堂，地方公举若水利、若桥梁、若义仓或创，或因，无不尽力乐输，殚心规画”[①]。其言行中固然有仁义道德的气象，但亦不失对民胞物与的关爱。郑观应幼时就跟父亲读孔孟经书，儒家经典中林林总总的民本思想言论和乃父的民本思想倾向，无疑激起了郑观应立志救世救民的热情。他的一位朋友就说他“幼读书，知大义，恒以八股帖括无关于世，不屑咿唔作村学究状”[②]。不满于“八股帖括无关于世”，也就成为他后来“究心泰西政治、实业之学”的心理和认识基础。早期的文化熏陶和后期的人生历练，不期而然地成为郑观应留心世事、关心国计民生、撰写《救时揭要》《易言》《盛世危言》和不断增订、改订《盛世危言》的心理动因。在《易言·自序》中他就表示：“往余于同治庚午、辛未间，端居多暇，涉猎简编，偶有

① 夏东元编：《郑观应集》（下册），上海人民出版社1988年版，第1510页。
② 夏东元编著：《郑观应年谱长编》（上卷），上海交通大学出版社2009年版，第11页。

所见，随笔札记。内之积感于寸心，外之眷怀于大局，目击时艰，无可下手，而一言以蔽之曰：‘莫如自强为先。’”[①] 在《盛世危言·自序》中，他又再次向世人表明：

> 应虽不敏，幼猎书史，长业贸迁，愤彼族之要求，惜中朝之失策。于是学西文，涉重洋，日与彼都人士交接，察其习尚，访其政教，考其风俗利病得失盛衰之由。[②]
>
> 蒙向与中外达人哲士游，每于耳酣酒熟之余，侧闻绪论，多关安危大计，且时阅中外日报所论安内攘外之道，有触于怀，随笔札记。历年既久，积若干篇，犹虑择焉不精，语焉未详，待质高明以定去取。[③]

在1895年《盛世危言》增订新编凡例中，郑观应还是不厌其烦地向人们诉说心曲：

> 书中专纪时务……唯求有益于国计民生，无论士农工商之言，悉为胪取编入，以备当道采择施行。……当此危疑震撼之时，杞忧忠愤两不能禁，是以卅余年来，不惮心力交瘁，不顾忌讳，知无不言，言无不尽，欲使天下人于中外情形了如指掌，勿为外人所侮耳。[④]

虽然郑观应的再三表白难免有自我文饰的成分，但我们从中也不难看出，他对国计民生、安内攘外这些近代儒家民本论者最为关心的问题，

---

① 丁宝兰主编：《岭南历代思想家评传》，广东人民出版社1985年版，第271页。
② 郑观应：《盛世危言》，中州古籍出版社1988年版，第50页。
③ 郑观应：《盛世危言》，中州古籍出版社1988年版，第51页。
④ 郑观应：《盛世危言》，中州古籍出版社1988年版，第53页。

始终怀有一种探索之情。

尽管郑观应弃文从商之前的民本思想无从查考，晚年的民本思想又乏善可陈，但其同光时期的民本思想，却精彩纷呈。大致说来，其民本思想可以根据其思想写作和成书的年代划分为三个时期:《救时揭要》时期、《易言》时期、《盛世危言》时期。

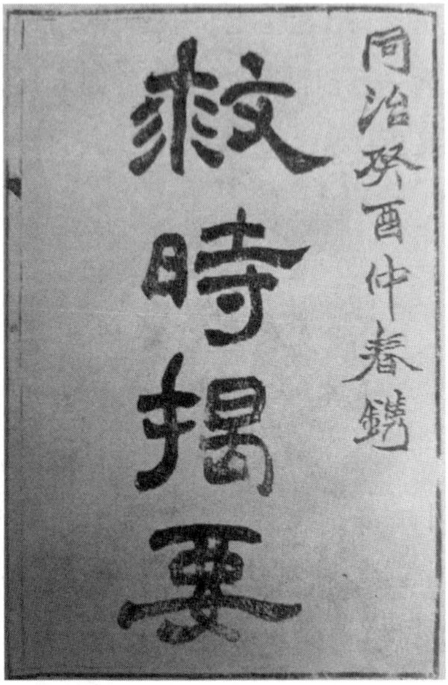

1873 年《救时揭要》木刻本内封（引自《郑观应集》）

一、《救时揭要》时期之民本思想

咸同时期，郑观应从香山来到开埠不久的上海，眼界和心胸也随之豁然开朗。十年买办生涯，使他对中西文化有了更为直观的印象，也使他对国家民族的安危有了真切的感受。《救时揭要》就是他“触景伤时，略陈利弊”的尝试之作。酝酿于 1862 年而成书于 1873 年的《救时揭要》，全书有 24 篇文章，反对外国侵略者贩卖“猪仔”和奴役华人的有 11 篇，论述救灾恤贫和慈善事业等社会问题的有 7 篇，其余则为宣传因果报应、劝人行善的说教。[①] 全书虽然结构松散，不成体例，缺乏完整的逻辑和严密的思想体系，但是，其重民爱民和关心国计民生之民本思想却前后一脉相承，跃然纸上。

首先，重民。

在《救时揭要》一书里，郑观应从“国以民为本，民以食为天”的民本思想出发，要求政府重视民心、民力和民生，认为民心、民力、民

① 夏东元编：《郑观应集》（上册），上海人民出版社 1982 年版，第 6—56 页。

生关乎国运，不可等闲视之。如他认为鸦片束缚身心，销铄精神，士农工商失时废业，直接削弱国家和清王朝专制统治的根基。呼吁“有心世道者，宜表奏朝廷，遍示天下，限以日期，如过期尚食者，则贬为下人，不得为官，考试、投营、作幕，查出有旧瘾不能断者，虽已筮仕登科，而亦斥为庶人，不使与衣冠之类相列。以重官箴，以齐民俗”[①]。为了“齐民俗”而“固本”，必须限期戒绝。对那些无赖丐人，他认为应设立义院收容他们，将其改造成“自食其力”的劳动者，从而达到“固本”“宁邦”的目的。对于工商业者，应加以保护提携，使其自由发展，因为“工商”是国家富强之本。对工商的重视，也就意味着对“国富民强”之道的肯定。在《论中国轮船进止大略》中就指出，洋务派的官办政策，妨碍了商民的自主权，削弱了国力，认为轮船制造应由商人经营，这样不但与商人身家性命相关，且对“国家有益”，改“官造为商造”，既是“富民之道”，又是“泰西立法之大旨本源”[②]。在重视商民和普通百姓在国家政治、经济和文化发展中的地位和作用的同时，郑观应还在《救时揭要》中花费了大量篇幅来阐述善人善心的因果报应，他说：“尝思：木有本而水有源，伤其根则木枯，绝其源则水竭。于人亦然。人之本何在？心是也。存其心则唯善为宝，而心广体胖，事无不安，人无不乐，天必将于其间降之以福……降之者天，

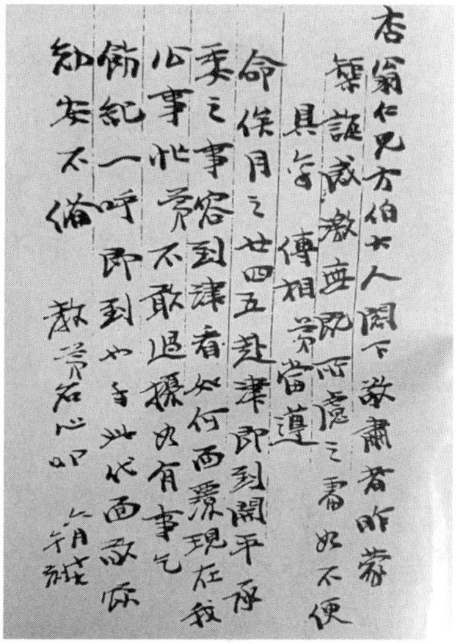

郑观应手迹

① 夏东元编：《郑观应集》（上册），上海人民出版社 1982 年版，第 19 页。

② 丁宝兰主编：《岭南历代思想家评传》，广东人民出版社 1985 年版，第 269 页。

召之者人。”[①] 表面上看，他把拯救社会说成本乎“人心”和“天心”，否定了善恶的社会性，且与民本论者重视民心民力有本质上的差别，但也说明他相信民之“心力”与社会和国家的命运紧密相连，并在一定程度上承认了社会个体的地位与作用。

其次，爱民。

禁烟和收容丐民的建议固然与爱民恤民的民本思想有关，但揭露葡萄牙人贩卖“猪仔”、虐待华工的罪行，要求清政府设置驻外领事以保华民和商人利益的言论，则更体现了郑观应爱民保民的民本思想情怀。他认为葡萄牙人控制的澳门已成为“禽兽之域”，它“黑浪颠风，皆无日月，岂非病民生、失国计之大者哉”[②]。在《澳门猪仔论》中，他写道：

> 《书》云：“民为邦本，本固邦宁。”故先王行仁政以济贫乏，严法令以禁游民，使亿万人为一心，所以保天下之民，不使流离失所，投诸他邦，为日后执柯伐柯之患也。[③]

对华工沦为“猪仔”的不幸遭遇，郑观应不仅深表同情，而且还提出了“设华官于外国保卫商民”的政治主张，在《拟请设华官于外国保卫商民论》篇中，他说：

> 尝思御众以慈爱为本，而结下以诚信为归。宇宙祥和之气，胥缘一念之悱恻所结而成。盖爱民如子之心，休戚相关，远近本无歧视，堂廉虽隔，以孔迩联之，抚恤深情，痌瘝在抱，使亿万人为一心，

① 夏东元编：《郑观应集》（上册），上海人民出版社1982年版，第19页。
② 夏东元编：《郑观应集》（上册），上海人民出版社1982年版，第17页。
③ 夏东元编：《郑观应集》（上册），上海人民出版社1982年版，第6页。

斯能得民矣。昔贞观朝，使李靖等十三人分行天下，察长吏贤不肖，问民间疾苦。故官无旷职，民无怨心，外户不闭，行旅不赍粮。乃昭其临御之诚，爱护之至，保民之道得矣……抑予尤有说焉：华官一设，皆不致视外洋为畏途，而出为佣工者必多，则其裨益仍在西人也。西人何不乐从焉？况中朝之留心民瘼者乎！况中朝之有心商政者乎！或谓："内患未清，兵饷未足，又何余资以设海外之官？"余曰不然……如委官卫护，其银应归我国收之，尽可敷衍，不须国中之费也。如此则出洋之人得以治生，而又可探听外洋之礼俗政教，又可熟习外洋之风土民情。一举两得，洵可施行，愿与有心人一商之。①

建议"华官"按照"万国公法"的条文规定，为华民在异地他乡争取政治地位和平等待遇。尽管用《万国公法》来保护华民利益不一定能达到真正的目的，但建议政府派遣驻外领事来保护华民利益，在当时也不失其积极意义，而且也表明郑观应民本思想所指的"民"，除了传统民本思想论者所指的统治下的黎民百姓，还包括在异域谋生的侨民、商民。此时郑观应的民本思想虽然仍不出重民爱民救民的道德情怀，但他的保民养民教民的方式方法，已与传统民本思想有了一定的差别。不过，从总体上看，

郑观应（引自《香山买办与近代中国》）

① 夏东元编：《郑观应集》（上册），上海人民出版社1982年版，第21—22页。

《救时揭要》时期，郑观应的民本思想仍然是触景生情，有感而发，不具备完整的民本思想理论形态。

二、《易言》时期的民本思想

19世纪七八十年代，郑观应的民本思想并没有因其对西方民主政治的历史文化和思想学说了解的深入而消退，相反，其民本思想受西方民主政治和思想学说的冲击和启发而变得更加活跃，并有了强烈的时代气息。其撰写的《易言》，集中地反映了他这一时期的民本思想。

其一，君、臣、民关系的批判与改善。

在《易言》里，郑观应反复强调君民不隔，上下一心，是西方“国富民强”的根本，认为中国专制政治体制下君、臣、民，上下不通，情谊相隔，因此本不固，邦不宁。郑观应在宣传西方民主政治的历史文化时，仍然念念不忘“上古三代之治”，他说：

> 窃考三代之制：列国如有政事，则君卿大夫相议于殿廷，士民缙绅相议于学校……但是后世不察，辄谓：天下有道，庶人不议。又惩于处士横议，终罹清流之祸，故于政事之举废，法令之更张，唯在上之人权衡自秉，议毕即行，虽绅耆或有嘉言，未由上达。①

这样“在上者既以事权有属，法令在所必行；在下者亦以势位悬殊，情隐不能相告。于是利于上者，则不利于下矣；便于下者，则不便于上矣。情谊相隔，好恶各殊，又安能措置悉本大公，舆情咸归允惬也哉？”②

在郑观应看来，君民上下不通，情谊相隔，君民关系也就因此紧张或恶化，甚至危及王朝统治的长治久安。因此，他说：

---

① 夏东元编：《郑观应集》（上册），上海人民出版社1982年版，第103页。
② 夏东元编：《郑观应集》（上册），上海人民出版社1982年版，第103页。

所冀中国上效三代之遗风，下仿泰西之良法，体察民情，博采众议。务使上下无扞格之虞，臣民泯异同之见，则长治久安之道，固有可豫期矣。[①]

对此，大多数学者认为这是郑观应民权思想和君主立宪要求的一种明确表达，其实并非完全如此。因为君主立宪的特点是君民平等平权，共同治理国家，突出的是民权法治；而郑观应所说的“仿泰西之良法，体察民情，博采众议”，并不是要予民以参政之权和真正实行君与民平等平权，而且他心目中的议院并不是一个真正的权力聚集机构，而是一个让民自由表达意愿的舆情机关。他只是想借泰西之“良法”来改善中国不和谐的君民关系，争取民心，达到“固本”和“宁邦”的政治目的。也就是说，他要的是“治民”而非“民治”。

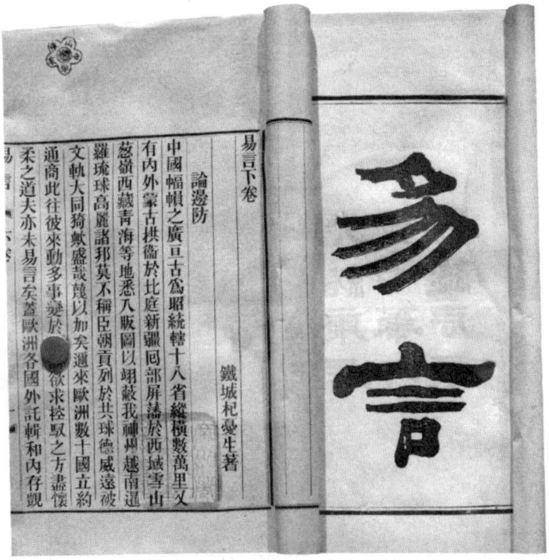

郑观应著《易言》（二卷，三十六篇本），清光绪六年（1880年）刊印（广东省立中山图书馆藏，引自“郑观应生平史迹展”）

其二，“重商富民”和“国富民强”的“强民”与“邦国”关系新见解。

在《易言》一书中，郑观应进一步论述了国富民强的重要性，要求统治者实行重商富民政策，肯定了民，特别是商民在邦

① 夏东元编：《郑观应集》（上册），上海人民出版社1982年版，第103页。

国政治中的地位和作用。在《易言》中，我们可以看到，郑观应的民本思想不再仅仅停留在解救民众苦难的问题上，而是站在民本思想理论的高度,多层次多侧面地探讨民与邦国之关系,以及救国救民的途径和方法。他在长期从事买办和洋务活动中，已经认识到仅有悲天悯人的情怀是无法救国救民于水深火热之中的，只有重视和发展工商业，才能实现国富民强，因为“非富无以保邦，非强并无以保富，相需为用，乃能相济有成焉！”[①]在他看来，西方列强之所以侵略中国，依靠的就是他们发达的经济和雄厚的实力，中国抵御外侮的最有效的办法就是“攻其所短，而夺其所恃”。他在驳斥那些“以效法西人为耻”的“拘迂之士”时说：“夫人之耻莫耻于不若人。我不过欲效其技艺，臻于富强，而于世道人心曾无少损。唯在执政者审其利弊，握其枢机，开诚布公，因势利导。洵救时之要务，保国之良模矣！”[②]批驳顽固保守派的死守传统而不知变化。究其用意，在于树立一种新的保民富民观念和新的强国观。郑观应在《易言》中进一步发展了《救时揭要》的重商思想，大胆地公开提倡发展资本主义工商业，他提出：

> 欧洲各国，动以智勇相倾，富强相尚，我中国与之并立，不得不亟思控制，因变达权。故公法、约章宜修也，不修则彼合而我孤；兵制阵法宜练也，不练则彼强而我弱；枪炮器械宜精也，不精则彼利而我钝；轮船、火车、电报宜兴也，不兴则彼速而我迟；天球、地舆、格致、测算等学宜通也，不通则彼巧而我拙；矿务、通商、耕织诸事宜举也，不举则彼富而我贫。[③]

---

① 夏东元编：《郑观应集》（上册），上海人民出版社 1982 年版，第 77 页。
② 夏东元编：《郑观应集》（上册），上海人民出版社 1982 年版，第 90 页。
③ 夏东元编：《郑观应集》（上册），上海人民出版社 1982 年版，第 66 页。

还认为“方今海宇升平，励精图治，凡有益于国计民生者，莫不次第举行，参仿西法”。[①]

郑观应的这种强调学习西方科学技术，发展工商业，重视商民利益，实现富强救国救民的政治思想，虽然还是民本思想的主旨，但却突破了传统民本思想的原则要求和方法论，而具有了近代的思想气息。

其三，重民力、寓兵于民。

郑观应之前，虽然有林则徐等先进中国人认为，民力民心在反抗外敌入侵的过程中可资借用，但是，郑观应所说的民力民心，不是单纯的个体，而是一个阶层一个整体。在《易言》中，郑观应设有专篇论述民团、练兵、边防等问题，主张借民力巩固国防，建立“举国之民皆兵”的兵团。他说：“寓兵于农，古之良法。后世民团，亦差近之。近如湖州赵忠节，绍兴包义士，自捐军饷，训习民团，捍卫一方，始终不屈。又如澧州五福团，岳州平江团，四川中江团，江苏溧阳金坛团，及河南、广东所练民团，无不实事求是，胜于招练多矣。”[②]在《论水师》《论边防》《论火器》《论练兵》《论民团》等篇中，郑观应不仅重视“器”在御敌保国中的作用，而且指出练兵和寓兵于农的重要性和积极意义，突破了单纯的武器决定论，使民本思想在攘外安内的过程中，真正把目光转移到“民”身上。

美国之民皆习武艺，有警则人尽可将，人尽为兵。

盖泰西各大国，不独寓兵于农，且寓兵于士、工、商、贾。缓急征兵，顷刻可集数十万。兵费不糜而兵自足。昔普国君臣卧薪尝胆，国人亦莫不知兵，卒以胜法。英、俄各国近复效之，精益求精，争雄海外。

---

① 夏东元编：《郑观应集》（上册），上海人民出版社1982年版，第77页。

② 夏东元编：《郑观应集》（上册），上海人民出版社1982年版，第220页。

今朝廷诚谕饬各省督抚、将军、都统，慎择知兵任事之员，认真教习。沿海州、县边疆等处，次第举行。先择什长百人，设局训练，教以刀、矛、枪、炮四种。一俟学成，各教其所辖之十人；十人学成，则各自教其家之人。使人尽知兵，同心用命。悉归地方官管辖，时同委员校阅，察其贤否，予以黜陟。如有才识过人，防御得力者，因材器使，或保官职，或给顶戴，以资鼓励。而民兵之未尝学问者，更设塾师，五日赴局听讲乡约一次，并谈兵法阵图，及古来名将事迹、御敌立身等事，使忠义之心油然而生，咸思感奋。倘有寇警，随时随地有司可以檄调。诚如是，则士皆劲旅，人尽知方，转弱为强，在此一举耳。①

三、《盛世危言》时期的民本思想

中法战争后，郑观应在《易言》基础上完成了五卷本《盛世危言》的写作，甲午战争和义和团运动时期，他又两次增改了《盛世危言》，其努力探索和与时俱进的精神实在难能可贵。从总体上看，《盛世危言》比《易言》更深刻、更全面，但反复阅读和细心比较后就会发现，中国传统的民本思想在郑观应的脑海里根深蒂固，牢不可破。

首先，郑观应始终坚持民情民心民意是“张国势”和“保太平”的重要因素。在《盛世危言》中，郑观应经常提到“民心”“民情”之类问题，认为民心、民情直接影响“张国势”和“保太平”，甚至指出设立议院、实行君主立宪，是御侮图强、攘外安内、固本宁邦的重要途径。他说：“余平日历查西人立国之本，体用兼备。育才于书院，论政于议院，君民一体，上下同心，此其体；练兵、制器械、铁路、电线等事，

① 夏东元编：《郑观应集》（上册），上海人民出版社1982年版，第140—141页。

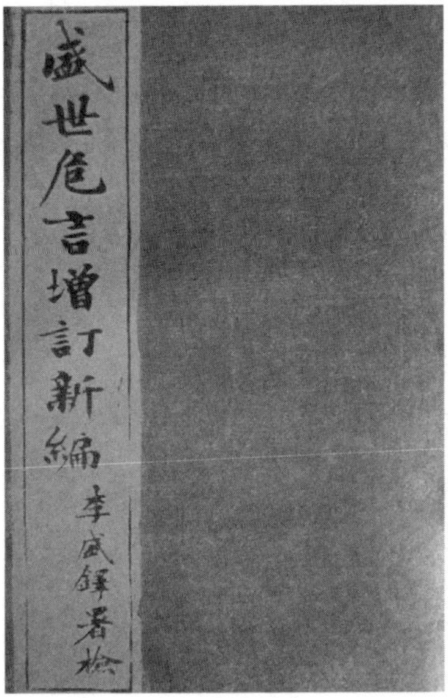

1895 年十四卷本、1900 年八卷本的《盛世危言增订新编》封面（引自《郑观应集》）

1895 年十四卷本、1900 年八卷本的《盛世危言》内封（引自《郑观应集》）

此其用。”[①] 在《盛世危言》中的《议院上》中又再次强调：“欲行公法，莫要于张国势；欲张国势，莫要于得民心；欲得民心，莫要于通下情；欲通下情，莫要于设议院。中国而终自安卑弱，不欲富国强兵为天下之望国也，则亦已耳，苟欲安内攘外，君国子民持公法以永保太平之局，其必自设立议院始矣！”[②]1898 年西方列强掀起瓜分中国狂潮，郑观应感时忧国，大声疾呼：“亟宜开国会、立宪法，团结民心，同御外侮。”[③] 在他看来，设议院、开国会、行立宪都是为了争取民心、服从舆情、团结民心的举措。他相信设议院实行君主立宪是固本宁邦的唯一途径。他说：

① 夏东元编：《郑观应集》（上册），上海人民出版社 1982 年版，第 967 页。
② 夏东元编：《郑观应集》（上册），上海人民出版社 1982 年版，第 314 页。
③ 参见郑观应：《上孙燮臣师相条陈时事书》，《盛世危言后编》卷三。

窃谓中国病根在于上下不通，症成关格，所以发为痿痹，一蹶不振。今欲除此病根，非顺民情，达民隐，设议院不可，有议院则捐苛禁，破障界，敦睦守，公黜陟；且借以收民心，筹捐款，实于国计民生两有裨益……若设议院，则公是公非，奸佞不得弄权，庸臣不得误国矣。[①]

盖有议院揽庶政之纲领，而后君相、臣民之气通，上下堂廉之隔去，举国之心志如一，百端皆有条不紊，为其君者恭己南面而已。故自有议院，而昏暴之君无所施其虐，跋扈之臣无所擅其权，大小官司无所卸其责，草野小民无所积其怨，故断不至数代而亡，一朝而灭也。[②]

并用中国古代政治史来进一步强调民心民情民意之重要，他继续写道：

中国历代帝王继统，分有常尊，然而明良喜起吁咈赓歌，往往略分言情，各抒所见，所以《洪范》稽疑谋及庶人，盘庚迁都咨于有众。盖上下交则为泰，不交则为否。天生民而立之君，君犹舟也，民犹水也，水能载舟，亦能覆舟，伊古以来，盛衰治乱之机总此矣。况今日中原大局，列国通商势难拒绝，则不得不律之以公法。欲公法之足恃，必先立议院，达民情，而后能张国威，御外侮。孙子曰："道者，使民与上同欲""可与之死，可与之生，而不畏危也"。即英国而论，蕞尔三岛，地不足当中国数省之大，民不足当中国数省之繁，而土宇日辟，威行四海，卓然为欧西首国者，岂有他哉？议院兴而

① 夏东元编：《郑观应集》（上册），上海人民出版社1982年版，第322—323页。
② 夏东元编：《郑观应集》（上册），上海人民出版社1982年版，第312页。

民志合、民气强耳。[①]

重视民心、民情、民意、民志在张国势和保太平中的特殊作用，认为议院是作为达民情、顺民意、合民志、强民气的途径和方法，而不是一个权力聚集的场所，这显然是郑观应在民本思想视野下对民主政治和议会制度的一种误读。

其次，君、臣、民三者之间的相互关系，也是《盛世危言》极为关注的问题。君、臣、民之间的关系一直是民本论者的话题。甲午战争前，郑观应虽然也曾对君、臣、民三者的关系提出了自己的见解，认为君民阻隔、上下不通、民生日蹙，主要是各级官吏没有尽职尽责，甚至病民害民虐民所致。他说：

> 地方之治乱，视官吏之贤否为转移；朝廷求治，亦视用人何如耳……然国家设官，本以为民。其与民最亲，而贤否得失之间，动关国家之治乱者尤在州、县……伊古以来，未有民不聊生，而国家可以称治者；亦未有牧令非人，而疆臣政府可以坐致太平者。
>
> ……故今之巧宦，莫妙于阳避处分而阴济奸贪，一事不为而无恶不作。上朘国计，下剥民生，但能博上宪之欢心，得同官之要誉，则天变不足畏，人言不足恤，君恩不足念，民怨不足忧……噫！上下之间相蒙相遁至于如此，而犹日日言自治，是犹南辕而北其辙也，其必无成耳。[②]

认为要使君民一体，上下一心，就必须设议院、行立宪，他说：

---

① 夏东元编：《郑观应集》（上册），上海人民出版社 1982 年版，第 312—313 页。
② 夏东元编：《郑观应集》（上册），上海人民出版社 1982 年版，第 352—353 页。

> 夫中国自秦、汉以来，以文法治天下，科条非不密也。其奉行而持守之者，非不严且明也。及其既也，适以束缚天下之君子，而便利天下之小人。官司益多，否塞益甚，堂廉益远，积弊益深。欲一扫而空之，诚非开设议院不可。即势殊地限，久而难变，亦当裁汰冗员，酌增廉俸，以渐通其隔阂，而渐化其贪婪。此自治之初基，亦即自强之本计也……故曰：国以民为本。而致治之道，莫切于亲民之官；生乱之原，莫急于病民之政。所谓天下得人则天下治者，此之谓也。[①]

因君民阻隔，上下不能一心的各级官吏，固然难逃其责，但专制制度和高高在上的皇帝难道没有责任吗？对此，郑观应态度暧昧，并不像同时代的王韬等人那样公开地批评专制。甲午战争后，郑观应批评专制制度和君主专制统治的言论才开始由平和转为直接和尖锐。在《原君》中就开门见山：

> 《淮南子》曰："古之立帝王者，非以奉养其欲，非以逸乐其身。""神农憔悴，尧瘦瞿，舜黧黑，禹胼胝。由此观之，圣人之君人也，勤民至矣。"自传贤之局变为世及，后世沿袭，因有攘夺篡弑之害，乃以举国为私产，兆庶为奴隶。推原其故，良由名分太尊，堂廉太远，习惯自然，忘乎天之立君者何为，民之仰望于君者何事也。或借公而济私，或挟私而废公。为主者既各私其公，为臣者亦各私其私，君若臣皆得各擅其私利。而熙熙攘攘之民，遂交受其害，而不得复沾其利。然蕴利生孽，不利于民者终亦不利于君。[②]

---

① 夏东元编：《郑观应集》（上册），上海人民出版社 1982 年版，第 355 页。
② 夏东元编：《郑观应集》（上册），上海人民出版社 1982 年版，第 331 页。

又进一步引证经典和历史事实来批评君主专制，他说：

太公之言曰："天下非一人之天下，乃天下之天下。同天下之利者则得天下，擅天下之利者则失天下。"……洎乎孟子，世变将极，上下之情愈离，故其言曰："民为贵，社稷次之，君为轻。"又曰："君视臣如手足，则臣视君为腹心；君视臣如土芥，则臣视君如寇仇。"其悲天悯人，冀世主之一悟，不啻大声疾呼。[①]

君之有民，犹人骨之有肉，体之有肢，动息痛痒，一气相通。若君则晏然于上，漠然于中，其视民之困厄，不啻秦人视越人之肥瘠。谓我万民之主，食租衣税而已。百姓之贤愚，其父兄教之；闾阎之生聚，其土地养之；作奸犯科，有司执法惩之。如以天子之尊，日为百姓劬苦，吾何乐为君乎？如是积久，而水旱之灾不闻减膳，奇冤之屈鲜照覆盆。皆由此晏然之一念，而成此漠然之全体。此其病在君之不爱民。[②]

因此，他进一步指出：

使为君者，毋曰竭天下万民之利以养一人也，而曰溥天下之利以养万民，予一人分而给之，总而理之斯可矣。勤勤恳恳焉，日不及餐，夜不及寐。视天下万民之事皆己之事，视天下万民之身如己之身；尽地利，薄赋税以养之；设学校，择师傅以教之；天下有病民者吾斥之，天下有虐民者吾诛之；天下有爱民者吾亲之，天下有利民者吾显之。必使天下无一饥民，无一寒民，无一愚民，无一莠民。

① 夏东元编：《郑观应集》（上册），上海人民出版社1982年版，第332页。
② 夏东元编：《郑观应集》（上册），上海人民出版社1982年版，第333页。

否则，勤勤恳恳，日忘餐，夜废寝者如故。自能上合天心，下合民心，天下之人唯恐其不克为千秋万世之共主。故知君人者，歙然视己为天下之人役，适所以永为天下之人主；侈然自为天下之人主，终且求为天下之人役焉而不可得矣。①

在《自强论》中他更大胆地指出国弱民穷的根源在于专制政治，再次强调中国欲自强，必须实行政治改革：

中国当此危急之时，而求安图治，上下皆知非自强不可，而自强非变法不可。论者谓变法之易，莫如专制政治，所言不为无见，然蒙谓专制政治，究不如立君政治之公。何则？专制政治即君主之国，乾纲独断，令出而人莫敢违……观汉高祖之所以兴，秦二世之所以亡，可知治乱之原矣。②

在他看来变法自强，只能行立君政治。他说："立君政治者，即君民共主之国，政出议院，公是公非，朝野一心，君民同体，上无暴虐之政，下无篡逆之谋。英、德二国驯致富强，日本变法借材异域，比利时、瑞士列入万国保护之中，遵斯道耳。"③过去学者们都认为设议院、行立宪，反映了郑观应民权民主思想倾向，但事实上，郑观应的本意是为了借此来调整不正常的君、臣、民的关系，以便达到治民和天下大治的目的。其政治思想仍不出民本思想左右，因为他所要求的是君爱民，官亲民、利民、便民，民才爱君和为君所用。

---

① 夏东元编：《郑观应集》（上册），上海人民出版社 1982 年版，第 333—334 页。
② 夏东元编：《郑观应集》（上册），上海人民出版社 1982 年版，第 338 页。
③ 夏东元编：《郑观应集》（上册），上海人民出版社 1982 年版，第 338 页。

再次，重视民生民力在“宁邦”中的作用和意义，主张“富国强民、保民”，要求统治者养民、富民、便民、利民、保民。

在《盛世危言》里，讲得更多的是关于国计民生的“工商经济”问题，内容包括商战商务、金融税务、工业交通、农业水利等。在郑观应看来，“工商经济”是利国富民的主要途径和方法。他说：“保民之道，莫先于强兵；强兵之道，莫先于富国。”[①]同时指出：

> 非富不能图强，非强不能保富，富与强实相维系也。然富出于商，商出于士、农、工三者之力，所以泰西各国以商富国，以兵卫商，不独以兵为战，且以商为战，况兵战之时短其祸显，商战之时长其祸大。
>
> 善于谋国者无不留心各国商务，使士、农、工、商投人所好，益我利源。唯中国不重商务，而士、农、工、商又各自为谋，虽屡为外人所欺，尚不知富强之术……我国欲安内攘外，亟宜练兵将、制船炮，备有形之战以治其标；讲求泰西士、农、工、商之学，裕无形之战以固其本。[②]
>
> 商以贸迁有无，平物价，济急需，有益于民，有利于国，与士、农、工互相表里。士无商则格致之学不宏，农无商则种植之类不广，工无商则制造之物不能销。是商贾具生财之大道，而握四民之纲领也。商之义大矣哉！
>
> 中国袭崇本抑末之旧说，从古无商政专书。但知利权外溢，而不究其所以外溢之故，但知西法之美，而不究西法之本原。虽日日

① 夏东元编：《郑观应集》（上册），上海人民出版社1982年版，第282页。
② 夏东元编：《郑观应集》（上册），上海人民出版社1982年版，第595页。

经营商务，而商务总不能兴。[①]

强调商业和商民在国家政治经济生活中的地位和作用之重要，不仅是对传统重农抑商思想观念的一次大冲击，而且也是对士、农、工、商四民社会结构的一种再调整。虽然郑观应用了比较多的篇幅讨论商务和商战，但他并不否定金融税务、工业交通、农业水利与国计民生的利害关系，认为它们都是国计民生大业中的一部分，不可偏废。“重商”其实也是为了富民养民，发展金融税务、工业交通、农业水利等，同样是为了国计民生。其主观动机还是与民本思想的原则和要求相一致。

总之，从《救时揭要》到《易言》再到《盛世危言》，郑观应的民本思想经历了三个不同的发展阶段。即由早期出于重民爱民的朴素阶级感情，提出保民、养民、教民、恤民的民本思想主张，到援引“民唯邦本，本故邦宁”的古训，强调达民情，通民隐，顺民志，强民气，蓄民力，阜民财和厚民生，认为只有重视“民”和发挥“民”的作用，才能使中国独立富强，再到强调重商富民，主张设议院、行立宪、伸民权、实行君民共主，样样都离不开民本思想的主旨。尽管郑观应在这三个时期也曾主张向西方学习，进行政治制度方面的改革，实行君主立宪制，其思想倾向于民权民主，但是，他并没有因为需要伸张民权而放弃民本思想，而是始终在民本与民主之间徘徊。民本思想的强烈影响，实际上既限制了他的政治目光和思想发展，也导致了他对民主学说的误读。

第三节　思想之维

从前面对郑观应的民本思想发展变化的轨迹考察可知，同光时期，

① 夏东元编：《郑观应集》（上册），上海人民出版社 1982 年版，第 607 页。

在西力和西学的冲击下，郑观应并没有像大多数保守顽固的官僚士大夫那样，固执地坚持“立国之道，尚礼义不尚权谋，根本之图，在人心不在技艺”，也不像只是空洞地谈论民本思想的清流人物那样高喊“敌所畏者中国之民心，我之所恃者，亦在此民心”，而是以一种相对开放的心态和爱国救民的热情，顺应时势，在思想和认识上与时俱进。在中西文化相互碰撞的过程中，既不武断地否定或抛弃中国儒家民本思想的文化传统，又不盲目地排拒西方民主政治的历史文化和思想学说，而是熔中西政治思想文化于一炉，把民权民主思想纳入儒家民本思想体系，使民权民主思想在中国广泛传播，也使古老的民本思想焕发青春。

其一，“民”的放大和权利意识的增强，客观上丰富了民本思想体系下“民”的内涵，扩大了民本思想的阶级和社会基础。传统民本思想下的“民”之含义似乎并不确切和固定，通常指士、农、工、商四民。早期谢阶树就说：“凡民有四，一曰士，二曰农，三曰工，四曰商。论民之行，以士为尊，农工商为卑。论民之业，以农为本，以工商为末。”但是到了近代社会，“四民”社会结构逐渐松动，士、农、工、商的政治社会地位也在不断地变动。郑观应虽然不是较早地注意四民社会结构的不合理的思想家，但他对“工商”的社会作用与影响的系统阐述，客观上改变了传统的四民社会秩序的格局。与片面强调工商地位和作用的人不同，郑观应在突出“商”与国政民情中地位和作用的同时，还指出“富出于商，商出于士、农、工三者之力”[①]。在考察东西方各国富强之道时，他发现：“唯中国不重商务，而士、农、工、商又各自为谋，虽屡为外人所欺，尚不知富强之术。筹饷则聚敛横征，不思惠工商以兴大利；练兵则购船售炮，不知广学业以启聪明。”[②]“西人以商为战，士、农、工

① 夏东元编：《郑观应集》（上册），上海人民出版社 1982 年版，第 595 页。
② 夏东元编：《郑观应集》（上册），上海人民出版社 1982 年版，第 595 页。

为商助也，公使为商遣也，领事为商立也，兵船为商置也。国家不惜巨资，倍加保护商务者，非但有益民生，且能为国拓土开疆也。”①认为：“我中国宜标本兼治，若遗其本而图其末，貌其形而不攻其心，学业不兴，才智不出，将见商败而士、农、工俱败，其孰能力与争衡于富强之世也耶？”②可见，郑观应并非片面地强调商业和商民之重要性，而尤注意商与士、农、工三者之间的相互关系，在突出商民地位和作用的同时，也不贬低士、农、工、商的地位与作用。与此同时，他还强调兵与民之间的相互依存关系，指出：“以民养兵，而兵可不溃；以兵卫民，而民可无忧。兵民相依，人自为战，而边防安有不固者哉！”③甚至提倡寓兵于农，全民皆兵，实行团练。他说：

> 大抵泰西各国寓兵于民，有警则人尽为兵，顷刻可集数十万。费不糜而兵自足，民相信而国以安。
>
> 中国地广人众胜于他国，宜使各省慎选知兵任事之员，设立武备院、参仿西法教习。沿海州、县及边疆各人民，先择里长，设局训练，教以刀、矛、枪、炮等技。一俟学成，则教其所管十人，十人学成，则各教其家人，使人尽知兵，同心敌忾……处处团防，村村联络，声气相应，休戚相关，国无筹饷之艰，兵无远调之苦。将见士皆劲旅，民尽知方，转弱为强，在此一举。④

可见，郑观应不仅有了“人民战争”的思想观念，而且也提高了兵

---

① 夏东元编：《郑观应集》（上册），上海人民出版社 1982 年版，第 596 页。
② 夏东元编：《郑观应集》（上册），上海人民出版社 1982 年版，第 596—597 页。
③ 夏东元编：《郑观应集》（上册），上海人民出版社 1982 年版，第 776 页。
④ 夏东元编：《郑观应集》（上册），上海人民出版社 1982 年版，第 899 页。

郑观应著《盛世危言》清光绪甲午年（1894年）五卷刻本的复制品，该版是此书最早的版本之一（摄于香山商业文化博物馆）

民的地位，看到了兵民的作用。这样，士、农、工、商等不同职业和身份的人就成了郑观应民本思想视野下的“民”。

值得注意的是，郑观应在论述商民和士、农、工、商在国家政治生活中的地位和作用的同时，还特别指出尊重和保护商民，以及士、农、工等的权利，反对愚民统治和弱民害民之政。在《盛世危言》的《商务一》中指出：

方今门户洞开，任洋商百方垄断。一切机器亦准其设厂举办，就地取材，以免厘税。其成本较土货更轻，诚喧宾夺主，以攘我小民之利。①

盖西人尚富强最重通商，其君、相唯恐他人夺其利益，特设商部大臣以提挈纲领。远方异域恐耳目之不周，鉴察之不及，则任之以领事，卫之以兵轮。凡物产之丰歉，出入之多寡，销数之畅滞，月有稽，岁有考。虑其不专，则设学堂以启牖之；恐其不奋，则悬

① 夏东元编：《郑观应集》（上册），上海人民出版社1982年版，第605页。

金牌以鼓励之。商力或有不足，则多出国帑倡导之；商本或虞过重，则轻出口税扶植之。立法定制必详必备，在内无不尽心讲习，在外无不百计维持。①

中国不乏聪明才智之士，惜士大夫积习太深，不肯讲习技艺，深求格致，总以工商为谋利之事，初不屑与之为伍。其不贪肥者，则遇事必遏抑之；唯利是图者，必借端而朘削之。于是但有困商之虐政，并无护商之良法，虽欲商务之兴，安可得哉？②

要求清政府制定保护商民利权的政策和措施，建议设商部，成立商会，发展商学，允许民间商务自由发展。他说：

欲整顿商务，必先俯顺商情，不强其所难而就其所易，不强以所苦而从其所乐，而后能推行尽利。凡通商口岸，内省腹地，其应兴铁路、轮舟、开矿、种植、纺织、制造之处，一体准民间开设，无所禁止。或集股，或自办，悉听其便。全以商贾之道行之，绝不拘以官场体统。③

认为设议院行立宪、举办日报是伸民权的有效途径。他说：

泰西各国上议院、下议院，各省、各府、各县议政局、商务局、各衙门大小案件，及分驻各国通使、领事，岁报新艺商务情形，凡献替之谟，兴革之事，其君相举动之是非，议员辩论之高下，内外

① 夏东元编：《郑观应集》（上册），上海人民出版社 1982 年版，第 607—608 页。
② 夏东元编：《郑观应集》（上册），上海人民出版社 1982 年版，第 609 页。
③ 夏东元编：《郑观应集》（上册），上海人民出版社 1982 年版，第 612 页。

工商之衰旺，悉听报馆照录登报。[①]

这样，“民隐悉通，民情悉达”，而“民心无不惬，民志无不伸也”[②]。重视民之权利，特别是商民之权利，强调通民隐、达民情，实行舆论监督，已超出了民本思想的范畴，而具有近代民权的特征。

其二，批评君权，伸张民权，主张君民共主，赋予传统民本思想以民主意识。用西方民主政治的历史事实和民主思想来剖析中国的政治，认为中西政治之根本区别在于是治民还是与民共治。他说：

> 昔泰西君主之国亦恐民之有权，而不能压制，于是议院不准立，新法不准行，乃愈压而民愈乱，因变君民平权之政，而国始敉安。中国权操于上，冠履之辨最严。降及嬴秦，焚书坑儒以愚黔首，直欲锢天下之耳目，缚天下之手足，为所欲为。呜呼酷矣！[③]
>
> 汉、唐以降，虽代有令辟，而要皆创业之始，挟其假仁小惠笼络天下，以求遂其大欲。守成之主并此而去之，百计防维，全其权，固其私，为子孙谋。去古人利天下之心愈远而愈失。此所以治乱相寻无百年而不变。[④]

显然，批评专制，是为了在中国实行君主立宪。甲午战争后，郑观应在《盛世危言》的增订本中，不仅扩充了原来《议院》一文的篇幅，而且提出了立即在中国实行君主立宪的政治主张。在郑观应的心目中，

---

① 夏东元编：《郑观应集》（上册），上海人民出版社 1982 年版，第 345 页。
② 夏东元编：《郑观应集》（上册），上海人民出版社 1982 年版，第 349 页。
③ 夏东元编：《郑观应集》（上册），上海人民出版社 1982 年版，第 331—332 页。
④ 夏东元编：《郑观应集》（上册），上海人民出版社 1982 年版，第 332 页。

设议院伸民权、行君主立宪是西方各国富强的根本保证，亦是中国攘外安内、富国强兵的必由之路。他说：

泰西各国咸设议院，每有举措，询谋佥同：民以为不便者不必行，民以为不可者不得强，朝野上下，同德同心，此所以交际邻封，有我薄人，无人薄我。人第见其士马之强壮，船炮之坚利，器用之新奇，用以雄视宇内；不知其折冲御侮，合众志以成城，制治固有本也。考议政院各国微有不同，大约不离乎分上、下院者。近是上院以国之宗室勋戚及各部大臣任之，取其近于君也。下院以绅耆、士商才优望重者充之，取其近于民也。选举之法惟从公众。遇有国事，先令下院议定，达之上院；上院议定奏闻国君，以决从违。如意见参差，则两院重议，务臻妥协而后从之。凡军国大政，君秉其权；转饷度支，民肩其任。无论筹费若干，议院定之，庶民从之，纵征赋过重，民无怨咨，以为当共仔肩襄办军务。设无议院，民志能如是乎？①

而且，他还以史为证，来阐述议院之合理性和迫切性。他写道：

余尝阅万国史鉴，考究各国得失盛衰，而深思其故。盖五大洲有君主之国，有民主之国，有君民共主之国。君主者权偏于上，民主者权偏于下，君民共主者权得其平。凡事虽由上、下院议定，仍奏其君裁夺：君谓然，即签名准行；君谓否，则发下再议。其立法之善，思虑之密，要皆由于上下相权，轻重得平，乃克臻此。此制既立，实合亿万人为一心矣。试观英国弹丸之地，女主当国，用人

① 夏东元编：《郑观应集》（上册），上海人民出版社 1982 年版，第 311—312 页。

行政皆恃上、下院议员经理，比年得人土地已二十倍其本国。议院之明效大验有如此者。日本行之亦勃然兴起，步趋西国，凌侮中华，而犹谓议院不可行哉？唯必须行于广开学校人才辈出之后，而非可即日图功也。何则？泰西各国近代学校盛行，无人不学。且中外利弊登诸日报，妇孺皆知。凡有病于民者，如公禀政府改革，无不俯顺舆情，非昔日只顾在上者之权势，而不顾其民之疾苦也。[1]

毫无疑问，在郑观应的心目中，议院制、君民共主，是团结民心、合君民为一体、上下一心的有效途径，也是中国国富民强的唯一出路。

但是，郑观应始终没有跳出君民共主的思维定式和价值取向，直接走向民主。他的政治思想始终在民本思想与民主思想、君民共主与民主政治之间徘徊。受民主思想的影响，郑观应主张设议院、通上下之情、改善君臣民之间的不顺畅关系，使民情上达、君惠下逮、上下一心、君民一体，从而达到安内攘外、固本宁邦的目的；受民本思想之影响，郑观应又不赞成中国实行民主制，在他看来，民权固然要加以提倡，但民权过重又容易导致动乱。他说：

然博采旁参，美国议院则民权过重，因其本民主也。法国议院不免叫嚣之风，其人习气使然。斟酌损益适中经久者，则莫如英、德两国议院之制。英之上议院，人无定额，多寡之数因时损益，盖官不必备，唯其贤也。其员皆以王公侯伯子男及大教师与苏格兰世爵为之，每七年逐渐更易，世爵则任之终身。下议院议员则皆由民间公举，举员之数，视地之大小，民之多寡。举而不公，亦可废其例，

① 夏东元编：《郑观应集》（上册），上海人民出版社 1982 年版，第 316 页。

停其举，以示薄罚。下议院为政令之所出，其事最繁，员亦较多，大约以四五百人为率。①

位于澳门特别行政区新口岸花园的郑观应铜像

并认为议员有国人公举，既体现了民权，也代表了民意，更避免了私情和不公正。他说：

议院为国人所设，议员即为国人所举。举自一人，贤否或有阿私；举自众人，贤否难逃公论。且选举虽曰从众，而举主而入本籍至十年以后，及年届三十，并有财产身家，善读书负名望者，亦不得出名保举议员，其杜弊之严又如此。考泰西定例，议院之论刊布无隐，朝议一事，夕登日报，俾众咸知，论是则交誉之，论非则群毁之。本斯民直道之公，为一国取贤之准。人才辈出，国之兴也勃焉。诚能本中国乡举里选之制，参泰西投匦公举之法，以遴议员之才望，复于各省多设报馆，以昭议院之是非，则天下英奇之士、才智之民，皆得竭其忠诚，伸其抱负。君不至独任其劳，民不至偏居于逸，君民相洽，情谊交孚。天下有公是非，亦即有公赏罚，而四海之大，万民之众，同甘共苦，先优后乐，若理一人，上下一心，君民一体，尚何敌国外患之敢相凌侮哉？②

① 夏东元编：《郑观应集》（上册），上海人民出版社 1982 年版，第 312 页。
② 夏东元编：《郑观应集》（上册），上海人民出版社 1982 年版，第 313—314 页。

郑观应之所以欣赏英、德两国议院制，固然与中国传统文化中的中庸之道有关，但也很难排除民本思想的直接影响。民本思想内容极其丰富，其归结到一点就是重民思想。重民的主体是强调君的品德和智识，而民的态度取决于君，民是被动的受体或客体，所以说郑观应强调的是人治而非法治或民治。郑观应对西方政治的历史和现实均有深刻的认识，但仍然主张设议院、行君民共主，这也表明他骨子里并没有民治的打算，只有限制君权、伸张民权的意图。在郑观应看来，承认民有权，并不影响君主的统治地位，相反是巩固君主专制统治、维护君权的一种有效的办法。如他说："故知君人者，欿然视己为天下之人役，适所以永为天下之人主；侈然自为天下之人主，终且求为天下之人役焉而不可得矣。"①因此，他公开地宣传民权思想：

> 民受生于天，天赋之以能力，使之博硕丰大，以遂厥生，于是有民权焉。民权者，君不能夺之臣，父不能夺之子，兄不能夺之弟，夫不能夺之妇，是犹水之于鱼，养气之于鸟兽，土壤之于草木。故其在一人，保斯权而不失，是为全天。其在国家，重斯权而不侵，是为顺天。勿能保于天则为弃，疾视而侵之于天则为背。全顺者受其福，而背弃者集其殃。②

郑观应认为这些议论"识见高远，发挥透辟，足以起痼振聋，为救时良药"③。但是，郑观应也仅仅是宣传民权和要求民权，并没有在主张民权的基础上要求实行民主政治。他的政治思想因此也只能是停留在民

---

① 夏东元编：《郑观应集》（上册），上海人民出版社 1982 年版，第 334 页。
② 夏东元编：《郑观应集》（上册），上海人民出版社 1982 年版，第 334 页。
③ 夏东元编：《郑观应集》（上册），上海人民出版社 1982 年版，第 334 页。

本与民主之间，即民权这一层次上。

其三，富民说与重商论合一，表明郑观应的民本思想突破了传统的重农抑商的经济政策和重利轻义的价值观，其民本思想已从传统的重农抑商的农本思想的巢穴中解脱出来，转而建立在“以工商立国”的商本论基础之上。在《盛世危言》里，郑观应花了大量篇幅来论证“工商经济”问题，内容涉及财政税务的有《度支》《国债》《银行》（上下）、《铸银》《圜法》《保险》《税则》《厘捐》《捐纳》诸篇，涉及商务的有《商战》（上下）、《商务》（一至五）、《商船》（上下）、《商会》诸篇，涉及实业交通的有《停漕》《盐务》《开矿》（上下）、《纺织》《技艺》《铁路》（上下）、《修路》《船政》等；涉及邮政方面有《电报》《邮政》（上下）、《驿站》等，涉及农业水利有《农业》《垦荒》《旱潦》《治河》等。所有这些论题，都集中到民生日用这一民本思想关注的问题上。值得注意的是，郑观应没有停留在农本经济下的民生日用这一低生活水平要求上，而是要在便民利民教民养民的前提条件下，进一步实现富国强民的理想。而且他明确提出的“工商富国”的口号，在客观上也提高了工、商二民在国家政治经济生活中的地位和作用，改变了人们长期以来坚持的“重农抑商”“工商为末”的狭隘思想，使民本思想获得了更为广泛的经济和社会基础。

第四节 思想之厄

民本思想一直是郑观应政治思想中的一个组成部分，也一直是郑观应观察和思考的思想资源。但是，与西方民富国强直接相关的思想学说和政治制度，对忧国忧民的郑观应来说，同样具有极大的吸引力。为了寻求民富国强的途径和方法，郑观应先是带着民本思想的理念去解读西方民主政治和思想学说，认为西方民主政治、民主学说与中国上古三代之治和民本思想相仿佛，而且后来还有意识地借用民本思想的话语来为民主学说在中国的传播及民主政治制度在中国的推行鸣锣开道。结果，民本思想的功能作用因此而改变，民主学说的内容和本质也因此被误解。

首先，郑观应虽然对西方民主政治制度和各国的历史文化有比较全面和深入的了解，但他还是难以免去用民本思想诠释民主所带来的误读。如他对议院作用的强调，就显得片面和简单化。在他看来，议院为国家富强之根本，是根绝专制之良方，还是御侮救国的切要之政，就夸大了议院的政治和社会作用。而且他还认为议院是一个可以通上下之情、去君民阻隔的机构，这实际上错误地理解了议院的实际职能。甲午战争后，他对议院的功能作用和性质特征有了进一步的认识，但仍然坚持认为在中国设立议院、实行君民共主，是攘外安内、固本宁邦的唯一出路。

其实，正如有的学者所指出的那样："他们确乎是戴着中国文化的古老眼镜去看待西方宪政文化的。他们把西方的议会制度从西方文化中剥离出来，放在政治这个手术台上加以解剖，发现了它与中国儒家传统中的民本思想的逻辑联系，并把它与传统的民本思想加以调适，整合为带有中国文化意味的'重民说''君民共主'论，试图以'民'作为范畴，建构一个'非中非西''即中即西'的政治学说。这样一来，在西方原本带有文化意味的'议会制'由他们变换成一个纯粹的政治问题。"其结果是：一方面，"'重民说''君民共主说'为中国移进西方宪政文化从'文化'意义上架起一座桥梁，并为之找到了与中国本土文化相融合的契合点"；另一方面，"由于他们'误读'了西方宪政，因而也为中国近代宪政文化传达了一个'错误的信息'：似乎西方的宪政就是西方富强的本源，它的功用就在于解决'君'与'民'的关系，他们看不到或者忽略了西方议会制背后所隐含的个人与国家、人权与国家权力、法律与权力的对立和调适这更深一层的文化意蕴。”[①] 郑观应提出的君民共主，既疏离了民本思想，又与西方民主思想之间产生不协调的变奏。从民本到民权、再到民主，中间有较长一段距离，无论是郑观应还是他同时代或后来的思想家和爱国者，都有许多工作要做。然而，他们并没有认真考量，只是急于求成地想从民本一步迈向民主。结果，把手段当目的，本末倒置。

其次，近代中国人总是喜欢用刚刚得来的一知半解的西方民主思想来衡量中国的政治，郑观应也毫不例外。他也习惯用所谓的西方民主政治的思想文化眼光来审视和批判中国的君主专制。这样做固然有助于人们看清自己本来面目，但也很容易使人在反省和批判中走向极端，否定一切和肯定一切。从《救时揭要》到《易言》再到《盛世危言》，郑观应对专制制度的批判就有一个从点到面、从温和到激进的思想转变。早期他只是笼统地批评封建专制，对君主专制的揭露也只是停留在“情谊隔阂”的层面上。如他认为专制的后果是“在上者既以事权有属，法令

不少学者对郑观应的思想都有所研究并著有著作，如《岭南思想史》《郑观应法律思想初探》《郑观应财政金融思想研究》等

① 王人博：《宪政文化与近代中国》，法律出版社 1997 年版，第 39—40 页。

在所必行；在下者亦以势位悬殊、情隐不能相告。于是利于上者，则不利于下矣；便于下者，则不便于上矣。情谊相隔，好恶各殊，又安能措置悉本大公，舆情咸归允惬也哉？”[①]其批评的语气平和，态度也较客观公允。但到了1900年改订的《盛世危言》时，对君主专制的批判就不再遮遮掩掩，而是直截了当。他不仅认为君主专制的出现既有人君私心的问题，还与臣属的私心、君主名分太尊及人们的习惯有关，而且还指出君主专制百害而无一利，中国历史上之所以出现治乱兴替的变化，其祸根就在于君主专制。他认为君不爱其民，民亦可以不爱其君，并可以起来反抗君主专制统治。这就从根本上否定了君主专制制度。批判和否定专制制度，在当时的确具有积极和进步的意义，但把中国的落后和贫弱完全归罪于专制制度，很容易使人们形成制度决定论。而且随着专制制度的被怀疑、被批判和被否定，民本思想的根基也开始动摇。因为民本思想以君为本位，依靠圣君贤相、为民做主，它本身属于封建统治阶级的思想体系和治民之术，维护的是封建君主专制制度。郑观应用民主思想作为批判的武器，在理论上否定了君主专制，在客观上也间接地动摇了民本思想的主导地位。

最后，对郑观应来说，无论是中国传统的民本思想，还是西方民主学说，取舍的标准都在一个“用”字，即能否为攘外安内、富国强民提供思想上的指导或智力和精神上的支持。早期，郑观应试图用民本思想的理论和方法为攘外安内、富国强民开出系列方案，但中国近代社会的历史一再证明，儒家民本思想的那一套策略和方法根本不能攘外安内，必须借西法以自强。因此，被当时先进的中国人认为是导致西方国富民强的民主思想，也就很自然地进入郑观应他们那个时代的清流派人士和

① 夏东元编：《郑观应集》（上册），上海人民出版社1982年版，第103页。

洋务派官僚的视野。尽管郑观应的道器、本末论和“中学为体、西学为用”的体用论有相同之处，但我们从郑观应的《盛世危言》里还是可以看出“西体西用”迹象。如他主张设议院、立议员、实行君主立宪，就有“西体西用”的意味。在郑观应心目中，“西用”固然要全部拿来为我们服务，但“西体”同样可以借鉴，以作为变法维新的参考。甚至“西体”比“西用”更值得我们学习和仿效。民权思想，也就顺理成章地被郑观应当作固本宁邦的法宝进行宣传和引用。传统的民本思想也就因此失去了生命的张力。

同光时期的中国，是一个思潮激荡、政治思想异常活跃的时期。受西力的冲击和西学的启发，先进的中国人开始从政治上寻求御侮图强、“固本”“宁邦”的途径和方法。郑观应的政治思想不仅与时俱进，而且全面和深刻。其政治思想，既具有民权民主思想的倾向，又带有浓厚的民本思想特征。他不仅自觉地运用儒家民本思想去解读西方民主政治的历史文化和民主学说，认为西方民主政治和民主学说与中国上古三代之治及民本思想相仿佛，而且有意地借用民本思想的话语来为民主思想在中国的传播和民主政治制度在中国的推行保驾护航，指出议院、立宪、君民一体，是西方各国富强之本，主张在中国设议院、行立宪、伸民权、实行君民共主。民本思想既是他接受民权、认同民主的基础和衔接点，又是他追求富强救国、探索中国近代化的精神助力，但同时还是他维护清王朝专制统治、抵制民主革命的借口，其思想认识水平一直停留在民本思想与民主思想之间。郑观应政治思想表现出这种在民本与民主之间徘徊的特征，既是同光时期中西文化相互碰撞、相互融合的产物，又是时代思潮氤氲化生的必然结果。

第七章　郑观应与中国近代化

中国近代史，在英国入侵者的炮火硝烟中缓缓地拉开了序幕。面对侵略的西方和先进的西方的双重挑战，中国社会各阶级、阶层都做出了自己的回应。[①]但是，由于各自所处的地域、地位，接触西方事物的时间与层面等条件的不同，回应的先后与方式也就不尽相同。魏源首倡“师夷长技以制夷”，主张学习西方的科学技术，制器练兵。洋务派官僚们提出了“自强”和“求富”的口号，主张“中学为体，西学为用”发展军事工业和民用工业。香港《循环日报》主编王韬认为：“富强即治国之本。”主张中国应广开贸易，兴办工矿交通事业，走先富后强之路。一些热心爱国的知识分子如马建忠、薛福成、陈炽、罗应旒、何启、胡礼垣等人，也提出了类似的主张。[②]但是，在如何看

① 参见陈胜粦：《林则徐与鸦片战争论稿》（增订本），中山大学出版社1985年版；陈胜粦、廖伟章等编：《对西方挑战的首次回应——鸦片战争》，文物出版社1990年版。

② 参见熊月之：《中国近代民主思想史》，上海人民出版社1986年版；虞和平主编：《中国现代化历程》，江苏人民出版社2001年版；章开沅、罗福惠主编：《比较中的审视：中国早期现代化研究》，浙江人民出版社1993年版；钟祥财：《中国近代民族企业家经济思想史》，上海社会科学出版社1992年版；侯厚吉、吴其敬主编：《中国近代经济思想史稿》，黑龙江人民出版社1982年版；马伯煌主编：《中国近代经济思想史》，上海人民出版社2014年版；叶世昌：《近代中国经济思想史》，上海人民出版社1998年版；赵靖主编：《中国经济思想通史续集·中国近代经济思想史》，北京大学出版社2004年版；张登德：《寻求近代富国之道的思想先驱——陈炽研究》，齐鲁书社2005年版。

待西方、学习西方和对抗西方，以及振兴中华、挽救民族危亡这些问题上，买办兼实业家的香山人郑观应的思想主张，却格外精辟独到而又振聋发聩。他不仅提出了和外国侵略者进行“商战”的口号，而且明确提出“富强救国”的具体方案。难能可贵的是，他不仅是学习西方科学技术和民主制度的积极提倡者，而且还是中国走向近代化的推动者和引路人。

第一节　近代化：郑观应的追求

郑观应虽然不是中国近代化的首倡者，但他却是全面探索中国近代化的第一人。

在郑观应之前，有魏源、冯桂芬、洪仁玕等人对中国近代化道路进行过初步的探索。但是，魏源关心的是西方军事方面的“长技”，还不懂得现代用兵的高度机动性，未能引进西方“决战海上，以战为守”的战略思想和“把敌国海口作为自己海军的第一道防线”，并在本国各海口设重防的攻防结合的积极防御的观点。近代化在魏源的意识里实际上就是国防近代化。[①] 冯桂芬虽然在“西方”方面比魏源的认识前进了一步，但他同魏源一样，认为道统不可变，主张的仍然是“以中国之伦常名教为本，辅以诸国富强之术”。[②] 洪仁玕虽然明确提出了效法西方资本主义国家的政治、经济、文化的主张，但他既没有触及农民革命的根本问题，也没有意识到中国革命的根本问题，更没有意识到外国资本帝国主义对华侵略的本质。[③] 至于洋务派中的一些官僚，他们对近代化的理解，就更

① 张琢：《九死一生：中国现代化的坎坷历程和中长期预测》，中国社会科学出版社 1992 年版，第 130—132 页。

② 冯桂芬：《校邠庐抗议》卷下，《采西学议》。

③ 谭双泉编著：《中国近代政治思想史（1840—1949）》，湖南师范大学出版社 1995 年版，第 109 页。

显得片面和肤浅。在他们的心目中，近代化就是国防近代化和经济近代化。“中学为体，西学为用”的原则，表明他们不可能从根本上使中国走向全面现代化。

与众不同的是，郑观应不仅对中国近代化的前提条件做了可贵的探索，而且全面、系统地论述了中国近代化的内容和实质。

他较早地认为，设议院、达民情、实行君民共治的民主制度，是中国近代化的先决条件。

2002 年在中山市三乡镇郑观应纪念广场设置的郑观应铜像

早在 1880 年郑氏刊行《易言》时，就流露出了学习西方民主政治的意向。到 1884 年，他在南洋一带游历的日记中就进一步认为“西人立国之本，体用兼备。育才于书院，议政于议院，君民一体，上下同心，此其体；练兵、制器械、铁路、电线等事，此其用。中国遗其体效其用，所以事多扞格，难臻富强”①。明确提出了君主立宪的要求，他在《论议政》中写道：“所冀中国上效三代之遗风，下仿泰西之良法，体察民情，博采众议。务使上下无扞格之虞，臣民泯异同之见，则长治久安之道，固有可豫期矣。”②

在《盛世危言》议院篇中，郑观应又更加强调：“必先立议院，达民情，而后能张国威，御外侮。”在他看来，西方各国的政治制度模式中，比较适合中国的是英国和德国的议院制。他反复强调：“欲张国势，莫要于得民心；欲得民心，莫要于通下情；欲通下情，莫要于设议院。中华

① 夏东元编：《郑观应集》（上册），上海人民出版社 1982 年版，第 967 页。
② 夏东元编：《郑观应集》（上册），上海人民出版社 1982 年版，第 103 页。

而终自安卑弱，不欲富国强兵为天下之望国也，则亦已耳。苟欲安内攘外，君国子民持公法以永保太平之局，其必自设立议院始矣！”[①]把设立议院、以法治国、君民一体看做是中国富强和实现近代化的前提条件，这在当时可谓是一条大胆而又崭新的思路。因为他不仅把眼界从狭窄的内部空间拓展到广阔的多姿多彩的外部世界，用一种开放的心态和全方位的思维模式，对待中国政治的改良问题，突破了传统的“中国本位”的思维模式，而且认为“政治关系实业之盛衰：政治不改良，实业万难兴盛”。[②]这表明他已经清楚地意识到政治变革是中国走向全面近代化的关键和前提。可以说，在中国近代政治发展历程上，郑观应算得上是一位开创“西洋本位”的思维模式的先驱。[③]

与此同时，郑观应明确提出了“工商立国”“富强救国”的口号，为中国经济近代化提供了理论依据。

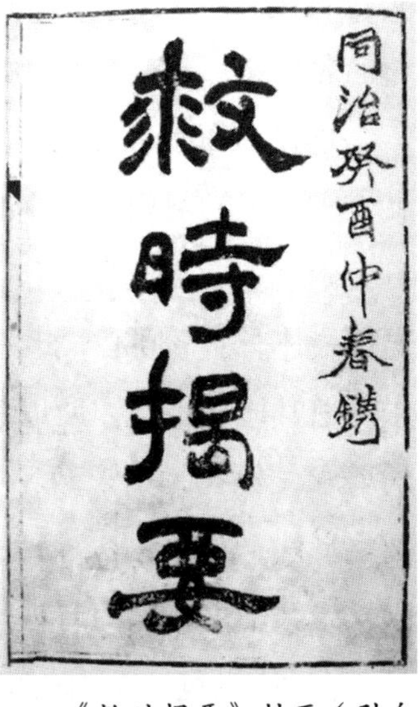

《救时揭要》封面（引自《香山买办与近代中国》）

在早期的改良主义思想家当中，郑观应比较早地有系统地论述了经济近代化的内容、途径、方式、方法、目的、作用和意义。早在1873年出版的《救时揭要》和1880年问世的《易言》两本书中，郑观应就提出了在中国大力发展资本主义的设想。在《救时揭要》一书中，他批评洋务派的官办政策，提出发展商办企业的民

① 夏东元编：《郑观应集》（上册），上海人民出版社1982年版，第312—314页。
② 夏东元编：《郑观应集》（下册），上海人民出版社1988年版，第11页。
③ 胡福明主编：《中国现代化的历史进程》，安徽人民出版社1994年版，第112—113页。

族资本主义思想。而《易言》一书，则通过《论商务》《论开矿》《论火车》《论电报》《论机器》《论轮船》《论铸银》《论邮政》等篇章，为达到资本主义富强之境提出了建设性的计划。[①]他认为发展工农业，应建立在新式机器生产基础上，才能达到“功程较速，工价必丰”“销路愈畅，贩运愈宏”。[②]在《盛世危言》一书里，他更明确地指出：“欲攘外，亟须自强；欲自强，必先致富；欲致富，必首在振工商；欲振工商，必先讲求学校，速立宪法，尊重道德，改良政治。”[③]在郑观应看来，近代工商业发展了，不仅能致富，使军队有自造的新式装备，而且能在市场上与外国的廉价商品相竞争。他说：“商务之盛衰，不仅关物产之多寡，尤必视工艺之巧拙。有工以翼商，则拙者可巧，粗者可精。”[④]他凭着多年经营近代工商业的经验，深知仅仅依靠引进和自造机器，扩大机器生产，在生产过程中提高劳动生产率，不降低生产管理费用和流通过程中附加于商品的一切费用，就不能使商品到达消费者手中仍然保持低廉的价格，也就不能在商战中稳操胜券。因此，郑观应在强调“工以翼商”的同时，还提出一系列降低商品的价格以加强竞争能力的主张。在他看来，商办民用和军用企业，民主选举企业的管理机构，发展近代轮船、铁路、电报事业，铸造简便的通货和创办银行，减免税收和收回海关权，是降低商品价格以加强竞争能力、与列强进行商战的有效途径。郑观应这种把发展工业、扩大机器生产、实行商战、保护商人利益看做是富国强国的

---

① 参见韦政通：《中国十九世纪思想史》（下），台北东大图书馆股份有限公司1991年版，第十四章《郑观应》；王尔敏：《中国近代思想史论》，社会科学文献出版社2003年版；王尔敏：《中国近代思想史论续集》，社会科学文献出版社2005年版；王尔敏：《晚清政治思想史论》，广西师范大学出版社2005年版。

② 夏东元编：《郑观应集》（上册），上海人民出版社1982年版，第89页。

③ 夏东元：《郑观应》，广东人民出版社1995年版，前言、第2页。

④ 夏东元编：《郑观应集》（上册），上海人民出版社1982年版，第588页。

方式方法，实际上为中国经济近代化指明了有效发展的方向。

表7—1　郑观应商业思想简表

商战论	立商会 倡商学 强工业 重竞争 赖保护	1.兵之并吞祸人易觉，商之掊克敝国无形 2.习兵战不如习商战 3.富出于商，商出于士、农、工三者之力，所以泰西各国以商富国，以兵卫商 4.商务者，国家之元气也，通商者，疏畅其血脉也 5.商以贸迁有无，平物价，济急需，有益于民，有利于国，与士、农、工互相表里。士无商则格致之学不宏，农无商则种植之类不广，工无商则制造之物不能销。是商贾具生财之大道，而握四民之纲领也 6.商务之盛衰，不仅关物产之多寡，尤必视工艺之巧拙。有工以翼商，则拙者可巧，粗者可精 7.富在工不在商
商道论	充分发挥商民的资金优势 官府要保护民族工商业 原则上反对官督商办 维护商民利益 研究经商规律	1.泰西各国官与商，财货互相流通。盖官力则有穷，而商资则易集 2.商人造，则该事系商人身家性命所关，即无人督责，亦不虑其不造成乎精巧 3.公使为商遣也，领事为商立也，兵船为商置也 4.振兴工商，必有待于国内机关组织完备，政治改良之后 5.各国振兴工商之政，须除去各种障碍，诱导民间企业之心
营销论	加强业务联系 随行就市 任人唯贤	1.商局宜与客商联络招徕生意也。须与各商联络，声气相通，不论事之巨细，时之早晚，随到随办，各无推诿 2.招徕客货宜随时探听各埠货物消长。当事者须随时精心挥听各埠生意之盛衰，客货之多寡，本埠船只几何 3.夫西人之胜于我者，以能破除情面，招徕人才，官绅属托有所不顾，亲友推荐有所不受，是以所用司事人等不但事情习熟，且为守兼优。董事由股东而举，总办由董事而举，非商务出身者不用
成本论	加速资金周转 查漏补缺 节约挖潜 合理组织生产	1.加强轮船运转速度，提高资本周转率，调度得法 2.健全各项管理、检查制度，堵塞各种漏洞，降低成本，提高经济效益 3.材料宜自购以节省靡费也；用华人代替洋人，以节省开支；清除多余人员。降低成本，提高经济效益 4.合理安排，精心组织，防止生产脱节，影响生产，浪费资源；注意规模效益，降低成本

（续上表）

管理论	生产管理	1.产品要适销对路；采用承包法；注重产品质量
	人事管理	2.用人重德、才兼备，欲振兴商，尤在首重道德，盖能以道德植其基，然后济之以商学、商才，赏罚严明，厘剔精密，不徇情，不植党，因材器使，滴滴归公，商务之兴自可预决
	务实经营	3.创办一事必须小试其端，先立于不败之地，逐渐推广，方可有功，若亟求速效，务广而荒，必至一蹶不振
	财务管理	4.重视集资经营，主张向外国借款
	内部制度	5.门卫制度，材料领用制度，采购制度，严格作息制度
	关于韬略	6.企业要大造声势，在外部树立一个公司资金充实、势力雄厚的形象，以期先声夺人
	项目可行性论证	7.注重项目投资的可行性论证，力求科学、全面地做出决策
	招标	8.在企业采购和修理方面主张公开招标

注：此表根据余言主编的《中国商典》（中国民族摄影艺术出版社 2001 年版）和赵靖主编的《中国经济思想通史续集（中国近代经济思想史）》（北京大学出版社 2004 年版）等相关资料编制而成。

难能可贵的是，郑观应特别重视新式人才的培养，总是把培养科学技术人才放在首位，并设计了一整套培养人才的制度和方法。

针对当时社会盛行的以科举考试为正途的风气，郑观应尖锐地指出中国的读书人“将一生有用之精神，尽消磨于八股五言之中。上自国计民生，下至人情风俗，还有兵、刑、钱、谷等事，非所素习。所学非所用，所用非所学，如何当好朝廷官员？而如今海禁大开，樊篱尽撤，士人对外邦风俗政事又十分无知，想找一个洞悉时事，兼习中西之学的人，真是难上加难”。提出科举考试文科须分四科：“一曰考证经史，疏通疑义，以觇学识。二曰策论时事，昌言无讳，以征抱负。三曰兼试文章诗赋，以验才华。四曰审问疑难例案，以考吏治。”[①] 认为中国宜“参酌中外成法，教育人才，文武并重，仿日本设文部大臣，并分司责任（一蒙学、

① 夏东元编：《郑观应集》（上册），上海人民出版社 1982 年版，第 203 页。

一普通、一专门、一编译、一会计、一典试、一巡查）。聘中外专门名家，选译各国有用之书，编定蒙学普通专门课本，颁行各省。”① 在《盛世危言》中，郑观应还反复强调要改变中国“学业不兴，才智不出”的状况，做到像西方各国那样“士有格致之学，工有制造之学，农有种植之学，商有商务之学。无事不学，无人不学”。② 国家富强之本，还在于科技工艺的发达，而科技工艺之发达又取决于兴学校和育人才。他说：“学校者人才所由出，人才者国势所由强，故泰西之强强于学，非强于人也。”③ 并认为：“不修学校，则人才不出；不废帖括，则学校虽立，亦徒有虚名而无实效也！”④“时文不废，则实学不兴；西学不重，则奇才不出。必以重时文者而移之于重西学，俾人人知所趋向鼓舞而振兴之。数年之后有不人才济济者，吾不信也。”⑤ 主张考试分立两科，“首科既毕，挂牌招考西学”，考试格致、化学、电学、重学和天文、地理、医学、种植新法等门，录取对富强之道实际有用的人才。并建议朝廷“遴选精通泰西之天文、地理、农政、船政、算化、格致、医学之类，及各国舆图语言文字、政事律例者数人为之教习，或即以出洋官学生之学成返国者当之”⑥。在当时人们仍然崇尚虚文、皓首穷经、拒绝西学的环境里，郑观应把兴办新式学校和培养科技工艺型的实用人才与国家富强联系起来，视学校和实用型人才为富强的根本，显然具有积极意义。其思想主张实际上已经触及人的近代化和文化近代化这两个敏感而又极为关键的问题。

由此我们不难看出，近代化在郑观应这里，既不是简单的防御型国

① 夏东元编：《郑观应集》（上册），上海人民出版社 1982 年版，第 267 页。
② 夏东元编：《郑观应集》（上册），上海人民出版社 1982 年版，第 595 页。
③ 夏东元编：《郑观应集》（上册），上海人民出版社 1982 年版，第 276 页。
④ 夏东元编：《郑观应集》（上册），上海人民出版社 1982 年版，第 261 页。
⑤ 夏东元编：《郑观应集》（上册），上海人民出版社 1982 年版，第 280 页。
⑥ 夏东元编：《郑观应集》（上册），上海人民出版社 1982 年版，第 295 页。

防近代化，也不是单纯的经济近代化，而是从政治到经济到文化到人的全面性和整体性的近代化。他的这种全方位实现近代化的思想主张，在当时虽然曲高和寡，但影响却深刻而持久。集中体现他具有近代化思想的《盛世危言》一书，从1894年刊行以来，短短几年中，“辗转翻刻已售至十余万部之多”。在当时虽不是“洛阳纸贵”，却也轰动一时，一度出现过《盛世危言》热。[①]《盛世危言》一书所阐述的改良中国社会政治、经济、文化等多方面的思想，以及强烈的爱国主义精神，不仅影响了当时的资产阶级维新派的思想家康有为、梁启超，而且也影响了孙中山和毛泽东。张之洞将当时论时务的书与《盛世危言》作比较后说：“论时务之书虽多，究不及此书之统筹全局择精语详，可以坐而言即以起而行也。”并赞扬说：“上而以此辅世，可为良药之方；下而以此储才，可作金针之度。”蔡元培也对《盛世危言》极为推崇，认为：“以西制为质，而集古籍及近世利病发挥之。时之言变法者，条目略具矣。”毛泽东也回忆说：“我读了一本叫做《盛世危言》的书，我当时非常喜欢这本书，”并肯定地说：“《盛世危言》激起我恢复学业的愿望。”[②]从郑观应对中国近代化的认识上看，可以说：“他是当时透视中国，睁眼看世界的

《盛世危言》五卷本甲午年版本内封（引自《郑观应集》）

① 夏东元：《郑观应》，广东人民出版社1995年版，第88—93页。

② 毛泽东：《毛泽东自述》，人民出版社1993年版，第9页、第11页。

第一人。”[①] 他 1873 年出版的《救时揭要》、1875 年出版的《易言》和 1894 年出版的《盛世危言》，就反映了 19 世纪 70—90 年代中国人认识世界的水平。据不完全统计，《救时揭要》中曾出现过 58 个不同的国名、地名，其中，国内地名 43 个，国外地名 15 个，而在《易言》中出现的不同的国名、地名有 114 个，其中，国内 54 个，国外 60 个。《救时揭要》书中列举英国 9 次，美国 1 次，法国 4 次，普鲁士 2 次，欧洲 3 次，泰西 8 次，日本 4 次。《易言》书中的上述国名的使用率大大增加，其中，英国 30 次，美国 15 次，法国 26 次，德国 25 次，欧洲 16 次，泰西 55 次，日本 13 次。《救时揭要》书中平均每千字含国内地名 3.5 处次，国外地名 2.3 处次；《易言》中含国内地名 2.7 处次，国外地名 4.7 处次。《易言》中使用的外国地名比国内的地名明显要多，使用频率明显要高。[②] 这也表明郑观应的思维空间较早地冲破了传统士大夫那种狭窄的“天下”范围，而且有了统观全球的开阔视野和思想境界，

中华印务总局刊行的三十六篇本《易言》内封（引自《郑观应集》）

① 参见虞和平主编：《中国现代化历程》（三卷本），江苏人民出版社 2001 年版；熊月之：《中国近代民主思想史》，上海人民出版社 1986 年版；余言主编：《中国商典》（三卷本），中国民族摄影艺术出版社 2001 年版；陈旭麓：《近代中国社会的新陈代谢》，上海社会科学出版社 2006 年版。

② 乐正：《近代上海人社会心态（1860—1910）》，上海人民出版社 1991 年版，第 179 页。

代表了19世纪后期中国人的认识世界的水平。①

第二节 知与行：真正的实行家

在中国近代史上，理论与实践常常脱节的现象层出不穷。那种既是思想家又是实干家的人似乎并不多见。而郑观应却是一个例外。他从17岁进入上海宝顺洋行当买办，到80岁病逝于上海提篮桥招商公学宿舍，几十年风风雨雨、起落无常，虽然以其深邃的思想而饮誉海内外，但也因为他同时又是买办、企业经营者、近代化的建设者而一言九鼎、掷地有声，成为一个理论与实践相结合的近代化事业的倡导者和建设者。

有的学者就肯定地指出："他既是一名爱国的实业家，也是一名近代著名的思想家。同一般的思想家相比，他更侧重于社会实践和经营实践，其社会改良和经营管理思想是从其大量的实践活动中直接总结出来的；同一般的商人相比，他更侧重于总结和思考，把社会活动和经营活动放在整个民族生存发展的大局中去考虑，使其对问题的认识更深刻、更符合民族利益。"②"从郑观应1878年至1882年间一身四任，可以说明买办、民族资本家、资产阶级改良主义者和洋务派，四者之间没有不可逾越的鸿沟。"③

---

① 参见葛兆光：《中国思想史》，复旦大学出版社2001年版；高瑞泉主编：《中国近代社会思潮》，华东师范大学出版社1996年版；丁守和：《中国近代思潮论》，广东人民出版社2003年版；吴雁南等主编：《中国近代社会思潮》，湖南教育出版社1998年版；王尔敏：《晚清政治思想史论》，广西师范大学出版社2007年版；王尔敏：《中国近代思想史论》，社会科学文献出版社2003年版；王尔敏：《中国近代思想史论续集》，社会科学文献出版社2005年版；郑大华、邹小站主编：《思想家与近代中国思想》，社会科学文献出版社2005年；王汎森：《中国近代思想与学术的系谱》，河北教育出版社2001年版。

② 余言主编：《中国商典》（中），中国民族摄影艺术出版社2001年版，第105页。

③ 夏东元：《晚清洋务运动研究》，四川人民出版社1985年版，第323页。

思想的开放和行动的坚决及视野的开阔，是郑观应与众不同的地方。与大多数守旧的中国绅商不同的是，郑观应十分重视西方的科学技术和社会政治学说。他自己对学习外国语言非常重视。他虽然也说“今日时势，非晓英文，业精一艺，不足以多获薪水”，但就其个人志趣而言，学习西学，有一技之长，更重要的是为了通晓西方各国的社会政治学说和先进的科学技术知识。在宝顺洋行工作期间，他常到英国传教士傅兰雅所办的英华书馆学习英文，“究新泰西政治，实业之学”。他在《易言》中主张将西方有益之书“条分缕析，译出华文，颁行天下”，认为数十年来，中国人之所以不能把西方先进的科学技术学到手，就是因为文字不通和思想保守。他批评那些致力于科学而无暇顾及洋文或“视洋文为异端而不屑考求”的人说：“殊不知当今之世，无论西学之不能不讲，即一切华洋交涉之事亦日繁一日，苟其不明洋文，安能周旋于其间哉？余是知洋文必将盛行于中国。此时会之使然，吾辈因时而合其宜可也。”①并认为：“夫人之耻莫耻于不若人。我不过欲效其技艺，臻于富强，而于世道人心曾无少损。”②指出中国人必须积极地向西方人学习，掌握其各项制造技术，并在此基础上发展中国自己的技术，才能最终战胜西方。他说：“泰西通商所以致富者，在材货无充盈耳；泰西练兵所以致强者，在器械之精利耳。材货器械非制造不为功，我中国所产之材货，所用之器械，由泰西制造者为多，将使我中国袭其故智，效其成法。泰西所制造者，我中国皆能制造之，则可以尽制造之能事乎？未也。心思愈用而愈出，机括愈变而愈精，天下之物无穷，天下之理亦无穷，而吾心之灵遂求其间而入焉，必也取泰西所制造者，求其理而穷其故，因泰西所已制之物，进而求泰西所未制之物。我中国地大物博，将见‘青出于蓝，冰寒于水’，

① 夏东元编：《郑观应集》（上册），上海人民出版社1982年版，第285页。
② 夏东元编：《郑观应集》（上册），上海人民出版社1982年版，第90页。

驾泰西而上之。制造之道，于是乎得焉。不言富而富在其中，不言强而强在其中矣。”① 郑观应不仅能以开放的心态对待西方物质文明和精神文明，而且还经常主动学习外文、研究西学。在学习外国先进的科学技术和历史文化方面，郑观应无疑在同时代人当中起了表率作用。

郑观应不仅在宝顺洋行、公正轮船公司、太古轮船公司工作期间积累了企业经营管理的知识和经验，而且还投资并参与洋务企业的经营。

表7—2　郑观应参与经营和管理的主要工商企业一览表

年份	工商企业
1859	在宝顺洋行工作
1860	被宝顺洋行派管丝楼兼管轮船揽载事宜
1873	入股轮船招商局，参与太古洋行轮船公司的创办
1874	太古轮船公司总经理兼管账房、栈房等事
1878	帮助彭汝琮筹办上海机器织布局
1880	任上海织布局总商办
1881	兼任上海电报分局总办
1882	任轮船招商局帮办
1883	任轮船招商局总办
1891	任开平煤矿粤局总办
1892	第二次任招商局帮办。1893年乘船考察长江沿岸城市的商务情况，并提出解决问题的办法
1896	任汉阳铁厂总办
1897	任汉阳铁厂总办兼粤汉铁路总董
1906	任粤汉铁路公司总办

注：上表根据中山市人民政府编的《郑观应志》和夏东元编著的《郑观应年谱长编》等编制。

① 夏东元编：《郑观应集》（上册），上海人民出版社 1982 年版，第 725 页。

在19世纪70年代末80年代初，郑观应就投资太古轮船公司、轮船招商局，与盛宣怀等人集股开采山东登、青、莱、莒四府五金矿产，与唐廷枢合办天津塘沽耕植畜牧公司，对筹建上海机器织布局、造纸公司，烟台采矿公司、缫丝公司、三姓金矿公司等，“无不入股相助”。尤其是在参与上海机器织布局、轮船招商局、电报局和汉阳铁厂等中国近代化企业的过程中，表现出了惊人的胆识和非凡的才干，对这几个近代企业的创建和发展起了十分重要的作用。①

郑观应在兴办新式学校、培养实用人才方面也做了大量的宣传鼓动和具体细致的工作。1883年冬，郑观应就力主效法英、德、美、法、俄五国培养水陆军人才，提议用泰西储才之法，于沿海适中之地设一水师大学堂，各省皆设一陆军学堂。学堂之外，另“设技艺院，使所需船械等件不待外求”，并倡议创设工艺书院。在招商局任职期间，他把买来不合商船之用的船改为教练船，先招学生若干名学习驾驶诸法，继则正式成立驾驶学堂。在总办汉阳铁厂的时候，他又创立机器书院，招收的学生“上午读书，下午入厂学习机器”。他自己也成为我国较早提出设立结合机器操作实践的半工半读学校的教育家。早在19世纪以后，郑观应就多次应邀为格致书院的学生出题阅卷和评卷。在1893年和1894年就曾两次为格致书院的学生命题考试。②1917年以后，他对教育更加热

① 参见易惠莉：《郑观应评传》，南京大学出版社1998年版；夏东元：《郑观应》，广东人民出版社1995年版；汤照连主编：《招商局与中国近现代化》，广东人民出版社1994年版；易惠莉、胡政主编，招商局史研究会编：《招商局与近代中国研究》，中国社会科学出版社2005年版；《纪念郑观应诞辰一百六十周年学术研讨会论文集》，澳门历史文物关注协会等2003年编印。

② 参见夏东元：《郑观应》，广东人民出版社1994年版；孔令仁、李德征主编：《中国近代企业的开拓者》，山东人民出版社1991年版；易惠莉：《郑观应评传》，南京大学出版社1998年版；虞和平、谢放：《中国近代通史·第三卷·早期现代化的尝试（1865—1895）》，江苏人民出版社2009年版。

心，并担任了学校的实际工作，包括招商局公学的住校董事兼主任、上海商务中学的名誉董事等职。他对招商局公学培养人才寄予了很大希望，认为技术人才和培养，“非独我局根本之图，更足为国家富强之助”。在几十年的社会实践尤其是经营工商业的实践中，郑观应以实际行动为广兴学校、培育人才、开通民智、研究学术树立了榜样。[①] 因此，有的学者认为：“郑观应是把君主立宪的政治制度和学习西方科学技术以发展近代工商业，作为达到‘富强救国’的两根杠杆的。这两根杠杆实际上就是民主与科学。”[②]

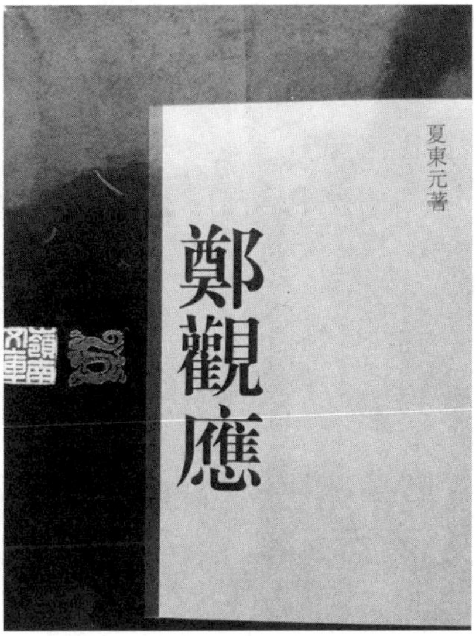

夏东元著的《郑观应》封面

郑观应一向关心政治，较早地对君主、民主和君民共主三种制度进行比较，认为君民共主的君主立宪制度最适合于中国。他自己一生在救国、发展实业和追求民主、反对专制这些本质问题上没有后退。尽管他对资产阶级民主革命持有相反的意见，但当袁世凯窃夺政权后走向专制独裁、准备黄袍加身做皇帝时，他又立即起来反对，明确表示了自己对专制独裁的厌恶态度。几十年的社会实践经验，使他更加坚信民主必然取代专制，选举、议会、法制是实行民主政治所不可或缺的环节。

---

① 参见熊月之：《西学东渐与晚清社会》，上海人民出版社 1994 年版；郝秉键、李志军：《19 世纪晚期中国民间知识分子的思想：以上海格致书院为例》，中国人民大学出版社 2005 年版。

② 夏东元：《郑观应》，广东人民出版社 1995 年版，前言、第 5—6 页。

郑观应参与经营管理的上海轮船招商局（引自《香山买办与近代中国》）

但是，正如汪敬虞先生曾指出的那样，如果结合郑观应的言与行来观察，在郑观应身上则存在着非常明显的矛盾。他出版《救时揭要》之日，正是他离开宝顺洋行六年之后，重新进入太古洋行充当太古轮船买办、总买办的当口。他以买办身份而兼任织布局、电报局等洋务企业的要职，在当时也是非常罕见的。而从 19 世纪 60 年代就开始呼吁御外侮的爱国者郑观应，到 1881 年面临彻底脱离买办生涯抉择时，仍是考虑再三，举棋不定，陷入“心若轱辘，殊难臆决”的极其矛盾的心境。对此，马敏做出了这样的解释：“郑观应思想境界与实际行动的差距，完全可以从买办型绅商的本质规定性中求得比较合情合理的解释。郑观应更多的是把买办视为一种较好的谋生营利职业，而绝不可以此作为自己思想主张的出发点。归结而言，依存于官、洋之间的是中国早期民族资本的基本生存方式，买办型绅商亦属早期民族资本家之一翼，只不过较之于士人型绅商，他们的西化色彩更浓，中学底子则稍嫌不足；他们的心态更加开放，但气节操守稍逊一筹。如果说士人型绅商更多地起着承接传统与近代的桥梁作用，那么买办型绅商则更多地起到了沟通中西的桥梁作用。这里并不存在绝对的保守与进步、爱国与卖国的区分。”[①] 应该说这是对身处中国社会大变动年代的郑观应复杂心理和矛盾性格最恰如其分的评估。

总而言之，郑观应既是19世纪中国具有世界眼光和未来意识的启蒙思想家，也是中国迈向近代化的重要推动者。他是19世纪沟通中西文化的重要桥梁，也是近代中国人奋发有为、救亡图存的精神动力。他站在时代和历史的制高点上对中国如何走向富强的思考和对近代化道路的探索，既深刻又全面，既有科学的理性精神又有现实的人文关怀。他的商战思想和实践精神，他的世界眼光和民间情怀，他的忧患意识和开拓精神，虽然时光流逝，但是价值犹存。他是著名买办和实业家，又是影响深远的思想家和近代化引路人。[②]

① 马敏：《官商之间：社会剧变中的近代绅商》，华中师范大学出版社2003年版，第131—132页。

② 参见《纪念郑观应诞辰一百六十周年学术研讨会论文集》，澳门历史文物关注协会等2003年编印。

第八章　郑观应研究的当代价值

第一节　引言：过去学术研究之不足

在中国近现代历史人物研究中，郑观应的生平业绩和思想主张，也许最容易唤起人们对他生活的那个时代的中国与世界相互关系的认识和思考。这不仅仅因为郑观应是19世纪中国著名的买办商人和洋务实业家，而且还在于他是那个时代具有一定高度的爱国主义和改良主义的思想家。他不断修改增补完善的《盛世危言》，不仅影响了康有为、梁启超、孙中山，[①]而且还深深地打动了毛泽东，激起了他“恢复学业的愿望”。[②]

但是，长期以来人们对这位被誉为“既是变落后为先进，变贫弱为富强的理论家，也是运用西方先进科学技术发展资本主义经济的实践者”

---

① 中山市人民政府编：《郑观应志》，广东人民出版社2009年版，概述、第6页。

② 1936年，在与斯诺交谈时，毛泽东说：“《盛世危言》继续励引我求学的欲望，我开始厌恨我在田里的工作，这自然是我父亲所反对的，我们发生争执，最后我脱离家庭。”毛泽东年轻时生活在十分偏僻的湖南农村，在那里他居然能读到《盛世危言》，说明该书流布甚广。几十年后，毛泽东仍然记得《盛世危言》对他的影响，也表明这本书有着强烈的感染力。参见［美］爱特伽·斯诺著，胡仲持、冯宾符等译：《西行漫记》，生活·读书·新知三联书店2012年版，第109—110页。

的郑观应的认识和了解，事实上既显得十分片面，又表现出格外的肤浅。从研究的空间来看，过去对郑观应的研究主要集中于他在上海等通商口岸城市的活动，较少注意他在澳门、香山和广东各地的活动；从研究的内容看，既往的研究主要集中于郑观应的著述、思想、投资及经营活动，较少研究他的社交网络、家族关系、精神品格；从研究的方法上看，过去常以阶级分析的方法研究郑观应，或戴着有色眼镜看待郑观应，较少采用社会科学的各种方法去观察和分析。

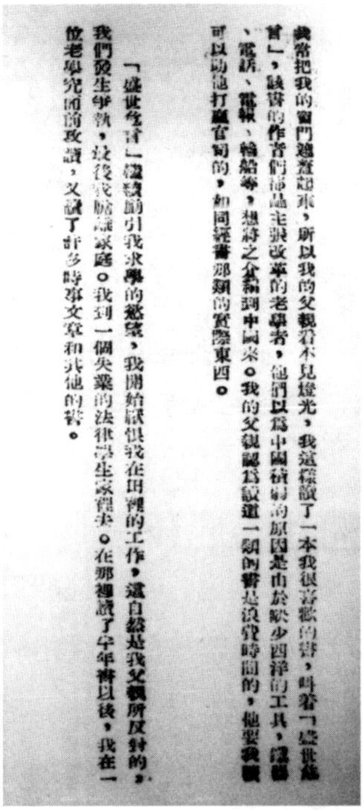
我常把我的窗門遮蓋起來，所以我的父親看不見燈光，我這樣讀了一本我很喜歡的書，叫着「盛世危言」，該書的作者們都是主張改革的老學者，他們以爲中國積弱的原因是由於缺少西洋的工具，鐵路、電話、電報、輪船等，想將之介紹到中國來。我的父親認爲讀這一類的書是浪費時間的，他要我讀可以幫他打贏官司的，如同經書那類的實際東西。

「盛世危言」繼續的引我求學的慾望，我開始厭惡我在田裡的工作，這自然是我父親所反對的，我們發生爭執，最後我離開家庭。我到一個失業的法律學生家裡去。在那裡讀了半年書以後，我在一位老學究前面攻讀，又讀了許多時事文章和其他的書。

1936 年，毛泽东在接受美国记者斯诺采访时表示，郑观应《盛世危言》一书“激起我想要恢复学业的愿望”。图为斯诺《红星照耀中国》书中毛泽东关于早年阅读《盛世危言》的回忆（引自“郑观应生平史迹展”）

直到 20 世纪 80 年代，夏东元先生编辑出版《郑观应集》和《郑观应传》，郑观应的研究才开始引起更多人的重视。一批研究郑观应的思想理论和实践活动以及生平业绩等的学术成果，逐步推动了国内的郑观应研究。尤其是易惠莉的《郑观应评传》、夏东元的《郑观应年谱长编》和中山市人民政府编的《郑观应志》的出版，以及多层次的纪念郑观应诞辰的国际国内学术研讨会的相继召开，[①] 才从根本上改变了郑

① 1992 年澳门中华教育会、澳门中山三乡同乡会、澳门历史学会联合举办的“纪念郑观应诞辰 150 周年学术研讨会”，2002 年澳门历史文物关注协会、澳门历史学会、广东省社会科学院、上海社会科学院、中国社会科学院近代史所联合举办的“纪念郑观应诞辰 160 周年学术研讨会”，2009 年中山市社会科学界联合会主办的“‘郑观应思想与当代中国社会’学术研讨会”，2017 年中共中山市委宣传部和中山市社会科学界联合会共同主办的“纪念郑观应诞辰 175 周年学术研讨会”等，就表明郑观应研究开始受到党委、政府和社会各界的高度重视。

夏东元编的《郑观应集》（上下册）封面

夏东元编著的《郑观应年谱长编》（上下卷）封面

观应研究相对沉寂的局面。

可以说，郑观应研究的深化和拓展，始终与中国社会改革开放的步伐和思想解放的程度相一致。因为“初则学商战于外人，继则与外人商战”的郑观应，其思想主张和实践活动，在当时尚不开放和相对贫弱的中国社会，难以产生广泛的共鸣。只有在解放思想、实事求是、全国上下团结奋进的今天，郑观应的思想理论和实践活动及精神品德，才能获得社会普遍的认同；郑观应研究的价值与意义，才能得到最充分的体现。①

过去的香山，今日的中山，是郑观应诞生和成长的地方。尽管他幼时常住澳门，且曾随长者游过南洋，科考失败后，17 岁“奉父命赴沪学商务”，一直到 1921 年去世，在上海生活和工作长达 60 多年。②1885 年至 1892 年赋闲隐居澳门时，是否回过故乡三乡雍陌村，目前尚无可靠的证据。但不久前在岐澳古道云迳寺附近发现的由他“恭勒”的林则徐的《十无益格言》石刻碑，就不能想象他对故乡公益事业的重视和支持。表面上，郑观应长期在上海、广州、天津、澳门等地工作和生活，与香

① 参见中山市人民政府编：《郑观应志》，广东人民出版社 2009 年版。

② 夏东元编著：《郑观应年谱长编》（下卷），上海交通大学出版社 2009 年版，第 841 页。

三乡镇雍陌村西栅郑公祠（摄于2022年）

山老家没有直接的关系，但他一直与广东人和香山人保持着密切的联系。

作为郑观应的故乡，中山市更应该在进一步研究郑观应的生平事迹、思想观念、实践活动和精神品格等的同时，加大对与郑观应有关的文物的保护力度，并与郑观应曾经工作、生活的城市保持密切的联系，使郑观应的精神品格代代相传。总之，只有充分认识到郑观应的思想文化和精神品格的价值与意义，才能对其进行全面整体深入的历史研究。

第二节　价值：当代社会发展的需要

郑观应研究虽然经历了风风雨雨，人们对郑观应的关注时冷时热，对他的评价也时高时低，但凡是研究中国近代历史特别是经济史和思想史的人，都必然会涉及郑观应的思想和实践。尤其是作为近代中国改良主义思想家和中国早期工业化的开拓者之一的郑观应，他的思想主张和实践活动，以及他的爱国主义精神和高尚的品格，在当代中国依然具有学习的价值与实践的意义。

首先，郑观应研究与其他的专题历史研究相同，都是在深化和拓展中实现学术研究的繁荣和发展。尤其是像郑观应这样一位集思想家、实业家和社会活动家于一身的跨世纪的历史人物，无论是对其本人的生平业绩和思想理论、精神品格的研究，还是对与其相关的人和事的历史考察，都将多角度多层次全方位地拓展历史研究的空间，深化人们对近代中国与世界的认识和了解。

学界对郑观应与轮船招商局、汉阳铁厂、上海机器织布局等近代企业的关系的研究，就深化了人们对中国近代民族工商业者创业、守业等的认识和了解，也改变了过去对洋务运动和买办商人的片面看法。再如人们对郑观应与李鸿章、盛宣怀、经元善、唐廷枢、徐润等人之间相互关系的研究，不仅澄清了历史上的一些是非之争，而且也拓展了近代社会历史研究的空间，强化了人们对郑观应及其生活时代的认知。尤其是邵建对郑观应社会关系网络的研究，从社会学的角度，揭示了郑观应在晚清商界、洋务派企业和思想领域取得很高成就的奥秘，使我们了解到除了郑观应本人的天赋、勤奋和机遇外，他所精心构建的人际关系网络也是不可或缺的因素。这也告诉我们一个人在事业上若要有所作为，除了个人先天的禀赋和勤奋努力外，还要善于赢得人缘，并善于借助人缘。[①]再如人们对郑观应所撰的《盛世危言》的版本学研究，不仅具体反映了郑观应思想发展的轨迹，而且也清晰地展现了郑观应的心路历程。[②]正是人们运用多学科的理论方法，多角度多层次地观察和分析郑观应的思想和活动，作为思想家和实业家的郑观应才逐渐为人所知。近代中国从封

① 参见邵建：《一个上海香山人的人际交往——郑观应社会关系网研究》，上海辞书出版社2014年版。

② 参见夏东元编著：《郑观应年谱长编》（上下卷），上海交通大学出版社2009年版；易惠莉：《郑观应评传》，南京大学出版社1998年版；熊月之：《中国近代民主思想史》，上海人民出版社1986年版。

闭到开放，从传统到现代，从改良到革命的历史变迁，也在多维视野下的郑观应研究中渐次得到体认，许多鲜为人知的历史细节和难以拨开的历史迷雾，也在郑观应研究的过程中日益清晰明亮开来。从这个意义上看，郑观应研究在推动近代中国经济史、社会史、文化史、思想史、中外关系史等方面的深入研究，实在是功不可没。

邵建著的《一个上海香山人的人际交往——郑观应社会关系网研究》封面

其次，郑观应研究以其对郑观应商战思想、经营管理思想、君主立宪的政治思想和文化思想等的深度发掘和理论诠释，不仅使我们对郑观应的政治、经济、文化和社会诸方面的思想，有了更加具体和更加全面的认识，而且也在这种研究与探索中得到启发和激励。

夏东元先生对郑观应的维新思想的阐发，熊月之先生对郑观应民权思想的分析，常卓超、吴瑞卿、史全生、汤照连、钟祥才对郑观应经济思想的研究，易惠莉对郑观应的政治、经济、社会和文化思想的探讨，胡波、姜朝晖、张兆玲、孙宝根等对郑观应民本思想的解读，张华腾、王尔敏、张灏、杜玉环对郑观应商学思想的总结与评述，以及许多论者关于郑观应教育思想、荒政思想、人才思想、新闻思想、史学思想、文化思想、侨务思想、医学思想、宗教思想等的讨论，都在深度和广度上极大地丰富了人们对郑观应思想理论的认识，也弥补了长期以来对郑观应思想理论研究的缺失和片面。[①]

更重要的是，对郑观应思想理论的揭示和阐释，也会触发人们对近代以来百年中国社会变迁的反省和思考。而早在一个多世纪前的郑观应，就曾对其时代面临的政治、经济、文化、社会等诸多问题进行了独立思考和价值判断，其敏锐的目光和独特的视角，以及满腔的爱国主义热情，使他的思想主张富有批判性和启发性。如唐庆增对郑观应的发展中国工业化的思想研究，就颇有意义。作者指出，郑观应认为农工二者，为立国之本，相辅而行，如果制造业发达，商业及军备问题，即可解决；讲求富强，必须从治本下手，不应只重模仿或只求枪炮之利；我国只知选购船炮，不重艺学，不兴商务，尚未知富强之本。在郑观应看来，中国工业不发达的原因主要有六点：一是国家不加提倡，二是民智之闭塞，三是社会无研究之精神，四是僧道阶级之浪费，五是古籍之失散，六是科举之流弊。并提出了发展工业的十二种方法：一、全国上下努力研究；二、振兴工业教育；三、介绍外国工业技术；四、利用报纸鼓吹一切；五、举行博览会；六、国家竭力奖励；七、改良组织，集中人才；八、利用全国之劳工；九、保护我国在外邦之工商阶级；十、政府扶助民营工业；十一、造路与种植树木；十二、开矿以获原料。

中山市人民政府编的《郑观应志》封面

① 参见中山市人民政府编：《郑观应志》，广东人民出版社2009年版；中共中山市委宣传部、中山市社会科学界联合会编：《郑观应研究的当代价值：纪念郑观应诞辰175周年学术研讨会论文集》，广东人民出版社2019年版。

他认为，商贾虽为四民之以殿，实握四民之纲，工有商则售其所作而作益勤。中国商战失败，其病在货物之成本过昂，而最大困难，在不能自造机器，不能得机器之妙用。[①]郑观应关于发展中国工业的意见，无论是当时还是现在，都具有建设性和操作性。郑观应的人才思想也十分丰富，黄振位指出，基于对中国国情深切的了解，对国际形势的客观分析和对历史经验教训的认真总结，郑观应提出“国家之盛衰，在于人才”的观点，把培养人才作为强国兴邦之要道；主张通过“蒙养”、兴学、从师学艺、学习外国和奖惩分明等方法，以“人品”“道德”为本，选用从政、军事、外事、商务、教育、科技以及妇女人才。[②]这些关于造就和培养人才的独到见解，不仅对当时中国社会培养、使用人才有重要参考价值，就是对于当今我们培养、选拔、使用人才仍有借鉴意义。因此，对郑观应思想的研究，不仅可以丰富近代中国的思想宝库，而且也将为今天的中国特色社会主义建设提供有益的参考与借鉴。

其三，郑观应研究者们在探讨郑观应的思想理论的同时，还对其文化品格和精神特质进行了认真梳理，给人以思想的启迪、智慧的开通和精神的操练。

熊月之先生认为，郑观应是一位在事功、发展路径、治学、修身等方面都相当成功的人，是一个对时代变动有着敏锐感悟的人，一个恰当地选择自己的事功发展路径，顺时调适自己行为方式的人，一个既善于读有字之书，也善于读无字之书的人，一个由中华文化孕育出来的大聪

---

① 唐庆增：《郑观应对于发展中国工业之意见》，中山市人民政府编：《郑观应志》，广东人民出版社 2009 年版，第 512—513 页。

② 黄振位：《郑观应的人才观论略》，中山市人民政府编：《郑观应志》，广东人民出版社 2009 年版，第 541 页。

明的人，一个难得的通人。[1] 尤其是美国学者郝延平在他的《十九世纪的中国买办：东西间桥梁》一书中，对郑观应其人其言其行其事均做了极其深入的研究。他认为无论是《易言》，还是《盛世危言》，都充满着人道主义的感情，生动地描绘了当时的社会弊病，但他又指出“硕学买办”郑观应，在近代中国文化思想史上的重要性，主要并不在于他的人道主义感情，而在于他以出身买办的改革家身份对西方做出反应的方式上。郑观应对西方冲击的现实主义反应，在他的论著中清晰地表现出来。他论述了在他自己所处的那个时期，中国的历史正经历着一场真正的重大转变。不过，郑观应关心的不是转变本身，而是转变的方向，因为他不仅把转变看做是合乎自然，而且看做是不可避免的历史进程。[2] 郑观应对西方冲击的现实主义反应，对于今天中国人如何面对百年未有之大变局，同样具有启发性和示范性。

刘斯奋等主编的《香山与近代中国》封面

曹天忠、楚向红对郑观应的治道、仙道和医道的研究，也有益于人

① 熊月之：《论近代通人郑观应》，尹绪忠主编：《郑观应思想与当代中国社会》，广东经济出版社 2010 年版，第 1 页。

② ［美］郝延平著，李荣昌、沈祖炜、杜恂诚译：《十九世纪的中国买办：东西间桥梁》，上海社会科学院出版社 1988 年版，第 252 页。

们对郑观应的思想品德和人文情怀的认识和理解。[①]本人曾从香山文化的角度，分析了香山文化对郑观应个性、思想和事业的影响，认为郑观应在经商之余，对世道人心具有一种传统式的道德关怀。在他早期的《救时揭要》一书中，就有着民本主义和人道主义的思想情怀，他强烈谴责鸦片贸易和苦力贩运这种严重损害中国利益的罪恶事情，主张用中西共通的原则，即用国际公法等来解决这种极不人道的问题。受其父亲家训家风的影响，在晚清义赈活动中，郑观应同样扮演了十分重要的角色。在国家利益和个人利益发生冲突时，他首先考虑的是国家和民族的利益。在《救时揭要》《易言》和《盛世危言》等著作中，处处体现出他对国家主权的强调和对利权与民生问题的关注。考其一生的言与行，民本主

郑观应故居及周边景色（摄于 2022 年）

① 曹天忠、楚向红：《郑观应的医道、仙道和治道》，刘斯奋、林有能、胡波主编：《香山与近代中国》，广东经济出版社 2015 年版，第 222—239 页。

义思想情怀和爱国主义精神，可谓至情至性，表里如一。[①] 他的崇高的爱国主义思想品格和以民为本、关心民生的人道主义精神，同样也是当今社会所不可缺少的且应大力提倡和不断弘扬的精神和品格。

其四，郑观应的家风家训家教，无论是在当时还是现在，都值得研究和学习。

郑观应生长于儒家思想颇浓的家庭，他的父亲“贾而好儒”，重视对子女和家庭成员的训导，强调个人的修养。如所谓“先生幼敏慧，读书自课极勤苦，屈于有司之试，乃出游治生为孝养。然未尝废书不观，尝曰：圣贤教人读书非为梯荣干禄地也，人生识字或不能偏观经史至儒，先有用之书断不可不读，近人著录义关劝惩者勿以浅近忽之。尝刻《训俗良规》《劝戒录》等书，贻赠乡里，或为人讲解，闻者化之。”“先生甫逾冠，馆于乡，塾规甚严，从者甚众，凡入门者皆先授朱子小学，使知为人之道。平生写字点画必端，程子所谓即此是敬也。”“故子弟读书非甚颖异，即命之经商，而戒不得废书。”[②] 这就表明郑文瑞在文化、社会道德等方面有着难得的自觉和自信。有的学者就指出：“郑文瑞对商人在文化、社会道德等方面的自信和自觉，应该是鼓励郑观应日后走上积极著述用世道路的最初推动力

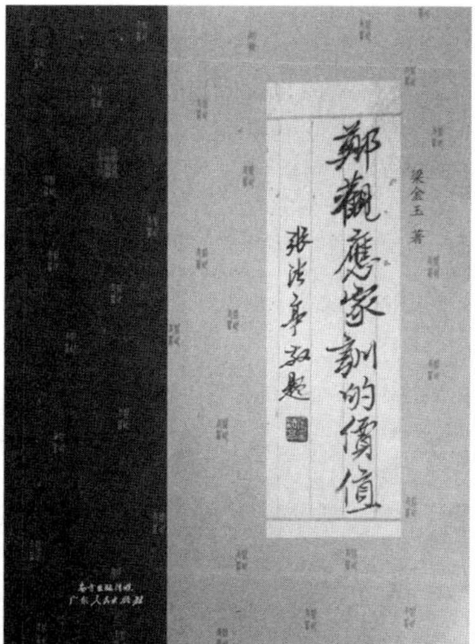

梁金玉著的《郑观应家训的价值》封面

① 胡波：《香山买办与近代中国》，广东人民出版社2007年版，第243—244页。
② 易惠莉：《郑观应评传》，南京大学出版社1998年版，第21—22页。

之一。”[①]

澳门学者梁金玉对郑观应家风家训的系统深入研究，全面分析和总结了郑观应家训的形成、内涵、特点、作用，为我们了解、学习和传播郑观应的家训提供了很好的范本。[②]夏东元编的《郑观应集》下册中，收录有郑观应与其家人通信或专门为家人写的“训”达20多份，其中，以“训”字开头的就有9份。[③]在《训儿女书》中，他说：“处适者生存之时代而不为天演所淘汰者，首贵自立。然能自立矣，离群索居则不免有孤陋寡闻之诮，是又在得贤人以相助为理也，故择交不可不慎。”[④]在《训子侄》中，他说：“仰人恤者不如自恤，求人救者不如自救。自恤自救之道何如？勤与俭而已。勤于读，名必成；勤于耕，利必倍。俭于衣，则不寒；俭于食，则不馁。居家处世宜悉力于勤俭。”[⑤]关于郑观应的家风家训，近年来已有不少的研究成果。除了梁金玉的研究之外，中山大学的曹天忠、暨南大学的刘正刚、中山市郑观应文化学会的吴冉彬等，都从不同的角度，对郑观应的家训进行了深刻的解读。曹天忠从家庭教育的角度，全面梳理

中共中山市委宣传部、中山市社会科学界联合会编的《郑观应研究的当代价值：纪念郑观应诞辰175周年学术研讨会论文集》封面

① 易惠莉：《郑观应评传》，南京大学出版社1998年版，第23页。
② 参见梁金玉：《郑观应家训研究》，广东人民出版社2014年版。
③ 参见夏东元编：《郑观应集》（下册），上海人民出版社1988年版。
④ 夏东元编：《郑观应集》（下册），上海人民出版社1988年版，第1199页。
⑤ 夏东元编：《郑观应集》（下册），上海人民出版社1988年版，第213页。

了家庭教育思想，指出持家处世、读书教育是郑观应家族教育的两大主题，其《训子》诗中所强调的惜时、立志、读书、节俭、谨慎、修行、乐道、防人、精艺、忍耐、气节、磨炼、谦和等，就几乎囊括了家教的方方面面。[①]郑观应作为晚清著名的实业家、思想家，一生为中国的近代化贡献良多。在晚年与家人之间的家书中，通过规劝和训导，甚至以自己的经历和体会，循循善诱地教导家人尤其晚辈，在动荡的社会中如何安身立命，如何为国家尽忠竭力，如何成人成才，充分展现了他律己为人、胸怀天下的人文情怀。对郑观应的这种立足于家国情的家风家训的研究和总结，显然具有当代价值。

其五，郑观应研究有利于推动思想解放、实事求是的历史研究，有利于客观公正地评价人物和历史事件。

郑观应研究，不仅使人们开始重新审视长期备受冷遇甚至屡遭贬抑的买办群体的历史作用和地位，而且也在持续不断的相关历史研究中，逐渐纠正人们对买办、香山买办和近代香山社会的不太全面和不太客观的认识。可以说，郑观应研究是当代中国史学研究实现“百花齐放、百家争鸣”的一个很有意思的突破口。学术研究，贵在思想解放和理论创新。郑观应研究就是在思想解放和理论创新中全面反映历史的真实面貌和书写真实历史的一种客观的表现。诚如杰罗姆·B.格里德在《胡适与中国的文艺复兴》中所要求的那样，“论述思想观念的传记作者不仅要把传记主人公说了什么讲述出来，而且也要把为什么要如此讲述出来；不仅要把他的言论与思想联系起来，也要在某种程度上将其思想与行动联系起来；不仅要详尽地审查和评论传记中清晰可见的事实，而且，把这些

---

① 曹天忠：《郑观应的家庭教育思想》，中共中山市委宣传部、中山市社会科学界联合会编：《郑观应研究的当代价值：纪念郑观应诞辰175周年学术研讨会论文集》，广东人民出版社2019年版，第124—155页。

事实联系起来成为一个有机整体的那些不可见的、通常甚至感觉不到的内心动机线索，也应该受审查和评价。要进行这样一次再现工作，作者甚至要透析到传记主人公的心灵深处，而这种神交，如果没有作者从情感上深入传记主人公的生活之中，也是办不到的”。[①]无论是研究郑观应的思想和活动，还是撰写郑观应的传记，都要有这样的意识和态度。

虽然郑观应研究本身也经历了不少曲折，进展甚至比较缓慢，一直没有像孙中山、康有为、梁启超研究那样受到社会各界的重视，更没有出现曾国藩研究那样的热潮，但郑观应研究一开始就比较注重基础性的史实史料的考证和辨析，一直坚持文本解读与现实观照相结合，力求以一种求真务实的科学态度，客观真实地去研究和评价。郑观应研究，从整体上与孙中山研究比较而言，虽然发展缓慢，但是起点较高；成果虽然不是太多，但是精品也不少。在当下的学术研究领域里，实在难能可贵。可以说，加强郑观应研究，既有利于深化人们对中国近代史的了解，又有利于改变人们对近代中国买办的认识，更有利于繁荣和发展学术研究。

第三节　结语：继往开来的学术探索

郑观应不仅是中山先贤和“澳门之子”，也是中国近代著名的思想家、实业家、爱国者。对他的研究虽然已经有了较多的学术成果，但无论是在研究的广度上还是在探索的深度上，都有进一步拓展的空间和深化的领域。尤其是郑观应的世界观和中国观、政治思想和法治思维、经济思想和实践探索、文化思想与社会治理、教育思想与人才观、生命哲学与自我修养等，都有值得研究和讨论的问题。夏东元曾谈到他为研究

① ［美］格里德著，鲁奇译：《胡适与中国的文艺复兴——中国革命中的自由主义（1917—1950）》，江苏人民出版社 1989 年版，序言。

胡波主编四卷本《郑观应研究口述史》为郑观应研究提供了比较好的学术指引和史料参考

洋务运动而研究郑观应时说："历史研究工作者在研究社会事件的同时，必须研究其代表人物。""我在从事洋务运动教学研究不久，即选择代表三个不同层次的李鸿章、盛宣怀、郑观应作为重点研究对象。李鸿章始终以大官僚的身份办洋务，盛宣怀则是通过办洋务爬上大官僚的高位，此二人虽在改革开放、发展实业等方面起了颇大作用，但由于他们的身份，各有其致命的局限性；郑观应是单纯的实业家，与中外民间人士交往甚广，观察和认识社会问题最为广泛深入，所提改革社会的方案也最为全面并触及要害。""乃于粉碎'四人帮'后全力以赴地写成出版《郑观应传》和发表一批论文。"① 的确，郑观应的思想和实践均具有理论价值和实践意义，著名学者夏东元就曾感慨地说："郑观应的思想及著作是非常有魅力和生命力的，至今读之还颇有新鲜感。"②

可以说，郑观应研究具有较高的思想价值、文化价值，尤其是对正

① 夏东元：《近代史发展新论》，澳门历史学会、澳门历史文物关注协会 2003 年版，第 483—484 页。

② 夏东元：《近代史发展新论》，澳门历史学会、澳门历史文物关注协会 2003 年版，第 490 页。

处于创新发展和高质量发展中的当代中国，更具有示范价值和教育意义。诚如易惠莉在《郑观应评传》的导言中所说的那样："与同时代的任何一个思想家相比，郑观应的人生经历都不乏许多丰富多彩的内容，他作为成功的买办商人和政府洋务企业中的商人及官方代表，在中国近代早期商业史、企业史中的地位，与他作为《救时揭要》《易言》《盛世危言》的作者，在中国近代思想史中的地位同等重要。如果从早期买办商人是中国传统社会向近代社会转型初期最活跃的人物——'东西间的桥梁'，商业作为传统社会向近代社会转型初期最活跃的生产力部门来看，研究郑观应作为成功的买办商人到政府洋务企业中的商人及官方代表的生平，与研究郑观应作为撰著了《救时揭要》《易言》《盛世危言》的思想家的生平，相信能获得同等重要的有关中国近代历史的知识。"[①] 的确，郑观应研究或研究郑观应，也会深化人们对中国近代史的认识和理解。

不仅如此，研究郑观应还会为我们今天如何面对中外文化和古今文化之间的矛盾和冲突，提供一些难得的成功者的经验和先行者的智慧。如何重建当代中国企业家精神，弘扬以爱国主义为特征的民族精神；如何在时代变革和社会转型时期始终保持高度的政治敏锐性和坚定的文化自信心；如何在改革开放中取人之长、补己之短，在不断开拓创新中实现中华民族伟大复兴，也许在研究郑观应的生平事功和精神品格的过程中，会找到我们需要的智慧和力量。

---

① 易惠莉：《郑观应评传》，南京大学出版社 1998 年版，导言、第 1 页。

第九章　香山买办与世博会

第一节　引言：被忽视的人和事

世博会起源于18世纪中后期的英、法两国国内的商品及艺术品陈列活动，其目的在于刺激本国工商业的繁荣和发展。它包括各种类型的展览会、陈列会、功业会、劝工会等。在近代中国，一般称它为“赛会”“赛珍会”“炫奇会”或“赛奇会”。“博览会”一词由日本传入中国，首次将Exhibition翻译为“博览会”的是日本明治维新的思想家福泽谕吉，其意指欧美国家借此种崭新器物的陈列，以达到相教相学，取他人之长补己之短的目的，犹如“智力工夫之交易”。中国古代虽然坚持重农抑商政策，但对农村乡镇的集市贸易和货物交流并没有做严格的限制。直隶实业厅公署编辑出版的《巴拿马赛会直隶观会丛编》序言里，就有这样的表述：“博览会三字，东译也，我国则译曰赛会。赛会之事，我国自古有之，但其事为定期之市，于今世之所谓博览会者有大小繁简之不同。”①

① 转引乔兆红：《“一切始于世博会”：博览效应与社会发展》，上海三联书店2008年版，第1页。

但是，真正具有世界性的万国博览会，始于1851年的英国。这一年，处于上升时期的英国，在伦敦首次举办世界博览会，邀请十多个国家参展，其间进行展品评比和工艺活动，内容丰富多彩，对欧美国家产生了深远的影响。这次博览会的内容和形式、性质和特点及整体运作模式，也被欧美一些国家所认同，从此形成了以后各国举办世界博览会的基本格局。从1851年至2005年，世界博览会先后在10个国家举办了24届，其对经济发展、科技进步、文化创造、生活改善、观念转变、城市转型等的促进作用，历史已做了很好的回答。[①] 在博览会上，“标志着人类社会进步和发展的新技术、新发明、新创造和新产品等均借助世博会的平台向公众展示”“它使得各阶级的人都增大了知识面，扩大了兴趣范围，并拓展了新的利害关系。”[②] 同时，也使世界各国的产品借此机会得到更广泛的交流和传播，弥补了各自物质上的不足和文化上的缺失。英国古典经济学家威廉·斯坦利·杰文斯很自豪地说：“北美和俄国是我们的玉米田，加拿大和波罗的海沿岸是我们的木材森林，大洋洲是我们的牧场，秘鲁提供白银，南非提供黄金，印度和中国人为不列颠种茶，而地中海是我们的果园。”[③] “一切开始于世博会”，就是对世博会所起的功能作用的一种充分肯定和社会认识。

但是，近代中国大多数人对世博会的功能作用一开始并没有太多的了解，各国争先恐后地参与或举办世博会，在中国却没有引起官方足够

---

① 参见乔兆红：《“一切始于世博会”：博览效应与社会发展》，上海三联书店2008年版；乔兆红：《百年演绎：中国博览会事业的嬗变》，上海人民出版社2009年版；上海图书馆编：《中国与世博：历史记录（1851—1940）》，上海科学技术文献出版社2002年版。

② 转引乔兆红：《“一切始于世博会”：博览效应与社会发展》，上海三联书店2008年版，第28页。

③ 朱步冲：《海权、工业、殖民与大国时代》，载《三联生活周刊》总第413期，2006年12月18日。

的注意。直到清末民初，它的功能作用才逐渐受到官方的重视。虽然在近代中国出国游学的学生和出外考察官员的日记里对世博会偶尔有些生动的文字记述或切中肯綮的评论，[①] 但学术界对世博会的历史和文化、功能和作用等一直缺乏细致和全面的研究。近十几年来，随着人们对商人商业的重视，世博会的研究才逐渐引起部分人的兴趣，一些具有开拓性和创造性的研究成果，也相继发表或陆续出版。[②] 而且，随着上海世博会申办成功获准后的深化与拓展，中国与世博会的历史脉络和人物事件，也在不断地挖掘和研究中日益清晰起来。尤其是在追寻中国人与世博会的渊源关系时，一个鲜为人知的人物和相关的故事迅速浮出水面。香山买办徐荣村和郑观应，以及早期留美幼童中的香山人，很自然地成为中国人与世博会这一宏观与微观相结合的历史叙述中的最精彩的一章。

遗憾的是，到目前为止，学术界对香山人特别是“香山买办与世博会”这一问题似乎重视不够。尽管一些介绍中国人与世博会的论著都不同程度地谈到香山人在首届世博会的出色表现，甚至论及郑观应关于世博会的思想言论和政治主张，但他们大都没有注意到徐荣村和郑观应的买办身份与同乡情谊，没有从更深层次上说明为什么是香山买办而不是其他的人率先看到世博会的作用和意义，并积极参与世博会的产品展示，也没有人从学理上回答为什么是香山人而不是其他地区的人最早提出中

① 参见李圭：《环游地球新录》，湖南人民出版社 1980 年版；郭嵩焘：《伦敦与巴黎日记》，岳麓书社 1984 年版；薛福成：《出使英法意比四国日记》，岳麓书社 1985 年版；王韬：《漫游随录·扶桑游记》，湖南人民出版社 1982 年版。

② 参见乔兆红：《“一切始于世博会”：博览效应与社会发展》，上海三联书店 2008 年版；乔兆红：《百年演绎：中国博览会事业的嬗变》，上海人民出版社 2009 年版；王方华主编：《世博会与上海经济》，上海交通大学出版社 2003 年版；谢辉：《陈琪与近代中国博览会事业》，浙江大学 2005 年博士学位论文；林芳：《中国近代博览会之第一人——陈琪传》，中国社会科学出版社 2009 年版；潘杰：《中国展览史》，电子科技大学出版社 1993 年版。

国应在上海举办世博会这样具有战略意义的问题。香山买办作为在条约口岸的通商城市里迅速崛起的一个特殊群体，一开始就具有世界眼光和竞争意识，自觉地将自己的事业融入世界经济体系之中，并有意识地试图推动中国从封闭走向开放，从被动挨打走向独立自主，从贫穷落后走向繁荣富强，其历史作用和社会影响虽然长期受到冷遇，但当人们回望近百余年的中国近代史时，总是难以回避与香山买办这个特殊群体有关的那些历史创造和文化创新的出色表现。他们与世博会结下的情缘，为中国人与世博会的历史研究增添了极有意义的话题和极生动的篇章。

第二节　佳话：徐荣村的世博缘

王韬（1828—1897），初名利宾，后改名韬，字紫诠，号仲弢，又号天南逐叟、弢园老民（引自“郑观应生平史迹展”）

中国人参与世博会的历史，一开始就有许多猜测。很多人都以为，第一个有幸和“炫奇会”（世博会）发生关系的中国人是清末著名的文人王韬。因为他在法国以游客的身份参观了1867年的巴黎世博会，并写下了自己目睹的一切，认为世博会“物玩精奇，宸游怡畅，称盛集焉”[①]。也有人认为中国人参与世博会是在1873年，因为那一年，时任清政府海关总税务司的英国人赫德派了一个名叫包腊的英国人代表中国参会。还有人认为是1876年，因为这一年中国海关代表李圭参加了在美国举办的费城世博会，并写下了《环游地球新录》一书。这几种说法都与世博会有

① 王韬：《漫游随录》卷二之《博物大观》篇，清光绪十三年（1887年）稿本（上海图书馆藏）。

关，但都证据不足，难以令人信服。严格说来，王韬是以游客而不是以世博会的参展单位代表的身份进入世博会，而且他始终是站在观察者的角度而不是参展者的立场审视世博会的。他的记述几乎不带感情色彩，只是一种实情实景的描述，缺乏思想的深度和认识的广度。1873 年维也纳世博会，赫德委派的包腊不是中国人，也不是中国政府委派的代表，只是受赫德的指令参加世博会的，中国政府并没有积极的态度，也没有很主动的表现，因此，还不能说这是中国人参加世博会之始。1876 年，李圭作为中国代表参加了费城世博会，又有专门介绍世博会的书籍问世，因此，大多数学者将参加世博会的中国人锁定为李圭，认为这才是中国参加世博会之始。诚然，李圭作为官方选派的代表参加费城世博会，代表中国同西方国家进行工商交流，开创了有中国人亲自参加世博会的先例，[①] 但是，仔细翻阅历届世博会的历史记录，就会惊奇地发现，在李圭之前还有更早的中国人在首届世博会上留下了一段佳话。

目前披露的历史资料表明，中国人与世博会结缘，应是在更早的 1851 年。在这一年的首届伦敦世博会上，香山买办商人徐荣村的“荣记湖丝”的闪亮登场和精彩表现，一下子拉近了中国与世博会的距离，也增添了人们对世博会的兴趣。1850 年，处于工业革命全盛时期的英国维多利亚女王，为了展示英国工业技术的划时代成就，决定于 1851 年举办首次世界博

徐荣村（2023 年摄于香山商业文化博物馆）

① 参见俞力主编：《历史的回眸——中国参加世博会的故事（1851—2008）》，东方出版中心 2009 年版。

览会——万国工业品大博览会。他们通过外交途径准备邀请世界多个国家参展，其间还进行展品评比和工艺活动。英国在华官员和商人得知这一消息后，也试图动员中国参展。1850 年 12 月 14 日，英国侨民在上海编辑出版的英文报纸——《北华捷报》，曾有广州成立的委员会突然停止工作的报道。主要原因是英国的筹备会认为，应该由中国政府和商人出面组织参加，不应该由外国机构和代理来代表中国人参加世界博览会。1850 年 12 月 21 日，《北华捷报》又刊登消息说，报纸呼吁上海商界为博览会选送展品已经很久了，但只有英、法、美三国领事和少数商人响应，大多数中国商人对此反应冷漠。在为数不多的商人当中，香山买办徐荣村积极主动的表现，开中国人走进世博会的先河。

徐荣村（1822—1873），香山北岭村人。《徐氏宗谱》中的《徐君德琼行状》和《荣村公得奖感言》，为我们了解徐荣村其人其事提供了珍贵的线索和宝贵的资料。《徐君德琼行状》是这样介绍徐荣村的：

> 君讳瑞衡，字德琼，号荣村，广东香山县人。曾祖煌，恩赏八品衔。祖会兴，父士雄，皆以君犹子润二品衔候选道加二级，赠荣禄大夫如其官。君少而好学，读书通大意，顾迫于家事，兄钰亭君命君早治生。君遂出就贾，历游东南诸海口。适中外通商，沪上商务为中外冠，闽粤次之。君往来居积，壹意经营，不数年间累业巨万，一时与君同为贾者莫能及君万一，窃窃然谓君有何神术乃速富如此！
>
> 咸丰纪元，英国开百年大会于其伦敦之京城，百国咸集。锦绮珠玉，如山如海，奇技淫巧之物，为人耳目所未经者不可以数计，而君独寄七里湖丝十二包往陈于会。既而较论久之，竟推君丝为会中第一，中外人无异词。英国主亲临观之，喜甚，奖君金银牌各一，手谕画幅一帧，俾君执以为券。幅中作洋人有两翼欲飞状，盖以寓君货当飞行天下之意。至是，君名益大噪。自后君所置丝必标翼飞

洋人于其上，所至辄售去，即他物人亦知君无欺罔不争售者。君业愈以饶，然后知君之为贾非果有他术以致富也。其取财必精，其致工必密，而一切苟且惰窳之见不参焉。故君之货则上品，售之则上价耳。致富之速岂偶然哉！

徐荣村在第一届世博会上获得的荣誉证书（引自《被误读的群体：香山买办与近代中国》）

君既富，甫逾壮岁，苟称是以往再数十年，君之富且不可量。而君乃废然返，曰：“吾先人窀穸之未安，吾其何以为人子孙矣。天下无尽之财，留以为吾后人无穷之业可也。”于是归至家，延名师，相善地，自高、曾以下数世墓域，皆君手定，前后费十余万金。又以余力创家庙，置祭田，追远报本之诚，唯恐不至。其事亲也，愉愉膝下，不为声色，唯以仰体亲意为善。母容太夫人，年将百龄，君左右扶掖之，使太夫人自忘其老妇。偶有不怿，则率诸孙男女，演杂剧，比武力于前，必得太夫人一笑而后止。君富后所私积，诸昆弟群从或有用之，辄无所吝。尤不自多，其能于外人则轻财仗义，苟有以患苦贫乏相闻者，必满其意以去，虽多金不少吝。说者谓天知君之能用其财，故亟亟然以财畀君也。君诚不负斯言矣！

君援例以郎中注吏部铨赏戴花翎。生于道光二年壬午，卒于同治十二年癸酉，年五十二岁。娶张氏，封宜人。妾四，黄氏、陈氏、梁氏、某氏。子八人，女六人，孙六人。将以某年某月某日葬于石塘西瓜埔之原四会。[①]

在另一篇《荣村公得奖感言》的文章里，族人对其在沪经商的过程和参加世博会的情形做了进一步的说明：

我荣村公之商于沪也，与钰亭公俱。钰亭公既以丝茶兴其业，公默揣商务亦无他物更驾于丝茶之上者。唯丝茶销路之畅岁以数千万计，群商麇集，唯利是图，所售之货，良窳杂糅，不无欺绐。洋商竞买之时不暇区别，他日积货渐充，或有霉腐，一经检点，必且以华商为不直不信而诟病之。于是详加咨访，审择再三，一丝一茶，必居上品。顾茶之形色易辨而丝之层累实繁，稍涉包荒，纰缪百出。公乃潜心体会，剖析毫芒，精益求精，慎复加慎。积日既久，丝之纯驳，一望而知，虽苕霅养蚕之家，苏宁世业之匠，匪特不能蒙公，且有闻所未闻，叹为不可及者。适英国伦敦京城设为大会，五大洲之地挟其宝而往者相望于道。公独寄湖丝十二包，载诸四万里而西达于斯会。会中之丝高与山奇，多如蚁聚，视公之丝蔑如也。既而互相比较，反复谛观，万口同声，咸以公丝为第一。英国君主闻之，喜甚！奖公金银牌各一，又赠画一帧。画作洋人两腋有翼欲飞状，盖祝公货飞行中外也。公遂作翼飞洋人小幅，置各货中以售。自是公货所至，是丝非丝无不争先速购者。今画帧尚藏于家，因摹绘之，并公旧日货牌诸式揭诸谱中，以见公之服贾十年，致富巨万，厚福

① 王远明、胡波、林有能主编：《被误读的群体：香山买办与近代中国》，广东人民出版社2010年版，第118—119页。

之来，非偶然也！[①]

这两篇文章对徐荣村的生平事迹做了简要的介绍，但并未透露他参加世博会产品展览的真实动机，也没有对他参展的相关背景和参展前后的过程做进一步的交代，徐荣村本人也未曾就参展世博会的全过程做一完整的记述和详细的说明。但是，我们从这些文字材料的表述中仍然不难想象当年徐荣村在万商云集的上海艰苦创业和奋发图强的情状，也不难从其身世和阅历中看出他在商海泛舟时的精明与干练、开拓与创新。

也许，徐荣村所寄的十二包"荣记湖丝"，在首届世博会上获金银大奖早已是他意料之中的事情，因为他一向对产品质量和品牌形象格外重视。香山买办特有的世界眼光和竞争意识以及契约精神，在徐荣村这里同样有着突出的表现。他在五口通商后久居上海，深知信誉乃经商之本，对自己经营的丝茶等物，"详加咨访，审择再三，一丝一茶，必居上品……积日既久，丝之纯驳，一望而知，虽苕霅养蚕之家，苏宁世业之匠，匪特不蒙公，且有闻所未闻，叹为不可及者。"[②]正像《北岭徐氏宗谱》上所记载的那样，徐荣村在良莠杂糅的上海商场上，始终坚持"取其材必精，其致工必密，而一切苟且惰窳之见不参焉，货则上品，售之则上价"的经商理念，遵守中外商贸的公共规则，诚信经商，友好往来，互惠互利，共谋发展，因此为自己赢得了良好的声誉。

像绝大多数香山买办那样，徐荣村也在长期与外商打交道的过程中，深刻地意识到中外贸易之间有着巨大的获利空间，与洋人打交道做生意

① 王远明、胡波、林有能主编：《被误读的群体：香山买办与近代中国》，广东人民出版社2010年版，第119—120页。

② 《1851年英国伦敦世博会上评委会关于中国参展品的评语（节录）》，转引上海图书馆编：《中国与世博：历史记录（1851—1940）》，上海科学技术文献出版社2002年版，第110页。

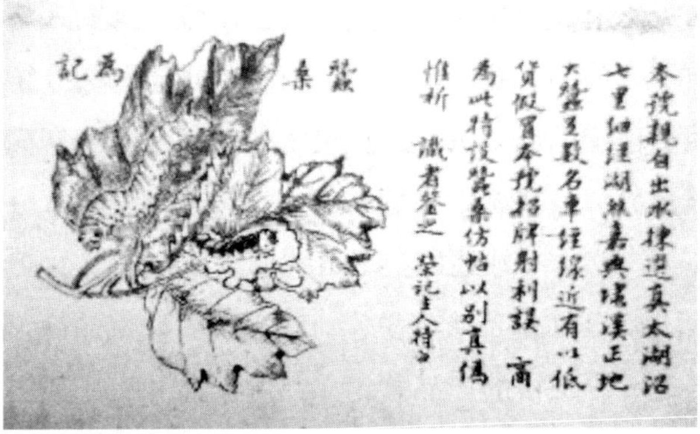

“荣记湖丝”的标志
（引自《被误读的群体：香山买办与近代中国》）

可能为自己带来丰厚收入。与传统的中国商人不同的是，他还知道洋商需要什么，什么样的中国产品最受洋人欢迎。19 世纪的香山买办始终坚守着茶叶和生丝这两个传统产品的购销领域，相信“无他物更驾于丝茶之上者”。他们经商的侧重点是丝和茶，采购的地区主要是福建、浙江、江苏和长江流域一带。尤其是南浔“辑（七）里湖丝”，不仅品质上乘，而且运输方便，为外商所喜爱。[①] 长期经营茶叶和生丝贸易的香山买办，对蚕丝质量优劣有准确的判断力，很少有走眼失手的时候。尤其是徐荣村，不仅勤劳刻苦，办事练达，而且长于学习，善于总结，在商战中练就了一双判断蚕丝质量的“火眼金睛”。徐荣村深知蚕丝质量优劣高低，关键在于它的源头。经过长期的比较和观察，最终确认南浔湖州的丝，质量最高，品质最优。因此，他选择了湖州丝，并将其命名为“荣记湖丝”。就这样，徐荣村经营的“荣记湖丝”，以其材质上乘、信誉可靠而备受洋商欢迎。他本人也在长期的中外商贸过程中与洋商和当地的蚕农等建立了良好的合作关系，他的“荣记湖丝”的质量和销售，因此也就持续地得到有效的保证。

---

① 参见［美］李明珠著，徐秀丽译：《近代中国蚕丝业及外销（1842—1937）》，上海社会科学院出版社 1996 年版。

难能可贵的是，身为买办商人的徐荣村，并不像大多数中国商人那样只看重自己手中的钱财和眼前的生意，缺乏公平竞争的理念和向外拓展、做大做强的气魄，而是善于把握商机，追求更大的品牌效应和利润生成，立足中国而又放眼世界，坚持诚信经营，遵守市场规则，注重自己的声誉和社会形象，甚至能够恰到好处地实现自我超越。1850年，英国宣布于1851年在伦敦举办万国工业品大博览会，敏感而又聪慧的徐荣村获悉后，立即意识到这是一个难得的产品营销、品牌塑造和市场拓展的机会。经过仔细打听和认真研究后，他相信长期经营的湖州丝在万国工业品大博览会上一定会受到西方观众和商民的关注和重视。于是，徐荣村决定选择自己经营的"荣记湖丝"参展。在详细了解万国工业品大博览会参展的一些规则和要求后，徐荣村很快命人精选了12包"荣记湖丝"，紧急船运到英国伦敦。没有想到的是"荣记湖丝"和其他中国工农业产品、工艺品一起在首届世博会上亮相后，并没有立即引起太大的反响。尤其是包装不够精致的"荣记湖丝"最初惨遭冷遇。但是，正如人们所说的"金子总会有闪光发亮的时候"那样，"荣记湖丝"参展数月后，其优点逐渐显露出来，评委经过反复比较后，一致认为"在中国展区，上海荣记的丝绸样品充分显示了来自桑蚕原产国的丝绸的优质品质，因此，评委会授予其奖章"①。就这样，"荣记湖丝"一举夺得金、银大奖，英国维多利亚女王亲自颁发奖牌和奖状。"荣记湖丝"等中国工艺品的获奖，为国运式微的近代中国和落后的工商业带来了一线希望。

与众多商人不同的是，买办商人徐荣村获此殊荣后，并没有大肆宣扬自己的功德和荣耀，而是以香山买办商人所特有的机敏灵活和务实创新的品格，积极主动地抓住"荣记湖丝"在英国万国工业品大博览会上获奖的机遇，进一步拓展自己的商业经营领域，提高产品的综合竞争力。

---

① 参见胡波：《香山买办与近代中国》，广东人民出版社2007年版。

首先，他请来画匠将奖状上的“翼飞美人”图案描摹下来，作为荣记产品的商标，推出系列产品，迅速占领市场；其次，他又进一步优化产品质量，提高服务水平，以诚信经营和服务创新来扩大“荣记湖丝”产品品牌的竞争力。这在当时中国的工商业界的确是一种崭新的尝试，也为以后中国工商业的近代化起了示范带头作用。英国举办的首届万国工业品大博览会不仅使徐荣村声名远播，也使中国商人和企业家开始重视产品的品牌打造和品牌效应的充分利用。借世博会来提高自己经营的产品的知名度和美誉度，从而产生名牌效应，实现利润最大化，虽然不是旧式中国商人所能想象和充分考虑得到的，但他们从徐荣村的经历里隐约看到了参与“世博会”后可能带来的商机和希望。毫无疑问，在人们对首届世博会的功能作用和社会影响还缺乏足够认识的情况下，徐荣村这种积极参与的态度和创造性地抓住商机的做法，显然为后来中国参与世博会和中国人认识世博会提供了有益的启发和有用的借鉴。

徐荣村以“荣记湖丝”走向首届世博会，成就了自己的事业，也使包括香山人在内的中国人与世博会从此结下了不解之缘。这既与徐荣村个人的禀赋和强烈的竞争意识有关，同时又与他所代表的迅速在通商口岸崛起的香山买办群的特殊背景有着密切的联系。香山徐氏家族的买办生涯肇始于徐钰亭，他早年在邻近的澳门经商，曾与英商宝顺洋行的合股人T. C. 必理交往甚密，通商后他随必理来到上海，成为宝顺洋行的上海买办。19世纪50年代，他的弟弟徐荣村也在他的安排下成为宝顺洋行的上海买办。他们又引荐侄子徐润和徐芸轩入宝顺洋行工作。徐润在洋行站稳脚跟后，又以同样的方式陆续引荐族人入洋行充当买办，如堂兄弟徐渭南在他的引荐下成为宝顺洋行的九江买办，另一堂兄弟徐关大也在他的引荐下任怡和洋行的上海买办，表弟杨梅南更是在他的帮助下出任太古洋行的烟台买办。徐润的三子徐叔平因父亲的关系，当上了德商洋行的买办。1859年，徐润还将同乡世交郑观应介绍到宝顺洋行工作。香山唐廷枢为代表的唐氏家族，莫仕扬为代表的莫氏家族，郑观应为代表的郑氏家族，也是以同样的方式彼此引荐和作保进入洋行做买办的，并逐渐成为近代中国颇有影响的买办家族。[①] 他们不仅在 19 世纪中西文化交汇中起着桥梁和纽带的作用，而且也成为中国近代商业革命和早期工业化的重要推动者。[②]

徐荣村就是在家族兄弟的影响下进入上海这个新辟的通商口岸城市的。香山人的团结互助和务实进取的精神，在他身上也同样有着出色的表现。他机警灵活，勤俭好学，善于在实践中总结经验，为人诚实守信，与中外商人关系融洽。同时，对外部环境的诡异多变和国际政治的风云变幻总是保持着高度的警觉性，能主动地将自己的事业融入世界经济体系之中，并在国际经济竞争中有着难得的自信、自立和自强的独立自主精神。正因为香山买办强烈的入世精神和浓厚的爱国爱乡之情，才使他们在面对外来势力的挑战时，始终保持高度的警惕性和抗争精神。这也是为什么在大多数人对世博会产生隔膜的时候，徐荣村却主动选送自己经营的“荣记湖丝”参加首届世博会的重要动因。参加首届世博会也许是机缘巧合的结果，但诚如学者所言：“在当时众多的洋行买办中，独有徐荣村一人能敏锐地把握机遇，让自己的商业经营融入世界，这充分显示了徐荣村作为一名崛起于新兴城市中的商人的先进理念和超前意识。”[③] 参加世博会的产品展览活动，香山买办徐荣村无疑是第一个吃螃蟹的中国人。

---

① 参见［美］郝延平著，李荣昌等译：《十九世纪的中国买办：东西间桥梁》，上海社会科学院出版社 1988 年版；［美］郝延平著，陈潮、陈任译：《中国近代商业革命》，上海人民出版社 1991 年版。

② 上海图书馆编：《中国与世博：历史记录（1851—1940）》，上海科学技术文献出版社 2002 年版，第 54 页。

③ 赵树贵、曾丽雅编：《陈炽集》，中华书局 1997 年版，第 94 页。

第三节　理想：郑观应的世博情

如果说香山买办徐荣村与首届世博会结缘还只是停留在“参与”的层次上，那么，同样是洋行买办的香山人郑观应对世博会的态度则完全进入了自主自觉的状态。他从“商战”的角度，更加强烈地要求中国在世博会中争取主动权，甚至明确提出在中国上海举办世博会的主张，详细阐述了世博会对振兴工商业，提升中国在世界经济、政治和文化中的地位所具有的作用，其认识的广度和思想的高度，使他超越了同时代的买办商人和思想家。

郑观应从事买办生涯的经历与徐荣村有相似之处，但他身上比徐荣村多了一些儒者之气和学者风范。青少年时期的郑观应虽然受过较系统的儒学教育，参加过科举考试，但这些并不妨碍他对西学的接触和理解，更不影响他任洋行买办和独立经商，儒家正心、诚意、格物、致知、修身、齐家、治国、平天下的入世精神，以及香山人特有的务实进取、开放融通的文化品格，使郑观应在商海中搏击时，一开始就表现出与众不同的精神气质和民间情怀。

近代中国人对世界博览会的重要性和必要性的认识，并不像今天人们所想象的那样清晰明澈。在郑观应生活的年代，虽然也有一些忧时之士发表了自己对世博会的看法，提议中国应仿照西方设立博物院和赛奇会，但他们与郑观应相比，仍然缺乏深度和广度，目的也没有郑观应那样明确。与郑观应同时代的陈炽曾指出：“西人之心计工矣，其维持商务也至矣。其始，莫亟于开博览之会，所以开其先也。”[①] 甚至认为，举办博览会是维持商务的第一要务，所谓“博览云者，互征参观，以耳目

---

① 参见［美］郝延平著，李荣昌等译：《十九世纪的中国买办：东西间桥梁》，上海社会科学院出版社 1988 年版；［美］郝延平著，陈潮、陈任译：《中国近代商业革命》，上海人民出版社 1991 年版。

代心思之用，是使民逸获之由也。”[①] 在他看来，通过举办博览会，可以达到激发生产者的创造力，刺激工商业发展的目的。“泰西博览会，五载十载，辄一举行，商务振兴，不遗余力。日本亦仿立农桑，工艺诸会，讲明而切究之，国势日强，民生日富。”[②] 指出中国应该：

> 洋考各国立会之制，先于沪、汉等埠，筹款试行农桑、矿务等会，以劝民间。俟东省铁路既成，则于天津购地造屋，综集中西，设一博览会，九重亲莅，以重其事。中外之金石、古玩、名画、法书，以及山海之珍奇，工作之器物，均可入会，购者议价，观者取资。立会之费，预筹专款。会散后，储为博物院，备后人考镜之资。嗣后逐渐推行，数岁一举，以开风气，以拓利源。至各省赛会迎神，属亦乡傩遗意，然作为无益，动肇事端，何如以此易之，使斯民者有取法之资，薄海无久遗之利也。[③]

陈炽的言论和建议之中，虽然有许多新意和可取之处，但他还没有把世博会的功能作用上升到国家存亡的高度来认识，对中国举办世博会也缺乏足够的信心。郑观应则不同，在他的《盛世危言》里，就多次提到“世博会”的重要性，甚至在《盛世危言》一书里增开《赛会》一节，专门讨论世博会的历史演变和功能作用，并明确主张在中国举办世博会。在他心目中，“泰西以商立国，其振兴商务有三要焉：以赛会开其始，以公司持其继，以税则要其终。赛会者所以利导之也，公司者所以整齐之也，税则者所以维持而调护之也。”而中国于此三事“皆未能因时制宜，

① 赵树贵、曾丽雅编：《陈炽集》，中华书局 1997 年版，第 94 页。
② 赵树贵、曾丽雅编：《陈炽集》，中华书局 1997 年版，第 95 页。
③ 赵树贵、曾丽雅编：《陈炽集》，中华书局 1997 年版，第 95 页。

取长弃短，无惑于日日言商务而商务愈不可间也。”[①]把举办“赛会”看作“振兴商务”的首要工作，这在同时代人当中可谓凤毛麟角。而且有意思的是，郑观应并未亲临世博会的现场，有关世博会的介绍也不多见，但他对世博会的历史和现状却十分熟悉。1893 年在美国芝加哥举办的世博会，他未到现场参观游览，但文字的描述却十分详细。他所讲述芝加哥世博会的盛况，使人犹如身临其境之感：

申報

1880 年的《申报》上出现了《论博览会有益于地方生意》等文章（引自《被误读的群体：香山买办与近代中国》）

溯赛会之事，创之者英京伦敦，继之者法京巴黎。嗣后迭相举赛，各国亦起而踵行。奥则设于维也纳，美则行于斐剌铁蜚，日本则举行东京。萃万宝之精英，罗五洲之珍异，百年之内炫异争奇，此亦万国大通必有之事矣。洎我圣清光绪十九年，即西方一千八百九十三年，美人赛会于芝加哥，为哥伦布探悉美洲之日，阅寒暑四百周。其气象规模尤极天下之大观，为古今所未有。其会分四大部……四部之外又举一人为会总，以总其成……有条不紊，无美不臻。所建地基共七十余亩，各院房屋占地合五百万平方尺，其中花果、草木、园囿、池塘无所不备……嗣因人役过多，费用过

① 夏东元编：《郑观应集》（上册），上海人民出版社 1982 年版，第 730 页。

大……然游人逐日增多，不致亏耗也。[1]

当时在外交舆论界，对耗费巨大的代价来举办世博会，也有不少人持反对意见，认为过于铺张浪费，而又没有实际的效果。但郑观应的看法与众不同，他认为耗巨资举办世博会，长远利益大于眼前利益，社会效益大于经济效益，间接利益大于直接利益，更何况世博会本身因游客增多而获厚利。他甚至从更广泛的意义上为美国举办世博会算了一笔账，目的无非是向国人说明举办世博会的必要性和重要性。他说：

此会角九州万国之珍奇，备海澨山陬之物产，非此不足以扩识见，励才能，振工商，兴利赖。开院之经费抵以每人每日之游资，数百万金钱取之如寄，而客馆之所得，饮食之所资，电报、轮舟、铁路、马车之所费，本国商民所获之利，且什百千万而未已焉。地虽寥落，商贾骤兴，费亦浩繁，国家无损。[2]

由此可见，郑观应已经清楚地看到了世博会潜在的价值与意义，他认为举办世博会有利于技术交流和文化传播，有利于开阔视野和观念转变。首届世博会开幕后，有人就认为：

此博览会的目的是展示人类智慧征服自然的所有进步。如果掌握的资料没有错误的话，它使得各阶级的人都增大了知识面，扩大了兴趣范围，并拓展了新的利害关系。他们享受各国的款待并试探

① 夏东元编：《郑观应集》（上册），上海人民出版社 1982 年版，第 730—731 页。
② 夏东元编：《郑观应集》（上册），上海人民出版社 1982 年版，第 731 页。

彼此的忠诚。①

郑观应也有类似的看法，他在《赛会》中明确地指出：

夫作者之谓圣，述者之谓明，人工有巧拙粗细，物质有良窳美恶，自然之理，必至之情也。得彼之法而亦趋亦步，则拙者有时而巧，粗者有时而精。守我之旧而不见不闻，则良者可转而窳，美者可转而恶。此泰西各国所以有博览会之设也。②

因此，他对美国芝加哥举办的世博会赞赏有加，甚至为其辩护。他特别强调：

美人于此一会不惜工本如此，岂特以为观美哉？诚以“一物不知，儒者所耻”，而万物皆备，圣功所基。③

又进一步指出：

此利国利民之见于当日者也……今萃各国之工艺以斗巧争奇，则我所已能者可以精益求精，我所未能者可以学其所学，较之凭虚臆造，难易迥殊矣！合各洲之物产以比较优劣，则本国所已有者应如何益务扩充，本国所未有者应如何渐行推广，较之孤陋寡闻者，智愚悬隔矣！不必家喻户晓，而可以开愚贱之心思；不必越国过都，而可以发颛蒙之耳目。故各国当赛会之后，其民之灵明日辟，工艺

① 乔兆红：《“一切始于世博会”：博览效应与社会发展》，上海三联书店2008年版，第28页。

② 夏东元编：《郑观应集》（上册），上海人民出版社1982年版，第730页。

③ 夏东元编：《郑观应集》（上册），上海人民出版社1982年版，第731页。

日精，物产日增，商务日声，此利国利民之见于后日者也。夫事至国与民皆利，上与下交益，目前与日后均收效无穷，而独于古所未有而疑之，西人所有中国所未有而弃之，此何说也。①

“一物不知，儒者之耻，万物皆备，圣功所基”，但是，近代中国的官僚士大夫不是强调“中学为体，西学为用”，就是坚信“立国之道，尚礼义不尚权谋；根本之图，在人心不在技艺”；不是牵强附会地奢谈“西学中源”，就是武断地认定西方科技为“奇技淫巧”，思想观念仍然停留在传统的重义轻利、重农抑商这个古老的层面上，对以展示工农业产品和最新科技发明创造成果，促进商品交换和社会流通为目的的世界博览会，他们更不能理解，也无法接受，而他们这种保守愚昧的态度恰恰是香山买办郑观应所不能认同的。他极力抨击中国人的重义轻利、重农抑商的观念，对朝野上下闭目塞听、自欺欺人和漠视民生的现象持批判的态度。他痛心疾首地指出：

比年以来，中国之商务衰矣，民力竭矣，国帑空矣，事事不如人，事事受制于人，而侈然曰：我大国也，彼小国也。既不能令，又不受命，本有致富致强之道，而自暴自弃，不见不闻，一任吾民之困苦颠连。而漠然不以为意，圣贤之用心固如是乎？②

显然，郑观应内心所期望的是中国人思想观念的更新和行为方式的转变，是海纳百川的胸怀和务实进取的精神，是建立在平等基础上的自信、自立和自强，是中华民族的崛起和复兴。

---

① 夏东元编：《郑观应集》（上册），上海人民出版社1982年版，第731—732页。
② 夏东元编：《郑观应集》（上册），上海人民出版社1982年版，第732页。

郑观应 80 岁留影

世界的眼光、忧患的意识和进取的精神，似乎注定了郑观应对待世博会的积极态度。郑观应始终认为西方“以商立国”，“兵战”不如“商战”，甚至坚信振兴商务必须从商品赛会开始。因为在他看来，通过商品赛会的交流互动，可以产生激励机制，触发人们的想象和灵感，增进各国人民相互之间的了解和友谊，达到产品宣传推介的目的，从而促进工商业的发展，因此他说：“故欲富华民，必兴商务；欲兴商务，必开会场。”[①]他所说的“会场”就是举办商品比赛会的展览场所，是实现工商业产品展示和交流的平台。在他看来，中国“欲筹赛会之区，必自上海始”[②]。因为“上海为中西总汇，江海要冲，轮电往还，声闻不隔”[③]。他的建议与陈炽不谋而合，也可谓英雄所见略同。只是陈炽没有郑观应这样对世博会充满肯定和期待，对主张在上海举办世博会的态度也没有郑观应这样明确和坚决。

严格说来，郑观应是一个处事周密、言行谨慎的人。长期在商场上磨砺，使他比同时代的文人雅士显得更加老成持重，建言献策也总是奠定在客观条件相对具备的基础上，而不是像晚清张佩纶等“清流派”那样信马由缰地放言高论。晚清“清流派”人物的纸上谈兵，曾误国祸民甚至累及身家性命。[④]愚顽的保守派，空谈心性礼义，同样成为中国从封

① 夏东元编：《郑观应集》（上册），上海人民出版社 1982 年版，第 732 页。
② 夏东元编：《郑观应集》（上册），上海人民出版社 1982 年版，第 732 页。
③ 夏东元编：《郑观应集》（上册），上海人民出版社 1982 年版，第 732 页。
④ 参见王维江：《“清流”研究》，上海书店出版社 2009 年版。

闭走向开放，从贫穷落后、被动挨打走向独立自主、繁荣富强的绊脚石。洋务运动时期的一些开明人士本来想法和动机都合乎潮流，但因过于冒进和缺乏周密的计划而使一系列创举功败垂成。这些同时代发生的事情和留下的经验教训，对郑观应来说并不陌生。商人的精明，企业家的果敢，思想者的缜密，都使富于忧患意识和爱国情怀的郑观应更加务实进取，不尚空谈。他在提出“设商务局以考其物业，复开赛珍会以求其精进，赏牌匾以奖其技能”[①]的主张时，还颇费心思地对中国举办博览会的经费筹措、场地建设、参展物品的选用和社会动员等方面的问题进行了详细的阐述：

> 赛会之款集股招商，而酌提官款以为之襄助，建屋辟地必广必精。届期照会各国外部，将工艺制造各种物件一体入会陈设，派有名望之人比较得失，品评优劣，自南洋大臣以下均自至会场观览，以重其事，先期出报，知照中国十八省，各镇各埠工、商人等，均难入会游观。应需何物即可出资购买，订立价目，无伪无欺。酌收游资，以助经费，均仿各国赛会章程办理。仍先由出使大臣知照各国，详译立会旧章，参酌中西，务期美善，其有裨民生国计者非浅鲜矣。[②]

为了达到在中国举办世博会的目的，打消统治者和决策者办会的种种顾虑，增强中国走向世界的信心，郑观应甚至建议先按日本的做法，逐步推进，使中国的工农业产品在生产技术和产品质量上都能够得到有效的提高。他说：

> 如虑中国此时工艺尚未讲求，不能如各国之精益求精，卓著成

① 夏东元编：《郑观应集》（上册），上海人民出版社 1982 年版，第 588—589 页。
② 夏东元编：《郑观应集》（上册），上海人民出版社 1982 年版，第 732 页。

效，则可如日本办法：先于内地各镇、埠试行工艺、农桑、矿产、耕织各小会，胪列中国自有诸物，而他国有何新法、新器则官为购置，以扩见闻。仍酌收游赀以助经费。嗣后逐渐推广，每岁扩充，期以十年，不惟远胜东洋，当无难与英、美各国齐驱并驾矣！[①]

不仅如此，郑观应还就举办世博会的经费筹措提出了自己独到的见解：

或疑此项经费为数颇巨，事前既无所出，事后又无所归。不知设会之后，游人必多，所收游资应足相抵。况今日各镇、埠迎神赛会，无益之费累万盈千，游手好闲动辄因而肇事，何如移此项资财以开博览之会，则美利既难悉数，而积弊亦可顿除。此裕民足国之先声，即致富通商之实效也。五行八政，探《洪范》之精；制用理财，挈《周官》之要。当事者高见远识，一转移间而已矣。[②]

郑观应的这番议论，真的是从大处着眼，从细微处着手，对举办世博会的必要性和重要性，以及可能性和现实性等进行了较系统的阐述，用事实说话，以理服人，以情动人，把举办世博会的好处和难处都给人们解析得一清二楚，也把中国在上海举办世博会的理由说得明明白白，这就表明郑观应对中国举办世博会已有了充分的思想准备和丰富的知识积累，而不是一时的心血来潮。

可以说，在上海举办世博会的主张，是郑观应“商战”思想中的重要内容，也是与西方列强展开“商战”的重要步骤。在郑观应的心目中，

① 夏东元编：《郑观应集》（上册），上海人民出版社1982年版，第732页。
② 夏东元编：《郑观应集》（上册），上海人民出版社1982年版，第732—733页。

1876 年费城世博会中国馆（引自《被误读的群体：香山买办与近代中国》）

世博会不仅仅是赛奇炫珍、交流学习的场所，更是商业竞争、与洋人争利、维护国权、振兴工商的重要战场。因此，既不可异想天开、孟浪行事，又不可缩手缩脚、畏葸不前，必须以开放豁达的胸襟、振兴工商的情怀、务实进取的品格、开拓创新的精神和严肃认真的态度去迎接世博会的挑战。

第四节　结语：可贵的世博情缘

世界博览会是文明时代的文明成果的展示，也是文明时代不同文明之间的竞争。“一切始于世博会”，是人们对世界博览会汇集各个时代最先进的文明成果和最新潮的产品及概念模式的由衷赞叹。每一届世博会，无论规模大小，都使人类文明向前跨进了一步。因此，举办世博会或参与世博会，已成为世界各国的希望，也成为近百年来中国有识之士持久的期待。

已有百余年历史的世博会，对今天的中国人来说，也许还未能完全体认到它的经济价值和文化意义，但是，在一百多年前，一些先进的中国人就已经看到了它的重要性和它对于落后的中国可能产生的影响。香山买办徐荣村和郑观应就是最早把中国和世博会联系在一起的行动者和思想家。

徐荣村是第一个与1851年首届世博会有过亲密接触并获得参展品大奖的中国人。虽然在这次世界博览会期间，一个叫“希生广东老爷”的中国人出现在维多利亚女王接见各国使臣的开幕式上，但他不是作为中国代表而是作为一般的游客出现在开幕式上的。与徐荣村那种有意识、自觉地选择自己经营的“荣记湖丝”到首届世博会参展，并与其他各国产品一起同台竞技的行为相比，他出现在世博会上，既是机缘的巧合，又是历史的误解。徐荣村选送的“荣记湖丝”在世博会上获得大奖，不仅成功地推介了中国产品，而且还使中国受到首届世博会评委的关注。中国与首届世博会结缘，香山买办徐荣村功不可没。

如果说徐荣村与首届世博会结缘尚属个人行为，那么香山买办商人、实业家和改良主义思想家郑观应的世博情，则是一种国家至上和民族本位的文化想象。徐荣村与世博会结缘，重在个人参与和产品营销，局限于自己经营的产品，属民间的个体自发行为，而郑观应对中国举办世博会的期盼和肯定，则是中国从被动参与转变为主动承办的一种民族自觉和国家想象。徐荣村借世博会上荣获金奖和银奖的机会，成功地实现了产品营销，赢得了丰厚的利润，郑观应则希望通过参与或举办世博会来推动中国工商业的发展，达到“商战”和富国强兵的目的，世博会在郑观应这里，成了中国走向世界、自立于世界民族之林的阶梯。

近代中国，与徐荣村和郑观应同时代的人当中，也有一些对世博会产生过浓厚兴趣的人，有的甚至提出在中国举办世博会，但他们都没有像徐荣村那样幸运和主动，也没有像郑观应那样全面和深刻。在洋行做买办的经历结合香山人特有的文化品格，使他们比同时代的中国人更具有世界眼光、竞争意识、爱国情怀和创新精神。正是这些不同寻常的精神气质和文化品格，使香山买办与世博会结下了不解情缘。因为有了他们的参与和倡议，中国与世博会的关系增添了不少耐人寻味的“佳话”。“一切始于世博会”，这句广为人知的名言，对过去、现在和将来的中国人来说，也许还有更深层次的内涵，从 1851 年徐荣村在首届世博会上获奖到 2010 年上海世博会的正式开幕，中国人一直紧跟着世博会的脚步一路走来。尽管不同时代的中国人对世博会有不同的理解和表现，但他们的追求正是当年徐荣村和郑观应内心的期待。

第十章　香山买办与近代中国

2009 年 11 月 8—9 日，由广东省社会科学界联合会、中山文史资料编辑委员会联合主办，中山市香山文化研究会承办的“香山买办与近代中国”学术研讨会在中山市举行。来自澳大利亚，以及中国香港、澳门、北京、上海、武汉、杭州、广州、中山、珠海等地的专家学者 40 余人，就香山买办群体产生的过程、形成的特点、代表的人物、历史的地位与作用及社会评价等问题，展开了深入的讨论和广泛的交流。大家认为这是继 2009 年 3 月香港中文大学举办的“买办与近代中国”学术研讨会之后内地首次成功举办的香山买办专题学术研讨会，它标志着近代中国买办研究进入了一个思想解放和学术创新的历史发展新阶段。

第一节　新形象：多维视野下的香山买办

鸦片战争后，香山买办不仅受到洋行及外国商人的高度重视和信任，而且很快引起了封建官僚和洋务大臣的高度关注。尤其是随着中外贸易范围的迅速扩大和晚清洋务运动的渐次展开，了解西方、熟悉洋务、半通夷语的香山买办在近代中国政治、经济、文化和社会各个方面的地位与作用，也因他们的大胆任事、勇于开拓、不断创新的出色表现而备受当时社会各界的称道和肯定。在当时一些热心洋务的官员的信札、函电和奏折里，都能看到“唐、徐声望素著，非因北洋增重。唐之坚忍卓绝，尤非后来貌为办洋务者可比”之类对唐廷枢、徐润、郑观应等香山买办的赞誉之词。但随着近代社会的变革和意识形态的改变，社会对买办商人的认识和评价逐渐为日益高涨的民族主义情绪和阶级斗争的浪潮所淹没，曾在中国从封闭走向开放、从传统迈向现代、从农耕经济向工业经济发展的过程中发挥过重要作用的买办商人形象，迅速被脸谱化和妖魔化，以致人们谈虎色变，对买办的历史讳莫如深。

改革开放后，国际化的视野和实事求是的精神，受到社会各界的认同，也给学术研究带来了一缕春风。近代中国出现的买办阶级、买办制度和买办文化重新受到重视，其历史作用和社会文化影响在实事求是的前提下重新受到价值的考量和意义的阐释。翻译出版的美国学者郝延平的《十九世纪的中国买办：东西间桥梁》和《中国近代商业革命》两本论著，不仅推动了国内买办阶级的研究，而且也深化了人们对买办阶级的认识。汪熙、聂宝璋、汪敬虞、张国辉、许涤新、吴承明、夏东元、陈旭麓等先生对买办、买办制度及买办的经济活动和相关人物的研究，也为人们重新实事求是地认识近代中国买办阶级的历史开启了思想解放的闸门，特别是他们关于郑观应、唐廷枢、徐润等香山买办的研究，不仅深化了人们对买办阶级的认识，而且也奠定了香山买办研究的基础。但不可否认的是，他们对买办和买办阶级的认识依然存在着时代的局限，系统的研究和整体的评价同样存在认识上的片面和评价上的偏颇。

20 世纪 90 年代后，随着史学界对近代经济社会转型和现代化过程研究的深入，多角度多层面的买办和香山买办的研究之花也次第开放。夏东元和易惠莉等对郑观应的深入研究，学界对轮船招商局的广泛探讨，城市史和区域经济社会史研究的全面展开，以及商人、商业和商会史研究的持续推进，都为近代中国香山买办研究提供了发展的契机。2004 年，胡波在《史林》杂志发表了《香山买办与开埠后的上海社会》一文，对香山买办群体的形成、特点，以及与上海城市发展的相互关系，首次进行了比较系统和深入的探讨。2006 年以来，又先后发表了《近代中西文化碰撞中的香山买办——兼论近代中外关系的几种研究模式》《简述香山买办文化》《孙中山与香山买办》《香山买办与近代中国》《香山文化与郑观应的知和行》等系列专题论文，出版了《香山买办与近代中国》一书，真正拉开了香山买办群体研究的序幕。2009 年 3 月，香港中文大学中国文化研究所文物馆与香港中文大学历史系联合举办了“买办与近代中国”学术研讨会，首次在香港邀集了内地和澳门等方面的专家学者就“买办与近代中国”问题展开广泛讨论，会后结集出版《买办与近代中国》一书，有效地推动了香山买办研究。这次研讨会，则是国内第一次举办的关于买办与香山买办的学术研讨会，来自全国各地的 30 多位专家学者，从不同的角度和层面对香山买办在近代中国的产生、形成、发展、演变、特点、地位、作用等问题进行了全方位的讨论，并从整体上对香山买办在近代中国社会历史变迁中的各种表现进行了历史还原和理论透视。

广东省社会科学院王杰研究员认为香山买办乃是因中西文化最早碰撞而衍生的“土特产”。作为第一批敢于吃螃蟹者，在谋生与从商的探索中，“自觉”兼容外来文化，无形升华本土文化，并在促进中西文化交流的过程中，不断升华自己——从“经济买办”步入“文化买办”层次，承担起史无前例的引导与表率作用。并指出香山买办的“先觉”，表现在他们开风气之先。唐廷枢、徐润、郑观应等从中西贸易的实践中体悟了“工业化”的真谛，内化了“商战”的理念，因而成为清末民初“工商立国”的倡导者和实践者。暨南大学张晓辉教授则认为在近代香山买办企业家群体身上，突出显现了传统中国所缺乏的企业家精神。他们具有相当优良的业务素质，依靠企业创新，进行高效经营，故能畅游商海，不惧强大的竞争对手，如表面上看起来，土得掉渣的郑伯昭却赢了从教会学校毕业、西装笔挺、能讲一口流利英语的买办同行邬挺生。由唐廷枢、徐润和郑观应主持经营轮船招商局，不仅扭亏为盈，还与庞大的英美商轮船公司相抗衡，逼使英商怡和、太古洋行妥协，签订齐价合同，甚至还收购了美商旗昌轮船公司，创造了中国近代企业经营史上的一个个经典的范例。

中国社会科学院近代史所虞和平研究员从生成条件、产生时代、扩展方式、历史作用等方面，对香山买办与宁波买办进行了比较研究，认为香山买办和宁波买办产生发展于不同的时间和时代，采用不同的扩展方式和途径,他们的历史作用也有所不同。香山买办以其最先产生和发展，而首创了中国近代的买办制度，可谓开通商风气之先；又因其赶上了洋务运动而在中国早期工业化的启动中发挥了沟通官商关系的重要作用，可谓培早期工业化之基；还因其较早受西方文化影响，为中国早期现代化提出了一些重要的主张，可谓领思想启蒙之潮。宁波买办由于产生发展较晚，没有赶上香山买办所领略过的时代，因而也不可能发挥香山买办所发挥过的作用，但是也起到了香山买办所没有起到的作用。其后来居上而拓展了中外通商渠道; 又因其自身投资和经营的行业和企业较广、较多而更多地促进了中国民族经济的成长。因此他认为，在近代中国，香山买办和宁波买办各领风骚几十年，各显特色于世间，整合起来共同构成中国近代买办的历史。

这次研讨会上，有不少学者对买办、香山买办进行了更加细致的本体论式的历史考察，使人们对买办、香山买办的历史渊源、群体构成、网络建构、经营状况、社会活动等有了更加清晰的认识。中山大学吴义雄教授认为鸦片战争后在通商口岸产生的买办，与战前之买办有较大区别，但二者之间的联系仍相当密切，“买办”一词直接为后世沿用，足见鸦片战争前中西交往影响之深远。19 世纪上海等地买办很多是广东籍，亦足见五口通商前后买办在人脉上的继承性。通事作为一种组织，也许逐渐消失，不再能够扮演重要角色，但原来通事的职能，则在鸦片战争后由新式买办所继承。有些买办即由通事演变而来。在他看来，旧式买办和通事的职责都包括在新式买办的日常生活中，但后者的职能在新的历史环境下被大大加以扩展。西人对华贸易在较长的时期内仍须依靠通事、买办进行，有其内在的原因，其中不少因素在鸦片战争前后都同样存在。上海社会科学院马学强研究员则根据以往的香山买办研究成果和自己多年实地调查所掌握的材料，对香山买办群体的构成、网络的构建，以及社会活动等进行了详细的历史考察和学理分析。他认为，大量事实证明，随着中国沿海口岸的开放，由南向北，大量洋行北移，买办形成了一个网络。在某种程度上说，上海是广州、香港买办网络的延伸与拓展。而在这个网络构建中，香山买办居于核心或重要地位。从广东到上海，香山买办网络的构成，既有历史的延续，更有内在的关联，洋商、洋行已经逐渐习惯了香山一带人的生活习惯、办事风格，以及他们的广东英语、他们的人际关系，香山人也就在此基础上构建了一个广泛的买办网络。他还指出随着近代上海工业化、城市化进程的加快，社会经济的快速转型，上海城市的结构、功能发生重大变迁，这一时期的香山买办也不单是中外贸易的联络人、中介人，而渐次深入其他社会经济的各个领域，从原先的外贸、航运领域，逐渐向金融、工业、商业等部门扩展，这些在 20 世纪前期香山买办的构成中就有清晰的反映。上海社会科学院张秀莉助理研究员则对近代上海香山买办的收入与财富进行了更加具体的统计分析，她认为香山买办的求富或创收的途径并不是单一的，而是多样的，他们既从买办职业中获得高额的报酬，又同时在经营商号、进行房地产投资、附股外商企业、投资新式企业等多种活动中获得可观的收入，积累丰厚的财富，成为通商口岸城市社会中的新贵。她还特别指出，香山买办在与外商合作求富的过程中，最早接受了西方的理财方式和观念，从而成为新式民族企业的投资者和创办者，由此影响到中国近代化的进程和特点，成为近代上海社会中引人注目的一个群体。

香山买办在鸦片战争后迅速崛起，成为活跃在通商口岸城市社会中的一种新生力量，其生存与发展的环境实际上比我们想象的还要复杂和艰难。华东师范大学易惠莉教授就根据徐润伯父徐钰亭两次为湘淮军捐纳和唐廷植案这两个事例的条分缕析，认为同治初年当洋务运动初兴之际，在对外交往条件及能力方面具有优势地位的香山买办并无特殊表现。其时，内地社会对两广民间社会的偏见，以及政府对以涉外贸易为职业的买办的疑忌，正因太平军运动而加剧，成为制约香山买办群体能量发挥的重大障碍。澳大利亚昆士兰大学黎志刚教授从香山买办和轮船招商局的互动关系中发现，由 1872 年至 1884 年，招商局在一个充满挑战和剧变的政治经济环境中，努力将官商合作的旧模式和新的合资企业制度融为一体，结果失败了。招商局早期的成功，部分是李鸿章精明的政策和商董的积极进取和技巧所共同缔造的。然而，李氏在中国早期工业现代化中的个人角色，也引申出国家政策及投资环境的稳定性和可靠性等难题。招商局在 1885 年后运势逆转，提示我们永不可忽视新式企业运作于其中的晚清政局。这个政府资助的公司实际上是生存在特定的政治架构之中。因此，它的盛衰有赖政治和经济的环境。香山买办在中国早期工业化的过程中，其经营管理活动固然得到政府某些方面的保护，但同时也面临着多方面的压力和阻力，其生存和发展的环境实际上仍然险恶和多变。

尽管如此，香山买办依然逆水行舟，以其独特的精神品格和先进的经营理念，在洋务运动中脱颖而出，成为早期工业化和中外文化交流的中坚。中山市香山文化研究会胡波教授在阐述香山买办与世界博览会的关系时指出，香山买办作为条约口岸城市里迅速崛起的一个特殊的群体，一开始就具有世界眼光和竞争意识，自觉地将自己的事业融入世界经济体系之中，并有意识地试图推动中国从封闭走向开放，从被动挨打走向独立自主，从贫穷落后走向繁荣富强，其历史作用和社会影响虽然长时期受到冷遇，但当人们回望百余年的中国近代史时，总是难以回避与香山买办这个特殊群体有关的那些历史创造和文化创新的历史。香山买办徐荣村是第一个与 1851 年首届世博会有过亲密接触并获得参展品大奖的中国人，郑观应则是近代中国第一位明确提出在上海举办世博会的思想家。如果说徐荣村与首届世博会结缘尚属个人行为，那么香山买办商人、实业家和改良主义思想家郑观应的世博情，则是一种国家至上和民族本位的世界想象。徐荣村与世博会结缘，重在参与和营销，局限于自己经营的产品，属民间个体的自发行为，而郑观应对中国举办世博会的期盼和肯定，则是中国从被动参与转变为主动承办的一种民族自觉和国家想象。徐荣村借世博会上“荣记湖丝”荣获金银奖的机会，成功地实现了产品营销，赢得了丰厚的利润，郑观应则希望通过参与或举办世博会来推动中国工商业的发展，达到“商战和富国强兵的目的”。世博会在郑观应这里因而成了中国走向世界、自立于世界民族之林的阶梯。

暨南大学香山文化研究所裴艳也从中外文化交流的角度为香山买办的桥梁纽带作用提供了更加具体的说明。她认为香山买办在西方近代文明的冲击下，在与西方商人的商贸活动和自身商业的实践中，形成了具有时代特色的文化观和西学观。他们的西学观是鸦片战争后“师夷长技以制夷”“效其技艺，臻于富强”等西学思想的推进和展开，触及了文化革新中器物文化和制度文化层次，代表了香山买办群体对西方文明的比较和对社会改良的独特思考。在这一群体中，郑观应的思想最为先进，他出人意料地提出民间资本是“商战”主角的结论，并提出仿泰西之良法，实行君主立宪的政治主张。香山买办不仅是社会改良的思想家，还是身体力行的实践者，其推进近代洋务运动，创办民族实业及参与社会公益活动，是其文化思想实践层面的展开，也决定了特定时期内中西文化融合的深度和广度，推动了中国近代化的进程。中山市香山文化研究会王悦则认为香山买办文化作为香山文化的重要组成部分，体现了香山人开放意识和敢为人先的精神品格，是中山人的宝贵文化遗产，是可持续利用的绿色资源，也为中山的创意经济提供了文化沃土。

第二节　新发现：历史语境下的香山买办

这次研讨会的另一个特点是在过去香山买办研究的基础上有了不少新的进展，主要表现在新人新事的发现和史实史料的整理与解读。长期以来，学术界谈到买办或香山买办时，总是少不了郑观应、唐廷枢、徐润、莫仕扬等著名的买办，较少涉及其他买办人物，似乎除了他们这几位著名的人物外，香山买办群体中再也没有人和事可言。而且讲到香山买办时，也主要是依据一些人所共知的材料来论史。这次研讨会上，有多篇论文为我们提供了新的史料核心的研究对象。

上海社会科学院宋钻友研究员介绍了香山买办陈炳谦其人其事。根据他的研究，陈炳谦是20世纪20—30年代上海广东商人最主要的代表。他担任买办约50年之久，又是上海广东买办的著名代表。他的投资活动涉及房地产、实业、金融等，是清末民初最殷实的旅沪粤商。致富后，他热心同乡社会的慈善公益事业，多次捐助巨款，被人视为大慈善家。他担任广肇公所的董事多年，热心同乡公益，发起粤侨商业联合会，投资设立广东医院，利用群体的力量维护商帮的经济利益，在同乡社会中享有很高的地位。他为人开通、包容、大度，为弥合旅沪粤商1918年的分裂做出了特殊贡献。陈炳谦的一生，行走在商业、社会、政治之间，不同于一般的商人，具有一定的典型性。对陈炳谦的发现和深入研究，显然丰富了人们对香山买办和买办文化特性的认识。

珠海市博物馆张建军研究员对香山买办盛世丰及其家族史事与遗

存进行了翔实的考辨，为我们解开了长期以来盛世丰其人其事的历史文化之谜。据张建军考证，盛世丰字仕贤，号恒山，香山南大涌人。曾任十三行通译，先后在福州、上海、武汉等地任琼记洋行买办，负责茶叶方面的贸易业务，是汉口茶叶公所的创办人和领袖人物。盛世丰主动融入汉口商业社会中，凭借丰富的商业经历，诸多香山同乡的关照，以及官场上的一些关系，在汉口各界游刃有余，茶业经营方面规模越开越大，社会地位也很高。他在汉口还帮办汉关银号、土药税厘，设茶号、绸庄等，号称百万，财富积累很快。他为人豪爽，仗义疏财，对读书绩学之士礼敬有加，无不厚赏，在汉口很有声望。难能可贵的是张建军先生还对盛世丰家族移居香山后的分布情况和宗族关系等做了全面深入的调查考证，理清了盛世丰家族的来龙去脉和历史地解读了盛世丰家族在香山地区的文化遗存，弥补了长期对盛氏家族研究的不足，同时也为香山买办文化和香山移民社会史提供了有益的启示。

上海社会科学院王维江研究员认为晚清德语文献中也有不少关于澳门和香山地区买办活动的记录，是研究香山买办产生、形成、转变、性质、特点等的重要参考资料，为人们了解为何鸦片战争后大批香山人成为五口通商口岸洋行的买办提供了线索和证据。中山大学赵立彬教授同样认为 20 世纪 30 年代中山大学地理系所作淇澳岛的地理考察报告，何大章撰写的《中山县湾仔乡土地理》《中山县地理概要》《澳门地理》中的相关内容，为从事民国时期中山社会经济史、中山—澳门经济关系史的研究提供了一些背景性的历史资料，也有利于人们进一步探讨近代香山买办和买办文化产生的历史背景和时代条件。上海社会科学院马学强研究员对香山买办人物的考订和总体估计，以及张秀莉对香山买办收入的较为精确的统计，都在客观上深化了人们对香山买办群体的认识，有力地推进了香山买办研究。

值得称道的是，有些学者在现存的文献资料中，也进行了细致的研读，并从中发现了不少新的问题。上海社会科学院熊月之教授研读郑观应的著述和相关历史后，认为郑观应 80 年的一生都处在大转型时代。他是一个在事功发展路径、治学、修身等方面都相当成功的人，是一个对时代变动有敏锐感触的人，一个善于选择自己发展路程、适时调适自己行为方式的人，一个既善于读有字之书又善于读无字之书的人，一个由中华文化孕育出来的大聪明人，一个难得的通人。他在《论近代通人郑观应》一文里指出，郑观应的人生发展路径是商儒兼业，在经商、读书、著述、赈灾诸方面均有不错的表现。在治学路径上选择了中西兼习，博古通今。

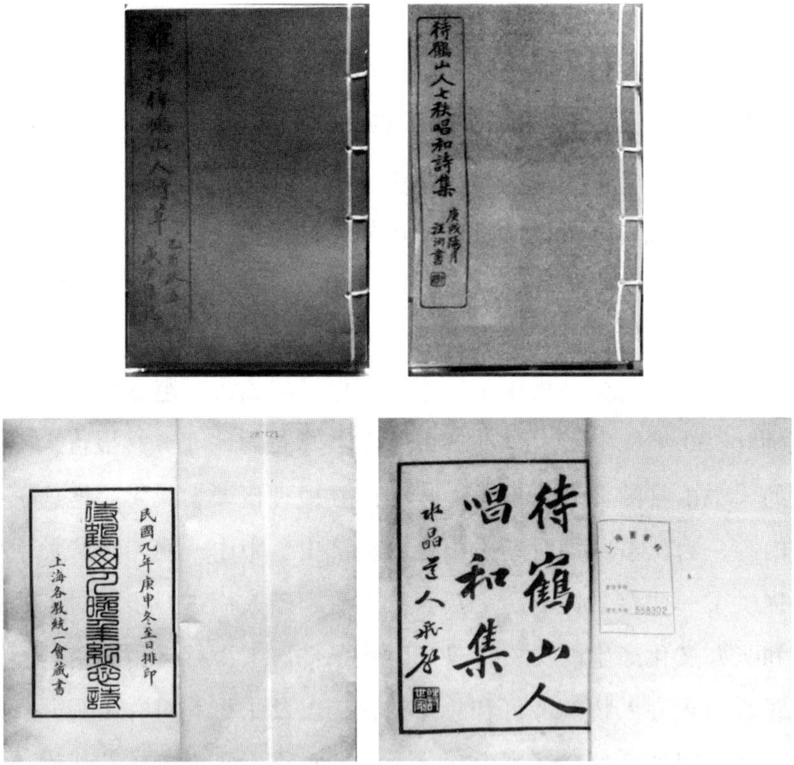

郑观应诗集《罗浮待鹤山人诗草》《待鹤山人七秩唱和诗集》《待鹤山人晚年纪念诗》《待鹤山人唱和集》封面。郑观应经商、写作之余，“又出其余力为诗歌”，抒发其“救时共发愤，变法尤宜速”的心声（引自“郑观应生平史迹展”）

他的一生是不断学习的一生，从《易言》《盛世危言》到《盛世危言后编》和《罗浮待鹤山人诗草》中，可以看出他的传统学问的功底相当厚实。在修身路径上选择了儒道兼修。他认为中国传统文化中儒家和道家这两大资源，相互补充，对许多人产生过影响。进而为儒，退而近道，是支撑许多官绅进退的文化资源。这两种文化资源在一般官绅那里，是在不同时期、不同境遇下发生作用的，仕途得意，则奋发进取，仕途失意，则归隐山林。但在郑观应身上，则从青少年时期开始就同时发生影响，直至老年。根据郑观应的人生实践和他对自己行事哲学的概述，他认为"郑观应确实是通人"。应该说将郑观应定位为"近代通人"，是熊月之先生的一大发现。中山大学李吉奎教授也从《郑观应集》中发现郑观应与著名侨商张弼士既是旧交，又是道侣，两人甚至义结金兰。他们既有公共事务上的合作，又有私人间的活动往来，相互扶持，共同勉励，在晚清重大政治和经济及社会活动中扮演了十分重要的角色。

孙中山故居纪念馆的漆德红和黄健敏以《徐愚斋自叙年谱》为中心，对近代香山买办的乡、族观念进行了历史探析和现象描述。在解读《徐愚斋自叙年谱》的过程中，他们发现买办商人虽然具有中西结合的特征，但传统文化对他们的影响似乎更加深远。他们从徐润的家族，他与广肇公所，以及与民族间的关系等方面充分揭示了买办商人徐润的传统性与民族观念，并推而论及近代香山买办群体的民族观念及其在变化中的传统性，从而为全面认识香山买办的文化属性和社会历史作用提供了颇有说服力的佐证。与此同时，暨南大

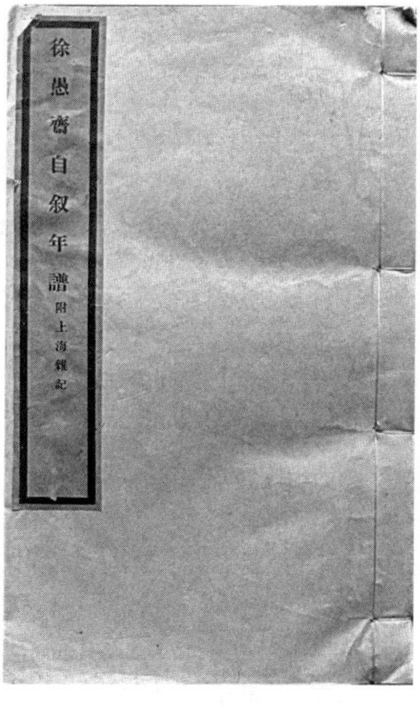

徐润著的《徐愚斋自叙年谱》封面（摄于香山商业文化博物馆）

学刘正刚教授也从《徐愚斋自叙年谱》中发现买办的家庭史及其特色，认为香山买办在晚清时代巨变中，不仅在社会变迁的大潮中走在前列，而且在家庭生活中也领先一步。

香港中文大学梁元生教授以20世纪香港商人李耀祥为研究对象，从李家在19世纪末由香山移居香港的经过，追溯其在香港兴业致富的原因，并且以李耀祥为例，阐述了20世纪中期香港企业、社会和政府之间的关系，为了解香山买办商人在香港的活动及其特点提供了宝贵的参考。香港大学亚洲研究中心黄绍伦和郑宏泰两位教授则对香港欧亚混血买办的兴起进行了饶有兴味的探讨。他们认为买办与欧亚混血族群在香港被割让为英国殖民地后出现，绝对可以看做是东西贸易往来渐多，华洋种族接触日频，但社会空间却一时没人填补的印证。开埠后，由于香港逐渐取代澳门而为转口贸易的重要枢纽，对充分掌握东西文化，通晓中英语言，并能游走于内地香港的人才自然极有需求。如果华人社会中储备了充足的精通双语人才，他们绝对更具竞争优势——无论是作为政治吸纳的对象，以家族乡里作为支援及担保的力量，或是充当居间调停中介人的角色等。但是，由于当时的普罗华人仍沉醉于科举，对世界局势仍欠了解，对西学又颇为抗拒，因而甚少愿意将子弟送往西式学校就读，精通中英双语人才一度显得极为缺乏。正是在这样的背景下，自小遭到华洋社会排挤但却精通中英双语的欧亚混血儿，反而变得炙手可热，获得重用，并迅速填补了那个“结构性空间”。一句话，东方与西方在20世纪因华洋种族接触交往频繁而诞生的混血族群则因懂得紧抓时代机遇而崭露头角，有些成为名闻中外的买办，有些成为政府官员，更多的则成为专业阶层，并无孔不入地影响了近代中国内地及香港的政治、经济、社会及文化发展。

浙江理工大学何邦武副教授对郑观应的宪政思想进行了学理上的评析，认为作为中国早期改良主义者的郑观应，其宪法思想不能算作宪政意义上的宪法思想，其人自然与“宪政第一人”无缘。但郑观应等早期改良派的政治主张，符合宪政在中国演进的内在逻辑理路，是中国宪政之路必要的逻辑起点。因此，将其主张视为对宪政之门的叩问而非仅仅营造宪政之“场”，是可以成立的。

这些从历史文献的解读出发和从历史的现场起步，重新审视或探索发现香山买办群体的历史成因和性质特点的论著，既丰富了香山买办研究的材料，又充实了香山买办研究的内容；既注重香山买办成长的时代特征和地域文化构成的历史场域的宏观把握，又在细节上强化了香山买办的个性特征和精神品质，论从史出，客观公正地还香山买办以历史面貌，从而使本次学术研讨会精彩纷呈，令人耳目一新。

第三节　新亮点：重新解读的买办郑观应

在这次研讨会上，话题最多的还是硕学买办郑观应。虽然人们对郑观应其人其言并不陌生，其《盛世危言》和“商战”思想似乎成了郑观应的代名词，但是严格说来，人们对郑观应其人其言其行其心还是缺乏透彻的了解。本次研讨会收到的34篇论文中，有10篇直接与郑观应有关，因而也成为研讨会上的热门话题。

上海社会科学院熊月之教授对郑观应进行了新的评述，首次提出郑观应是近代中国难得的通人，认为如果将郑观应的人生事功发展路径、治学路径、修身路径作为一个整体来考察的话，可以归结为一点，即不走极端，兼顾两端，商儒兼业，中西兼习，儒道兼修。这一结论在与会者中引起了强烈共鸣，也为人们重新审视郑观应提供了广阔的视野和崭新的理念。中国社科院近代史研究所马勇研究员着重分析了东南互保时期郑观应的所思所想所作所为，认为在东南互保形成过程中，郑观应无疑是赞成东南经济发达地区暂时脱离中国政府的管制，与列强达成共管

雍陌村郑观应故居群（余兆宇／摄）

的协议，既可避免联军转舵南下，惊扰东南，也可防止义和团民众在联军和清军的驱赶下东西流窜。同时马勇还强调商人、洋行买办出身的郑观应并不是一般的商人，或许是因为其特殊的经历和特殊的机缘，使他和同时代的洋务人才、买办大班有着较大的区别。他寄身于买办阶层，但似乎并没有沉溺于灯红酒绿，贪婪于金钱财富；他忧国忧民，不满于社会现实，不满于政治现状；他对西方近代富强之路，大国复兴的历史与根源有着充分的理解和研究，总是期待自己的祖国也能像西方大国一样，实现复兴，重建辉煌。因此认为郑观应具有那个时代少有的忧患意识和普世理想，始终保持清醒的头脑，不为眼前的现象所迷惑，总是睁眼看世界。正是他对外界动态的密切观察和及时建言，才导致义和团运动时期东南互保事件的发生。上海社会科学院历史研究所的邵建以《盛世危言》和《漫游随录》为线索，对郑观应和王韬的铁路认识进行了比较研究，认为郑观应更偏向从宏观的方面考虑铁路的种种有益之处，往往直接将中国铺设铁轨，通行火车与国家变法图强联系到一起，而没有具体的描述和分析，而王韬则更为注重从微观的甚至技术的角度分析铁路及火车，感觉上王韬对于铁路的认知似乎要比郑观应更加深刻。这种区别的原因显然与二人的经历差别大有关系。广东社会科学院王学进认为，郑观应的思想与活动对当时及后来社会产生了积极影响：一是对政府官员，尤其是改革派的影响，起着思想解放与指引的作用；二是对知识分子及一般民众的影响，起着思想启蒙作用。电子科技大学中山学院申群喜和梁文生，对郑观应职业变化进行了社会学的分析，认为郑观应从传统儒生到洋行买办到高级管理人员的职业变动，既增加了个人的经济资本，又提升了个人的文化资本，使总资本大幅度增加，从而逐渐提高了自己在社会空间的地位。他的这种职业的不断转换从侧面也折射出近代中国社会转型时的特殊性。珠海市博物馆李世源则认为郑观应的经历是一个缩影，道出了广东香山籍人物在洋务运动史上的杰出表现。《救时揭要》《易言》《盛世危言》成了一个在传统文化接受和外来文化转换成维新变法思想的知识分子成长过程的三部曲。这个三部曲影响了中国近现代史上整整几代人，也透露了郑观应在19世纪下半叶的心路历程。

郑观应的“商战”思想长期以来备受关注，在这次研讨会上同样受到重视。武汉大学历史系萧致治教授则认为郑观应商战思想的产生，与他对当时世界局势的认识有着不可分割的联系，并强调对其“商战”思想不宜做狭隘的理解，而应从振兴中国经济、富国强兵的大宏图上去评估。《中国社会科学》杂志社副总编辑周溯源对郑观应的“商战”思想也提出了新的见解。他认为郑观应的“商战”思想切中了晚清的时局和国情，从商业层面进一步丰富了魏源“师夷长技以制夷”思想的内涵。郑观应积极主张壮大民族产业、发展民族商业，其中所贯穿的爱国主义情怀值得认真学习。而且，“商战论”对数千年来占据统治地位的“轻商”思想发起冲击，为近代中国商业发展营造了有利的舆论氛围。总之，他认为郑观应的商战思想具有很高的历史地位和重要的历史价值，代表了当时先进的中国人向西方寻找真理的探索方向，在当时具有重大的启蒙和指导作用。

另外，中山市孙中山故居纪念馆楚向红对香山买办与广肇公所的重建方面的历史钩沉，李宁对《英语集全》的内容分析，以及李世源对香山买办唐廷枢、徐润、郑观应、唐廷植的总体评价，特别是《广东社会科学》杂志社主编江中孝和中山市香山文化研究会陈国庆分别对买办和香山买办研究的回顾与展望，都为香山买办研究提供了有益的借鉴和资料的参考。

总之，为期两天的学术研讨会，虽然短暂紧凑，但论题广泛，论点新颖，开国内香山买办研究专题研讨会之先河，使香山买办研究初步实现了从宏观到微观，从表层到深层，从主观到客观的历史性跨越，也使香山买办的评价从反面走向正面，从全盘否定走向实事求是，具体问题具体分析，从而为中国近代买办阶级和香山买办群体的历史研究树立了实事求是的新风。

第十一章　买办与近代中国的社会转型

发生在1840—1842年的中英鸦片战争，在中国历史上是一个重大的历史转折点。“鸦片战争改变了中国的社会性质和历史发展进程，成为强迫中国变成西方大国附庸的起点；同时也成为中国人民为改变自己的命运而奋起斗争的伟大开端。”[①] 鸦片战争后，受西方势力，特别是英、美等国的政治、经济和文化的冲击，中国社会开始缓慢地从传统迈向近代。关于近代中国社会转型的动因、过程、形态、性质和特征等问题，海内外学术界已有了深入的研究和广泛的讨论，产生了一大批具有代表性的学术成果。[②] 但是，到目前为止，买办在近代中国社会转型中所起的作用和产生的影响，并没有受到应有的重视。尽管近二十多年对买办的个体或群体的研究已突破了意识形态的束缚，逐渐趋于客观化，但买办在近代中国社会转型中的地位与作用仍然没有得到充分的考量和深入的研究。

---

① 陈胜粦、廖伟章、李才垚编：《对西方挑战的首次回应——鸦片战争》，文物出版社1990年版，前言。

② 参见陈国庆主编：《中国近代社会转型研究》，社会科学文献出版社2005年版。

本文拟以香山买办为中心，对此问题展开一次尝试性的探讨，以求教于同行。

第一节 买办是东西方之间的中介人

近代中国的社会转型，虽然是在外部因素和内部因素相互作用的情况下逐步实现的，但不可否认的是，最初的动力仍然来自外部的冲击。在促使中国近代社会转型的最初阶段，外部因素即西方资本主义的刺激，毋庸置疑地起了决定性的作用。

人类社会从传统向近代过渡的历史表明，社会转型的基本路径是经济发展—制度改变—社会变迁。鸦片战争后，在“欧风美雨”的冲击和洗礼下，中国传统的经济运行机制和贸易方式发生了几乎是前所未有的根本性变革。而这一历史性的变革首先又是从中外贸易和中外经济关系这个领域开始的。

鸦片战争后，西方列强依靠不平等条约确立了新的市场制度和中外关系的新秩序。具体表现在：1. 割让香港；2. 开放通商口岸；3. 协定关税；4. 取消行商制度；5. 开设租界；6. 领事裁判权；7. 片面最惠国待遇；8. 控制海关；9. 沿海自由贸易；10. 内河航行和内地通商十个方面。就这样，中国在西方强大势力的逼迫下打开了自己的国门，向西方各国开放自己的市场。长期处于自给自足的农耕经济的中国，从此卷入了世界资本主义市场体系。在近代国际贸易和国际市场的冲击下，中国近代市场逐渐发育成形。中国的经济结构、政治结构、文化结构和整个社会结构，在中外冲突与融合中开始变动和转型。

但是，近代中外商贸关系的发展并不是像西方人所期待的那样一帆风顺。鸦片战争前，中外商贸活动总是不可避免地发生货物买办、银钱收付、陆地居住、生活供应等问题，因而也就不可避免地要遇到语言隔阂、制度两歧、商情互异、货币不同的困难。既要贸易，又要管理，于是就出现了既是贸易交往中不可缺少的中间商人，又是贸易管理中承上连下的环节人物——行商、通事、买办、银师。[①]鸦片战争后，外商拥有新辟的条约口岸，面对着的都是陌生的市场和复杂的社会，不同的语言（五口通商的地方语言都各不相通），复杂的货币计算，互不了解的信用关系等。摆在买办面前的亦是不测的风险和中国传统社会的歧视和敌意。而且，对欧洲商人来说，他们的能力、权限和作用也不是广大无边的，而是有约束有限制的。[②]因此，一个既熟悉中国各地方言俚语、商业习惯和了解市场行情，又知晓西方商业制度和贸易法则，懂得西方语言和文化的特殊群体——中国买办阶层应运而生。他们的产生和形成，不仅有效地促进了西方势力在近代中国的贸易扩张和经济控制，而且也在客观上刺激和推动了近代中国的社会转型，充当了历史的不自觉的工具。

其实，买办在中国的历史由来已久。1842 年废除垄断性的公行制度后的买办，与以往的情形不同，他们因缘巧合地成为中国与西方之间的商业居间人或中介人。著名学者郝延平在他的论著中曾感慨地说："人们一向认为'东方是东方，西方是西方，两者永远不相逢'，然而，在晚清的条约口岸，以中国买办为中介，东方和西方在某种意义上确实相逢了。在中西方经济交往和文化传播过程中，买办的中介角色不仅是有代表性的，而且具有战略上的重要性，尽管这种接触的结局并非令人愉快。买办凭借自己的财富和专门知识，成为一种新式商人，在近代中国起了重大作用。"[③]有的评论者甚至肯定地说："从某种意义上说，中国

① 汪熙：《求索集》，上海人民出版社 1999 年版，第 176 页。

② 胡波：《香山买办与近代中国》，广东人民出版社 2007 年版，第 61—63 页。

③ ［美］郝延平著，李荣昌等译：《十九世纪的中国买办：东西间桥梁》，上海社会科学院出版社 1988 年版，第 1 页。

买办是名副其实的东西方之间的中介人，因为他们的活动远远扩展到中国之外，而达到亚洲的其他地区。到 19 世纪 70 年代，中国的‘买办人物’在日本、朝鲜、印度支那、曼谷、仰光、槟榔屿、马六甲、新加坡、爪哇和马尼拉等地活动，他们的影响甚至及于印度。”[①]

检视历史，我们便会发现，在 19 世纪中后期的中外商贸和经济关系中，买办与外商一直相互依赖，共同操纵着中国的进出口贸易，也操纵着国内外的市场价格，在促使中国进出口商品结构发生改变的同时，也加速了近代中国经济结构和社会结构等的转型。就买办方面而言，他们对外商有着强烈的依赖性。首先，他们不是作为独立商人而起步，而是把成功希望系于他们同外国人的关系上，也即系于中国同外国的不稳定的关系上；其次，在雇用买办一事上，买办所处的仍是较被动地位，外商握有雇用他的主动权；最后，买办职责主要是由洋行的需要决定的，通常反映了其雇主的要求。[②]就外商而言，他们为顺利地经营业务也同样离不开买办的协助和支持。买办作为一个中介人，在洋行执行三种主要职责。他们在同一时间内既是雇员头领，又是在华经理和内地的代理商。就其按合同受雇于洋行、提供服务、接受薪水而言，他们是雇员。就其从经手的交易中获取佣金而言，他们是掮客。他们接受外商委托，经常去远地购销货物，搜集行情，他们又是代理商。他们以自己的行名经营各种交易，并对钱庄庄票及同华商做买卖的货物负责，他们又是交易的承包商。最后，除了执行普通的买办职务外，在大多数情况下，还自营

① ［美］托马斯·诺克斯：《买办人物》，载《哈波斯月刊》，1878 年第 57 期，第 427—434 页。

② ［美］郝延平著，李荣昌等译：《十九世纪的中国买办：东西间桥梁》，上海社会科学院出版社 1988 年版，第 259 页。

商业，他们又是独立商人。[①] 他们同时从事几种职业，又不特定地属于其中的某一种。自始至终，他们都扮演着中外商贸活动中的中介人这个角色。

［美］郝延平著的《十九世纪的中国买办：东西间桥梁》封面

在 19 世纪的中国，买办作为中外商人间的中介人，其地位和作用一直缺乏科学的估计和相对客观的评价。买办和买办制度在通商口岸的产生和形成，无疑有利于中外商贸活动的顺利进行，使外商在华的利益得到进一步巩固和发展。一家西文报纸的编辑说："不但可以把买办看做轮轴，靠着他，所有外国人同本地贸易的轮子得以转动，而且在许多情况下也可以把他们看做轮毂、轮辐、轮缘，实际上是整个轮子，除了油漆。洋行则可以用来象征这种油漆，给他一种名义色彩。"[②] 在上海的一位洋行大班在信中表达了他对买办作用的肯定："我必须再次请求您派一名买办和一名栈房领班……一名称职的买办将免除我为付偷丝等事而遇到的所有麻烦……由于缺少一名买办，我们在对付苦力和所有雇员时也有大量麻烦。要是您能弄到一个可靠的有面子的人，他会鉴定银元并答应留下来照看洋行和货栈，我不在

---

① ［美］郝延平著，李荣昌等译：《十九世纪的中国买办：东西间桥梁》，上海社会科学院出版社 1988 年版，第 258 页。

② 包培之：《买办在中国对外贸易中的地位》，载《经济学周报》，第 21 卷，第 84 期，第 636 页。

乎他是不是一个商人，但是这样的人是绝对必需的。”[①] 一位亲历者对派买办携带大笔款项到中国内地去采购货物的现象发表了自己的真实看法，他认为：“很大一笔款子委托中国（买办）到内地采购茶叶和生丝，这在最近的上海和福州已成为一种习惯，广州在较小程度上也是如此。这笔钱在外国人不能够去的内地，几个月不知下落；不过中国人真是诚实，受托人携款潜逃的事例是罕见的。”[②] 有的外商在给同行的信中还宣称：“我发现有时候我可以把我的现金结余投放到中国钱庄的庄票上去，这种庄票在三至七天的短期内就能兑现，利率是从 12% 到 15% 不等，并且我认为相当安全，因为我对任何一家钱庄庄票的贴现，都不会超过 10000 两或 15000 两……我知道这种生意的成功全赖我们买办的聪明和可靠。”[③] 尤其是以唐廷枢、徐润、郑观应、莫仕扬为代表的香山买办，以其商场上的精明和处世上的练达，以及对契约精神的坚守，在协助洋行实现势力扩张的同时，也为自己积累了可观的财富和从事近代工商业的经验。

徐润（引自“郑观应生平史迹展”）

如历史显示的那样，以唐廷枢、徐润、莫仕扬、郑观应等为代表的

① ［美］郝延平著，李荣昌等译：《十九世纪的中国买办：东西间桥梁》，上海社会科学院出版社 1988 年版，第 34 页。

② ［美］郝延平著，李荣昌等译：《十九世纪的中国买办：东西间桥梁》，上海社会科学院出版社 1988 年版，第 69—70 页。

③ ［美］郝延平著，李荣昌等译：《十九世纪的中国买办：东西间桥梁》，上海社会科学院出版社 1988 年版，第 102—103 页。

香山买办，在19世纪的中国，一直是洋行和外商极力争取利用的对象。他们不仅熟悉英美语言文化和商业法则，而且非常了解中国的商场和官场。香山买办唐廷枢，就格外受到洋商的青睐，他们甚至想尽一切办法来争取唐廷枢的参与和支持。1867年，F. B. 约翰生向詹姆斯·惠代尔提议，给唐廷枢一定的洋行股份以示笼络："我希望能用你拨给上海由我们处置的10股份，以某种方法来增加此地的生意……我提议给唐景星（唐廷枢）一股，他正在尽力赢得华商的生意。"① 一年后，约翰生以同样的理由向威廉·克锡呼吁："为了对华商的生意施加影响，唐景星似乎正在尽力而为。如果您能考虑给唐景星或任何其他有实力的华商一股溢价的股份之类的设想，那我将非常高兴，也许他们正在为买办间搜集这样的股票。"② 为了给洋行的揽载业招徕资本和货源，1871年10月2日约翰生向惠代尔报告："我已经做出安排，分派给唐景星和他的本地朋友350—400股（华海轮船公司）的股票。"③1871年，唐廷枢推荐他的哥哥唐茂枝出任天津怡和洋行在华的买办，同样受到洋行老板的重视。约翰生在给威廉·克锡的信中说："关于天津的代理行，我想福布斯先生经营效率的提高在不小程度上应归功于唐景星的人马。"④ 旗昌洋行的J. M. 福士甚至认为："就获得情报或持续地鼓动华商而论，怡和靠唐景星或琼记靠他们的买办能够把我们完全打败。"⑤1873年，他曾试图雇用曾是宝顺洋行买办的徐润为洋行在上海的总买办："我正努力把阿润（徐润）弄来，但愿成功，虽然他同中国公司（轮船招商局）的关系

---

① 刘广京：《唐廷枢之买办时代》，载《清华学报》第2卷，第2期，第155页。

② 刘广京：《唐廷枢之买办时代》，载《清华学报》第2卷，第2期，第156页。

③ 刘广京：《英美在华轮运业的竞争》，载《清华学报》第2卷，第2期，第143页。

④ 刘广京：《唐廷枢之买办时代》，载《清华学报》第2卷，第2期，第168页。

⑤ ［美］郝延平著，李荣昌等译：《十九世纪的中国买办：东西间桥梁》，上海社会科学院出版社1988年版，第39页。

是一个严重的困难。”[①] 虽然他的努力不能如愿以偿，但这件事足以表明，香山买办的特殊作用，使他们在洋行中有着十分重要的地位。

就中国对西方冲击的反应而言，买办的重要性主要还不在于一般的中间人的职责，而是在于他们作为东西方之间两种文化的中间人所起的作用。一方面，他们站在洋行的立场上，竭力为洋行揽载业务和牟取暴利。作为外商必不可少的雇员，他们不仅直接参与中外贸易，而且还间接地把一些中国传统经济制度拿来为其服务。如利用钱庄，买办成功地在钱庄和中国的对外贸易之间建立了最初的联系，使其直接为中外商贸活动服务；另一方面，站在中国商人的立场上，买办又利用自己特殊的身份和特权，不遗余力地争取自己的政治地位，积累自己的物质财富。唐廷枢、徐润和郑观应等香山买办就是在受雇洋行买办期间，通过各种途径迅速发家致富的。唐廷枢在任怡和洋行买办时，除了经理库款、收购茶丝、开展航运、在上海以外的通商口岸扩大洋行势力等外，还为怡和洋行扩大了业务活动的领域，如投资当铺，经营地产，推销鸦片，运销大米、食盐，甚至涉及内地矿产的开采，吸收大量的华商资本为怡和所用，充当了“中国投资人与怡和洋行之间的中间人”的角色。他自己也承认“只要我能腾出几分钟时间，我总是帮助我的本地朋友工作，他们全都要我代表他们和外国洋行做生意，为了照顾他们的利益，我已经被他们推举为公正和北清两轮船公司的董事。这次做的结果，不但使我每年可以得到大约一千两的收入，大大帮助了我的家庭，而且还使我对外界所发生的事，有了充分的了解。”[②] 由于唐廷枢对怡和洋行做出了相当大的贡献，因此也得到了洋行各方面的大力支持。当他挪用怡和 8 万两巨额库款的

① ［美］郝延平著，李荣昌等译：《十九世纪的中国买办：东西间桥梁》，上海社会科学院出版社 1988 年版，第 32 页。

② 汪敬虞：《唐廷枢研究》，中国社会科学出版社 1983 年版，第 164 页。

秘密泄露出来后，怡和老板约翰生虽然极为不满，但是却没有对唐廷枢进行任何制裁，相反，“尽管有了这样明显的金融上的舞弊，约翰生在他的私人信件中谈到唐廷枢的买办工作，总是替他说好话”[①]。宝顺洋行买办徐润，一方面竭力为洋行扩大业务规模，从中分得相当可观的佣金；另一方面又与人合伙或自己单独经营与洋行业务有直接关系的商业贸易。1863 年仅温州白林庄茶号一处的年收益就高达三四百万两。[②]买办作为中外商人的居间人，他们获得财富既不通过当官去谋取，也不谋求绅士的协作或官方的保护，而是依靠他们自己积极主动的各种经济活动。因此，有的学者称他们是“中国历史上第一批在理论上和现实中都不受官府的羁縻，通过商业生涯积聚巨额财富的商人”[③]。

买办作为东西方两个世界的中介人，对于近代中国的经济发展、社会变革和全面的文化移植起了战略性的重要作用。一方面，由于他们在语言和商业上的优势，受雇于洋行，直接参与中外商人的贸易活动，使西方的工业品顺利地进入中国的通商口岸和内地农村，也使中国的农副产品和原材料以最快的速度进入国际市场，将中国经济纳入世界经济体系，从而在客观上加速了中国自然经济的解体和近代中国传统市场的转型；另一方面，“作为中外商人的中介人，买办属于最早同西方人有直接而广泛接触的中国人，他们比任何别的阶层的人都更能看到从事新式企业的前途，并且有能力、有专长得以坚持下去”[④]。在 19 世纪，经手中国大部分对外贸易的买办，通过各种手段，积累了可观的资产。他们

---

① 《申报》，1875 年 3 月 31 日。

② 《徐愚斋自叙年谱》，咸丰二年记事。

③ ［美］郝延平著，李荣昌等译：《十九世纪的中国买办：东西间桥梁》，上海社会科学院出版社 1988 年版，第 263 页。

④ ［美］郝延平著，李荣昌等译：《十九世纪的中国买办：东西间桥梁》，上海社会科学院出版社 1988 年版，第 267 页。

从西方人那里学会了经营现代商贸的方法，懂得资本的价值，看到了近代工业的利益和前途，在长期的中外商贸活动中，逐渐成为新式商业的行家里手。因此，“买办能够集资本的消极拥有者角色和积极经营者角色于一身，而使他们区别于传统的富人”，真正成了“把财富和企业家的专长结合起来的一种新型的富人”。[①] 作为洋行的买办，他们可能是外商在中国势力扩张的得力助手，但是作为独立的商人，买办同样也是外商在中国进一步发展的强有力的竞争对手。对此，有的研究者就指出：“买办问题的兴起，是由于英国商人对中国语言和当地商业习惯的无知。从 19 世纪 40 年代以来，他们一直完全依赖称为‘买办’的土著代理人，开展收购茶、丝，销售鸦片与纺织品等业务，并借以同中国商人进行结算。买办被看做‘帝国主义侵略者的爪牙’，或被看做给条约口岸带来‘商业革命’繁荣的‘东西方之间的桥梁’。然而，在事实上，他们对中国和西方的商人都是一把双刃剑。”[②]

第二节　买办是中国近代工商业的推动者

作为东西方两个世界之间的中介人，买办不仅在中外贸易中发挥作用，而且在近代中国工商业的起步阶段大显身手。他们在“中国早期工业化中的重要性在于他们成为一种集投资者和管理者的角色于一身的新型人物，因而成为开拓中国新式工业企业的领导力量之一。这种独一无二的两位一体的特性非常宝贵，因为这在当时其他阶层是很难得到的。”[③]

---

① ［美］郝延平著，李荣昌等译：《十九世纪的中国买办：东西间桥梁》，上海社会科学院出版社 1988 年版，第 4 页。

② 参见丁日初主编：《近代中国（第 3 辑）》，上海社会科学院出版社 1993 年版。

③ ［美］郝延平著，李荣昌等译：《十九世纪的中国买办：东西间桥梁》，上海社会科学院出版社 1988 年版，第 267 页。

传统的商人大都习惯上将财富主要用于买田买地、建房造园、娶妻生子和各种生活消费，而不是用于投资工商业和扩大再生产，因此，中国的工商业很难在原来的基础上获得更进一步的发展。近代中国的买办商人则不同，他们不仅成功地把中国商贸活动带入国际贸易体系，而且还积极投身于近代工商企业，成为名副其实的近代工商业的投资者和管理者。

首先，买办制度所固有的巨额开支，以及买办商人参与的商业竞争，客观上削弱了外商在华的势力，为中国商业资本的运营和发展赢得了宝贵的空间。雇用中国买办，对外商来说，代价也是高昂的。海关税务司的一位外籍人员在 1865 年的报告中就认为："如果外商……懂得有关银钱知识……如果他们省去买办、看银师及其若干雇员的代价高昂的服务，那么大幅度降低开支才可实现，他们的收益也就会无限增加……现在他们即使以最有利的条件出售货物，也难免蒙受亏损。"① 当华商拟在天津开设更多的洋行，以便在华北口岸建立直接的中英贸易时，有人就指出："如果建立直接的贸易的话，洋货的销售当然会回到设于此地的洋行之手；但是，我们只盘算在某一方面节省开支，我们切不可忘记，在贸易中还有另一种费用……我指的是买办抽取的费用，这个中介人集团比促使他们应运而生的环境存在得更为久长。他们的外国雇主有充分的理由责怪他们，但是无能采取什么步骤来摆脱他们无度的苛求。"②1871 年，F. B. 约翰生给威廉·克锡的信函中说："买办及其雇员对中国土货交易所加的'榨取'以及对您那里的需索，使外商同本

① 《1865 年中国各口岸外籍税务司的贸易报告》,《英国蓝皮书》, 1867 年, 第 12 页。
② 《1866 年中国各口岸外籍税务司的贸易报告》,《英国蓝皮书》, 1867—1868 年, 第 110—111 页。

地商人的竞争几乎是不可能的。”[①]12 年后，这位约翰生仍然认为这些开支实际上将外商从中国的沿海贸易中驱逐出去。他说：“我完全肯定，买办制度已被推向极端并达到极为有害的程度……看来中国雇员向我们抽取的佣金和提成，将扼杀外商的航运业，正如他们将外商从沿海的货运业务中赶走一样。”[②]1873 年，当唐廷枢出任轮船招商局总办时，外国人就认为：“唐君久历怡和洋行，船务亦深熟悉，自后招商局必多获利也。”[③] 琼记洋行费伦也相信轮船招商局“不难找到为数众多的股东，只要他们知道这个公司是由唐景星妥善地加以经理”[④]。有的甚至指出：“当唐氏在东方一家第一流的外国公司任职时，获得了丰富而广阔的经验。他正在运用这个经验去损伤这些外国公司。”[⑤]

不过，洋行在中国借助买办拓展其在华的商业和投资领域的同时，也给中国带来了资本和技术，以及管理的知识和经验，扩大了中国的市场网络，提供训练管理人员的机会和将中国的储蓄引入近代投资事业的渠道。而且西洋工商业产品通过买办为中介进入中国人的日常生活领域，魔法般地改变着中国的产业结构和消费方式，甚至影响了中国人的价值观和世界观。“如棉花一项，产自沿海各区，各区用以织布、纺纱，供本地服用外，运往西北各省者络绎不绝。自洋纱、洋布进口，华人贪其价廉质美，相率购用，而南省纱布之利半为所夺。迄今通商大埠及内地市镇城乡，衣大布者十之二三，衣洋布衣者十之八九。”[⑥] 全国各地“几

---

① 参见 F. B. 约翰生致威廉·克锡函，1871 年 8 月 17 日，怡和洋行档案。

② 参见 F. B. 约翰生致威廉·克锡函，1883 年 6 月 11 日，怡和洋行档案。

③ 参见《教会新报》，1873 年 6 月 28 日。

④ 汪敬虞：《唐廷枢研究》，中国社会科学出版社 1983 年版，第 178 页。

⑤ 汪敬虞：《唐廷枢研究》，中国社会科学出版社 1983 年版，第 179 页。

⑥ 吴慧主编：《中国商业通史·第五卷》，中国财政经济出版社 2008 年版，第 106 页。又见夏东元编：《郑观应集》（上册），上海人民出版社 1982 年版，第 715 页。

乎没有一个中国人的家庭不用一些进口洋货——假若不是棉织品，至少要用煤油作室内照明之用，或者在欧洲制造的，迎合中国人嗜好的不胜枚举的某些小东西”。在汉口，“对于中国制造的杂货，如玩具、工具、铅笔、图画、装饰品、伞、利器、假珠宝、肥皂等的需要也不断增加”。在广州，“长街上可以看到许多商店出售外国食品，全是供给中国人消费的。洋酒，特别是香槟酒，同食糖、饼干、沙拉油和罐头牛乳，一起陈列在货架上”。在梧州，“自中国与泰西互市，外洋货物无不流行。内地阛阓之中，自衣饰器用以及饮食玩好，十色五光，迷炫心目。其物虽不能坚致耐久，亦必有零星数家，出售杂用之物”。甚至在云南昭通的商店里，也“洋货颇多”，以至出现“民间日用，无一不用洋货”的现象。[①] 洋货的冲击严重影响了中国手工业者的生活，郑观应在《盛世危言》中就指出：“洋布、洋纱、洋花边、洋袜、洋巾入中国，而女红失业。煤油、洋烛、洋电灯入中国，而东南数省之柏树皆弃为不材。洋铁、洋针、洋钉入中国，而业冶者多无事投闲。此其大者，尚有小者，不胜枚举。所以然者，外国用机制，故工致而价廉，且成功亦易。中国用人工，故工笨而价费，且成功亦难，华民生计皆为所夺矣……呜呼！洋货销流日广，土产运销日艰，有心人能不愁然忧哉？”[②]

外国洋杂货和工业制品的大量进口和推销，引起了经营杂货商业行业的变化，也使传统手工业行业迅速衰落和转化，更使中国农产品生产日趋专业化和市场化。如中国生丝的大量出口，带来了生丝市场的繁荣。《南浔志》的记载就说明了这一点，“蚕事乍毕丝事起，乡农卖丝争赴市。市中人塞不得行，千声万语聋人耳。纸牌高揭丝市廛，沿门挨户相连接。

① 姚贤镐编：《中国近代对外贸易史资料（1840—1895）》，中华书局1962年版，第1093—1107页。

② 夏东元编：《郑观应集》（上册），上海人民出版社1982年版，第715页。

喧哗鼎沸辰至午，骈肩累迹不得清。共道今年丝价涨，番跃三枚丝十两，市侩贩夫争奔走，熙熙而攘攘往。一日贸易数万金，市人谁不利熏心。但教炙手即可热，街头巷口共追寻。茶棚酒肆纷纷话，纷纷尽是买与卖。小贾收买交大贾，大贾载入申江界。申江鬼国正通商，繁华富丽压苏杭。番舶来银百万计，中国商人皆若狂”。[①]汪曰桢在咸丰《南浔镇志》中记述丝户“初过小满梅正茧，市头丝肆咸开张，临衢高揭纸一张，大书京广丝经行。区区浔地虽偏小，客船大贾来行商。乡人卖丝别粗细，广庄不合还京庄。行家得丝转售客，蚕家得钱不入囊。急寻过付丝私债，年年空为他人忙”[②]。可以说，外国在中国设立的商行，为推销商品和掠夺

清末中国买办与洋商洽谈的情景（中山市博物馆提供）

① 姚贤镐编：《中国近代对外贸易史资料（1840—1895）》，中华书局1962年版，第1487页。

② 吴慧主编：《中国商业通史·第五卷》，中国财政经济出版社2008年版，第126页。

原料，通过其在华雇用的买办，在中国建立起了从全国各个通商口岸到穷乡僻壤的多级庞大的推销网及经营体系。洋行通过其在华的销售体系，可以快速高效地将进口商品推销到各地初级市场，也可极为便利地采购到中国土特产品出口。近代中国进出口贸易的实际经营权，几乎被外国商人所掌握。中国对外贸易的半殖民地性质因此日益加深。

伴随着中外贸易范围的扩大和商品数量的增加，以买办商人为代表的近代新式商人也迅速崛起。他们在与洋商频繁的接触和交往过程中，掌握了经营近代新式商业的知识和经验，开始自立商号，投资新式工商企业，实现了向民族资本家的转变。尤其是买办商人积累了大量资本后，一部分附股于外国企业，一部分投资于官督商办企业，也有的直接投资于私人资本企业。据统计，1840—1894 年，买办的资本积累中有 56% 是交存于洋行或附股于外国商人企业，保证金 50%，附股 6%；41.5% 投资于商业、金融业和房地产业；只有很少一部分 2.5% 投资于近代工业。[①] 但是买办商人的这部分投资已经是当时洋务运动中官督商办企业的重要资本来源。唐廷枢在任怡和洋行总买办期间，就参与了外商企业中的附股活动，成为公正轮船公司和北清轮船公司的董事，还和前任买办林钦合伙开设茶栈，为洋行出口收购茶叶，并先后投资于上海的三家钱庄，担任丝业、茶业两公所和经营鸦片的洋药局董事。徐润在宝顺洋行时，就与副买办曾寄圃等合开祥字号，包办各洋行丝、茶、棉花生意。1860 年又“试办润立生茶号”，独自经营茶业生意。1862 年与徐芸轩合开宝源丝茶土号。1864 年又附股于一些钱庄、绸庄、布店。[②] 郑观应在宝顺

① 许涤新、吴承明主编：《中国资本主义发展史·第二卷·旧民主主义革命时期的中国资本主义》，人民出版社 1990 年版，第 181 页，表 2—37。

② 徐矛主编：《中国十买办》，上海人民出版社 1996 年版，第 2—10 页。

洋行的十年间，除做买办分内的事外，自己也做一些生意。[1]离开宝顺洋行后，郑观应的投资和经营活动仍然是茶业、轮航业和贩盐业等领域。[2]在投资和经营近代新式工商企业过程中，买办商人已经完成了从旧式商业向近代新式商业的转型，在国内外贸易中成为外商的最强劲有力的竞争对手，从而成为近代中国社会经济转型中举足轻重的人物。1878年，一位曾在远东经商的美国人托马斯·诺克斯在《哈泼斯月刊》上发表《买办人物》的文章，就谈到买办的竞争力。他说："外国人同中国人这种交往的结果并不完全有利于外国人的。中国人（指买办）学会了外国人无形中教给他的生意经，并且学得很好。现已证明，他……是一个比他的导师更强的对手。在所有的中国口岸，都有华人的钱庄，华人保险行，华人贸易团体，华人轮船公司以及其他企业。所有这些都由华人主管，为华人资本所支持。还有华人的进口商和出口商。"[3]小奥古斯丁·侯德回忆说："关于'地方贸易'，我指的是中国沿海各口岸之间的贸易，以及同邻国如泰国、新加坡、巴达维亚等国各口岸之间的贸易。从前完全在外国人手中，但是由于中国人逐渐熟悉了外国方式，他们自己占有了它。他们为什么不可以如此做

徐矛主编的《中国十买办》封面

---

① 夏东元：《郑观应》，广东人民出版社1995年版，第8—10页。

② 易惠莉：《郑观应评传》，南京大学出版社1998年版，第47—54页。

③ ［美］托马斯·诺克斯：《买办人物》，载《哈泼斯月刊》，1878年第57期。又见［美］郝延平著，李荣昌等译：《十九世纪的中国买办：东西间桥梁》，上海社会科学院出版社1988年版，第145—146页。

呢？他们像其他商人一样聪明，他们可以从钱庄那里得到贷款，他们可以使用电报，而最重要的是，他们在中国无须支付佣金和经纪费用，而外国人则必须付。”[①]掌握了国际贸易知识的买办，在中国以外的地方也同外商竞争，一些买办在日本对“欧洲人的竞争，更甚于对日本人的竞争……他们成功地在外商的利润中挖起了大笔的油水”。在印度尼西亚，“华商稳稳地截走了生意，直接获得最满意的结局，为此而把一些外国洋行撵出了生意场”。[②]可以说，经过买办生活的多年历练，买办商人开始广泛地从事各种商业活动，成为真正意义上的独立商人。因此，有人称“买办商人是中国近代第一代商业资本家”[③]。

其次，买办商人在为洋行服务和独立经营商业活动的过程中，积累了财富和经验，并在长期与外商往来中认识到设立近代企业的重要性和有利可图，在其他阶级产生同样的意图之前，他们就已经投资并参与建设这些企业了。

近代工业发展的历史表明，买办商人对兴办近代工业起到了重大作用，是中国近代早期工业化的第一批投资者。他们首先进入轮运、采矿、纺织和机器制造等近代行业，因而“成为致力于中国工业化的前驱”。[④]据研究，1862—1873 年，买办为上海的五家外国航运公司和中国的轮船招商局提供了 30.8% 的资本，其中，轮船招商局投资中的 77.8% 是由买

① 小奥古斯丁·侯德：《旧中国与新世界》。又见［美］郝延平著，李荣昌等译：《十九世纪的中国买办：东西间桥梁》，上海社会科学院出版社 1988 年版，第 146 页。

② ［美］托马斯·诺克斯：《买办人物》，载《哈泼斯月刊》，1878 年第 57 期。又见［美］郝延平著，李荣昌等译：《十九世纪的中国买办：东西间桥梁》，上海社会科学院出版社 1988 年版，第 147—148 页。

③ 王相钦、吴太昌主编：《中国近代商业史论》，中国财政经济出版社 1999 年版，第 129 页。

④ ［美］郝延平著，李荣昌等译：《十九世纪的中国买办：东西间桥梁》，上海社会科学院出版社 1988 年版，第 129 页。

办提供的。1872—1893 年，在八家中国商人轮船公司的总资本中，买办商人为官督商办或商办的近代煤矿提供了所需资金的 62.7%；1890—1910 年，为 27 家棉纺织企业提供了 23.23% 的资本，其他商人的投资占 21.9%；1883—1913 年，为近代机器制造提供了 27.6% 的资本，其他商人的投资占 27.36%。[①]

尤其是以唐廷枢、徐润、郑观应等为代表的香山买办，几乎参加了中国近代新兴工业的绝大部分项目的投资。中国人拥有并经营的第一家轮船公司——轮船招商局的创办和发展，买办商人的资本注入起了决定性的作用。1873 年，唐廷枢、徐润入主轮船招商局时面临的重大困难就是筹集资金问题。在轮船招商局二期共 200 万两资本总额中，徐润两次各入股 24 万两，合计达 48 万两。由徐润出面“招徕各亲友之入股者亦不下五六十万两”。[②] 唐廷枢入股也不少于 8 万两，他“随带资本并‘南浔’轮船入局经营”，据说他“凑集商贾数十万”。[③] 唐廷枢的胞弟唐廷庚和郑观应等都占有一定的股份。[④] 唐廷枢进入招商局后，为了开展码头堆栈和轮船保险业务，和徐润等人先后创办长源泰、长发两个堆栈和仁和、济和两个保险公司。主持开平矿务局后，又与郑观应等集资在广州修建轮船码头，运销开平煤炭。随后他又与买办李文耀试办热河承平银矿，还打算开办广东天华银矿，与郑观应合作经营造纸厂。在去世之前，还准备和徐润等人开办热河的建平金矿，在这之前还曾投资创办《汇报》。

① ［美］郝延平著，李荣昌等译：《十九世纪的中国买办：东西间桥梁》，上海社会科学院出版社 1988 年版，第 153—161 页。

② （清）徐润撰，梁文生校注：《徐愚斋自叙年谱》，江西人民出版社 2012 年版，第 86—87 页。

③ 中国史学会主编：《洋务运动》（六），上海人民出版社 1961 年版，第 38 页。

④ 参见郑观应：《盛世危言后编》卷十，夏东元编：《郑观应集》（下册），上海人民出版社 1988 年版。

与唐廷枢相比，徐润投资近代工矿企业的热情更高，除投资洋务企业外，他自己还大规模地投资房地产业。尽管在房地产业的投资以失败告终，但从中也曾大赚了一笔，初步尝到了房地产业的甜头。晚年，徐润致力于近代工业企业的经营，成功地使景纶衫袜纺织厂起死回生。并与同族兄弟共同投资经营了同文书局，印制了一大批中国经典文献，为发展我国早期的新式印刷工业做出了贡献。①

总之，买办对中国近代新式工商企业方面的投资一直有着浓厚的兴趣。他们在洋务企业方面投资最多，对近代民族工商业的发展做出了重要贡献。他们的投资涉及航运业、矿业、纺织业、机器制造业、保险业、公共事业、房地产业、金融业等领域，所占的比重也令人瞩目。虽然他们投资近代工商企业的最初动机仅仅是为了赚更多的钱，使钱能变钱，利能变利，但是，在拥有雄厚资本的官僚、商人和地主等对投资新式工商企业能够盈利仍然表示怀疑的情况下，买办商人投资近代工商企业的热情尤其难能可贵。他们投资中国近代新式工商企业，不仅壮大了中国近代新式工商企业的力量，而且也为人们投资新式工业企业树立了榜样。他们以自己的实际行动，为中国近代工商业的转型和发展奠定了坚实的基础。

再次，买办在投资近代新型工商企业的同时，还积极参与新型工商企业的经营与管理，成为中国近代最早的也是最成功的一批企业家。诚然，并不是所有的买办都是企业家，早期企业家并不一定是洋行买办出身。但是，"买办作为成功的企业家在中国最早的大规模的轮运、采矿和纺织企业中的成功同其他阶层的人们的反应迟钝相比是很突出的"②。传统

① 参见张耀中主编：《珠海历史名人》（第一卷），珠海出版社 2001 年版。

② ［美］郝延平著，李荣昌等译：《十九世纪的中国买办：东西间桥梁》，上海社会科学院出版社 1988 年版，第 266 页。

商人很少参加中国早期新型工商企业的投资、经营和管理。对进入新的领域，他们往往极为勉强，顾虑重重，缺乏兴趣和信心。从前的行商在商业方式改变后，很快就在中国社会舞台上消失；盐商很少参与新式企业的资金筹集和经营活动；传统的山西票商也不能像日本的财阀那样适应新的经济形势；至于传统的绅士和封建官僚，虽然也想涉足新式工商企业，但他们缺乏从事新式企业的知识、技能和经验。相比之下，买办在当时极其不发达的经济社会和人文环境里积极投身新型工商企业，自觉地进行角色和身份的转型，实在是难能可贵。郝延平先生因此十分赞赏地称他们更像企业家，“有效率、有进取心，深思熟虑，有商业头脑，注重市场，并且最为主要的是具有冒险精神”。他说：“人们总认为中国经济现代化发展缓慢的主要原因之一是缺乏企业家精神。但在考察近代中国商业和工业的发展时，人们就会发现买办商人作为创新者、风险承担者、资金提供者，以及能干的经理，是同样卓越的熊彼得式的企业家。”①

从历史上看，买办商人在中国第一批近代企业的创办、经营和管理活动中的确发挥了极其重要的作用。他们在与外商长期接触过程中，逐步掌握了兴办近代企业的基本知识，积累了经营管理近代企业的经验和才干。在创办近代企业的过程中，如遇到企业资本的筹集、产品的定价、经营策略的制定等企业管理问题，传统绅商往往不能胜任，不得不起用买办商人，如轮船招商局最初就是由一位在沙船行业颇有影响的沙船主朱其昂负责创办，但开局不久他因“才力不及”而主动辞职，接任的是“贸易有年，声望素著，经理极熟”“熟悉商情，明白笃实”“阅历外

---

① ［美］郝延平著，李荣昌等译：《十九世纪的中国买办：东西间桥梁》，上海社会科学院出版社 1988 年版，第 266 页。熊彼得的经济理论认为起核心作用的是富有胆识和创新精神的企业家。有的认为，一个企业家应是“一个决策者，为了创办、维持和扩张企业，他们以其创造性的主动精神将所有的生产要素聚合在一起”。

务，洞悉西船运载法制”的香山买办商人唐廷枢、徐润和后来的郑观应。[①]洋务运动时期官督商办的三大企业——轮船招商局、开平矿务局、上海机器织布局，都得力于香山买办商人的投资和丰富的经验。[②]

容闳（引自“郑观应生平史迹展”）

严格说来，最早提出组建轮船公司的是留美回国的香山人容闳。1863 年前后，具有买办经历的容闳就曾向曾国藩建议在中国设立机器厂，生产出用以制造枪炮、发动机、农业器械和钟表等的机器。同年受曾国藩之命赴美购买机器。[③]1867 年，容闳又首先提出《联设新轮船公司章程》，在章程序文中，容闳认为新轮船公司“俱用中国人合股而成”，这样，不仅对“中国商货（运输）大有便宜”，还能使新轮船公司购置和驾驶船舶的权力掌握在中国人手中。[④]容闳的计划虽然没有被当局采纳，但他的倡议却受到一些洋务派人士的重视。事实上，容闳的同乡——唐廷枢、徐润、郑观应等早已涉足近代航运业。从 1859 年至 1872 年间，外商在上海、香港等地设立的琼记、清美、旗昌、省港澳、公正、北清、华海、中国太平洋等 9 家轮船公司，共有资本 5233550 两，

① 张后铨主编：《招商局史·近代部分》，中国社会科学出版社 2007 年版，第 39—45 页。

② 参见王相钦、吴太昌主编：《中国近代商业史论》，中国财政经济出版社 1999 年版。

③ 石霓译注：《容闳自传——我在中国和美国的生活》，百家出版社 2003 年版，第 134—154 页。

④ 张后铨主编：《招商局史·近代部分》，中国社会科学出版社 2007 年版，第 19—20 页。

其中相当一部分是通过华商（包括香山买办在内）筹集的。[①] 唐廷枢、徐润等香山买办则是主要的股东之一。[②]

唐廷枢、徐润取代朱其昂管理轮船招商局后，的确不负众望，不仅很快筹足了资金，而且也拓展了业务，扭亏为盈，几年的工夫，招商局就成为英美几家老牌的轮船公司的“不可轻视的对手”，甚至在1876年并购了美国旗昌轮船公司，“遂与怡和太古并号三公司，名且骎 而上之焉”。[③]1876年，唐廷枢受命勘测开平煤矿，在徐润、唐茂枝等香山买办的密切配合下，实行股份制，采取“因友及友”的方式，扩大招股集资，到1881年已集资100万两，其中，徐润投资15万两，唐茂枝30万两。经过数年的努力，开平煤矿年产量由1882年的8185吨，增加到1886年的34100吨，到1891年达70885吨，成为当时获利最多的一家近代化大企业。作为开平煤矿的附属部分，唐廷枢还主持兴办了中国自营的第一条铁路——开平铁路（又称唐胥铁路），中国自营的第一家水泥厂——唐山细棉土厂。[④] 同一时期，香山买办郑观应在参与轮船招商局的经营与管理时，受李鸿章的委派负责筹办和经营管理上海机器织布局。李鸿章认为郑观应“才识并优，条理精密，久为中外商民所信服，若责成专精经理，当可渐收实效”。[⑤] 郑观应作为该局的总办，利用自己的各种社会关系，“所招之股为数独多”，在经营管理等方面，也充分发挥了自己的才干和胆识，为上海机器织布局得以顺利创办奠定了基础。严中平因

---

① 汪敬虞：《唐廷枢研究》，中国社会科学出版社1983年版，第97页。

② 张后铨主编：《招商局史·近代部分》，中国社会科学出版社2007年版，第14—16页。

③ 《盛宣怀行述》，《愚斋存稿》，第7页。

④ 夏东元编：《郑观应集》（下册），上海人民出版社1988年版，第530页。

⑤ 参见张耀中主编：《珠海历史名人》（第一卷），珠海出版社2001年版；张耀中主编：《珠海历史名人》（第二卷），珠海出版社2004年版。

郑观应于 1896 年任汉阳铁厂总办，图为汉阳铁厂一景（2023 年摄于香山商业文化博物馆）

此认为“上海机器织布局虽不成于郑观应之手，但是经营筹划基础是郑观应建立的”。上海机器织布局是中国第一家机器棉纺织厂，它的创建经历，为中国近代棉纺织业的发展提供了经验和教训，是中国棉纺织业近代化的第一步。随后，郑观应又受命筹建津沪电报局，并出任上海电报分局总办。后来因工作的调动在 1882 年 3 月离开上海电报分局，但他已为电报业的发展创造了良好的外部环境和内部条件。在此期间，郑观应还把威基杰的《电报新书》改编为《电报新编》，使之成为中国最早的汉字电码本，组织编译了《万国电报通例》和《测量浅说》，撰写了《论电报》等文章，为电报业的发展打下了良好的基础。[①] 甲午战争后，他又受命为汉阳铁厂总办，兼任粤汉铁路公司总董，负责汉阳铁厂和粤汉铁路的筹建等工作。他一生三进三出轮船招商局，最后病逝于招商局董事

① 刘圣宜：《近代强国之路的探索者：郑观应》，广东人民出版社 2006 年版，第 81—82 页。

任内，为招商局的生存和发展呕心沥血、全力以赴、万死不辞。

总之，以香山买办为代表的买办商人，在近代新型工商企业，尤其是轮船招商局、开平煤矿、上海机器织布局等方面的投资、创办、经营与管理中，均起了十分重要的作用。他们在经营管理上的成功经验和失败教训，都在客观上为中国早期工商业近代化和经济社会近代化转型奠定了基础，铺平了道路。尽管买办的投资和经营带有某种投机性，但他们在近代中国的经济发展中所起的关键作用是不可否认的。他们“作为一个资金提供者、精明强干的管理者、风险承担者和革新者，凭他们的才能，就是一个名副其实的企业家”。①

第三节 买办是近代中国社会风气的开新者

生产方式、物质交换和文化交流，直接影响或决定着人们的生活方式和活动方式，甚至诱发人们思想观念和精神状态的改变。身处条约口岸形成的一种混合文化氛围里的买办商人，由于特殊的职业和身份，特殊的能力和才干，使他们在近代中国急剧变动的社会里成为既受重视又受责难的特殊群体。一方面如学者所言“买办在近代中国的重要作用绝不局限于经济领域”，“他们的影响范围从生活方式直到中国对西方文化的反应。买办作为相当富有的人，能够捐得绅士身份，而成为社会头面人物。同时，他们在政治上很活跃，在中国的改良和革命运动中扮演某种角色。他们凭借洋泾浜英语的专长和对西方的了解，不仅在经济方面，而且在社会、政治和文化诸方面都成为东西方之间的中介人”。②另一方

① ［美］郝延平著，李荣昌等译：《十九世纪的中国买办：东西间桥梁》，上海社会科学院出版社1988年版，第181页。

② ［美］郝延平著，李荣昌等译：《十九世纪的中国买办：东西间桥梁》，上海社会科学院出版社1988年版，第223页。

面，买办的职业特点和财富的迅速聚集，以及政治社会地位的提高，也招来了保守人士的非议和名利场上的挤压，甚至洋务官僚的鄙夷。对买办颇为重视的李鸿章对买办的看法就很有代表性，他说："其人不外两种：一、广东、宁波商伙子弟佻达游闲，别无转移执事之路者，辄以学习通事为逋逃；二、英法等国设立义学，招本地贫苦童稚，与以衣食而教肄之。市儿村竖，来历难知，无不染洋泾风气，亦无不传习彼教。此两种人者，类皆资性蠢愚，心术卑鄙，货利声色之外不知其他。且其仅通洋语者十之八九，兼识洋字者十之一二。所识洋字，亦不过货名价目，与俚浅文理"，这些人"获利最厚"，而"无所忌惮"。[①] 李鸿章的评议虽然难免带有仕人对商人习惯性的偏见，但也代表了这个时期绝大多数中国人对买办的看法。不过，看法归看法，偏见归偏见，在现实社会生活面前，人们往往抛开偏见而追求实在，就是像李鸿章这种心高气傲、官场上如鱼得水的人，在筹办洋务企业的时候也难免不依靠他所鄙夷的"买办人物"。

事实上，在近代中国中西文化激烈碰撞和向西方学习的呼声日益高涨的环境里，在通商口岸和近代工商企业领域迅速崛起的买办，其言其行都注定引起社会各方面的关注，甚至成为人们学习和仿效的对象。他们在经济领域和政治生活中的积极表现，以及对西方文化的反应和日常生活方式上不中不西的特色，都很容易被置于社会舆论的风口浪尖之上，成为社会有机体中的最敏感而又最容易受刺激的部位。他们的优点有时恰恰是别人的短处；他们的成功有时正好是别人的榜样。因此，买办在政治、经济、文化等方面的作为，以及在生活方式、行为方式、思想观念等方面的"另类表现"，有时恰恰暗合了那些具有叛逆思想和创新精

---

① 李鸿章：《请设外国语言文字学馆折》，载吴汝纶：《李文忠公全书》奏稿卷 3，第 11 页。

神的人的心理，被当做一种“时尚”“新潮”来推崇和追求。

近代中国的买办，本身就是中西文化杂交的产物。条约口岸形成的文化，既是多元的，又是混合的，在许多方面又往往是以买办为样板的。“常见于十九世纪华中和华南各条约口岸的建筑式样，被人诙谐而恰当地命名为‘买办式’。”[①]“作为中国第一批在职业上同西方人保持长期而亲密联系的人，一方面，很快地因西方的熏陶而影响了诸如衣着、住宅、宴会、信仰和社会交往等生活方式；另一方面，他们生长在中国社会之中，受到中国文化很深的影响，因此，实际上他们是文化混血儿，在他们身上中西方文化交融在一起。”[②]他们在近代中国社会转型时期的地位、作用和影响因而也是多面的，有时甚至是自相矛盾的。

首先，买办生活方式的不中不西、亦中亦西，成为近代中国社会转型时期的“另类”表现，甚至成为那些向往西方社会生活的一批人眼中的“时尚”。通常，人们都认为买办最明显的特点就是对外商的趋附性。他们努力学习外语，熟悉洋人的生活习惯，巴结奉承洋人，崇洋媚外，对中国文化大都持排斥态度。其实，买办对中西文化的态度是极为复杂的，尤其是19世纪的中国买办中的香山买办，他们处于中西文化碰撞的关节点上，一方面要接触西方文化，因为那是职业和谋生的现实需要；另一方面又生活在中国这个大环境中，必须去面对自己的母体文化和社会实际，因此，他们的文化价值取向只能是不中不西，亦中亦西。徐润15岁进入洋行工作，离开洋行后一直和洋人保持着密切的联系，可以说他是晚清时期最接近西方社会生活的中国人之一，然而他在衣着上仍然保持

---

① ［美］郝延平著，李荣昌等译：《十九世纪的中国买办：东西间桥梁》，上海社会科学院出版社1988年版，第271页。

② ［美］郝延平著，李荣昌等译：《十九世纪的中国买办：东西间桥梁》，上海社会科学院出版社1988年版，第223页。

买办居室（2021 年摄于香山商业文化博物馆）

典型的中式打扮，“终年身着长袍，剃过的头上戴着一顶瓜皮帽”。[①] 在上海，天津、镇江，以及故乡香山等地，都买田置房，其建筑风格也是中西结合，宛若天然，别具意韵。其儿女的教育也是中西合一的教育方法，不仅授之以中国传统文化，而且在他们幼时即聘请外籍教师到家中教授外语，及其长大，又不惜花费巨资送至英、美等国学习西方近代科技和商务。其四子徐廷爵，先赴北京大学学习 4 年，24 岁时赴美国自费留学 5 年，学习商务、机器等专业，同时还学习德语，徐廷爵前后 9 年的高等教育共花费了近 3 万两银子的学费。但他回国后还参加科举考试获得商科举人。其五子徐廷勋，8 岁开始学习外语，16 岁专为他聘请外籍女教师，每日上门授 2 小时英语，长达 5 年。21 岁时又自费赴英国留学，

① 徐矛主编：《中国十买办》，上海人民出版社 1996 年版，第 37 页。

澳门郑家大屋

中山三乡雍陌的秀峰家塾

专攻政治和法律。长孙金生也被送往英国学习，其他几位孙子亦是如此。徐润的女儿、媳妇同样也有英籍女教师上门授课，内容涉及英语、地理、历史、绘画、音乐等，余暇学习针绣等传统家政教育方面的内容。在子女教育和家庭生活上，徐润选择的是中西结合、亦中亦西的二元模式。

香山买办唐廷枢、郑观应、莫仕扬等也是中西结合的典型代表。从他们的个人照片中就可看出，在正规的场合，他们一般都着中式服装。唐、郑到海外考察，同样保持典型的中式服装，在与外国人谈判或进行商务往来时，偶尔也着西装。以莫仕扬为代表的莫氏买办家族，唐廷枢为代表的唐氏买办家族，徐润为代表的徐氏买办家族，以及郑观应为代表的郑氏买办家族，都习惯在家乡买田造房，虽然家居日常器具大都是西洋产品，但在建筑风格和室内布局等方面却又始终保持中国岭南传统园林和住宅风格。澳门郑家大屋和中山二乡雍陌的秀峰家塾，就是地道的岭南建筑风格。在造园、建房、迁坟等问题上，香山买办同样迷信风水。徐润的叔叔徐荣村在三年内花了10万多两银子请人看风水，迁葬祖坟，期望给他的家庭带来好运。[①] 郑观应早年虽然对民间迷信风水多持异议，但晚年他又陷入了道教的泥潭不能自拔。其实，香山买办也不排斥外来宗教，如香山买办杨梅南（1872—1941），就是烟台基督教青年会的创始人和第一任会长。[②] 香山买办在生活方式上表现出来的开放创新与坚守正统，亦中亦西又中西结合的特点，由此可见。

最能体现香山买办思想观念先进和生活时尚的应该是他们的“广东英语”和“洋泾浜英语”。要了解西方文化或异质文化，必须首先理解和熟悉这种文化的语言表达。香山买办在长期与洋商打交道的过程中，不是被动地适应，而是主动地学习西方语言、文化习俗、法律制度等。容闳和唐廷枢的父亲，都主动地将他们送到教会学校学习英语和西方文化，目的就是想更直接融入洋人构成的社会里，谋求生存和发展。唐廷枢兄弟为了帮助家乡人学习英语，学会与洋人做生意，甚至劳心费力地编著了《英语集全》，教同乡如何学习英语以便于当买办。[③] 而且唐廷枢、唐廷植两人的英语讲得比英国人还地道。徐润和郑观应还是在时任买办的族亲那里学习英语、了解商务，才步入洋行买办行列。徐润初到上海，

① 《徐愚斋自叙年谱》，台北食货出版社1977年版，第10页。

② 吴醒濂编：《香港华人名人史略》，香港五洲书局1937年版，第62页。

③ 参见胡波：《近代中西文化碰撞中的香山买办》，王远明主编：《香山文化：历史投影与现实镜像》，广东人民出版社2006年版。

叔父徐荣村请两位精通星象的饱学之士为其看相，谓其“命有翰苑之望，不宜落于市井”。徐荣村遂将他送到姑苏西园求学，以博取科举功名。孰料因广州话与姑苏语相去甚远，数月下来，徐润非但读不成书，连日常生活用语也不能明白，只得返回上海，在伯父徐钰亭的安排下进入宝顺洋行当上了一名学徒。进入洋行后，徐润拜副买办曾寄圃为师，学习英语和贸易业务。由于勤奋好学，人又聪明伶俐，很快学会了英语和商贸业务，成为洋行不可多得的人物。

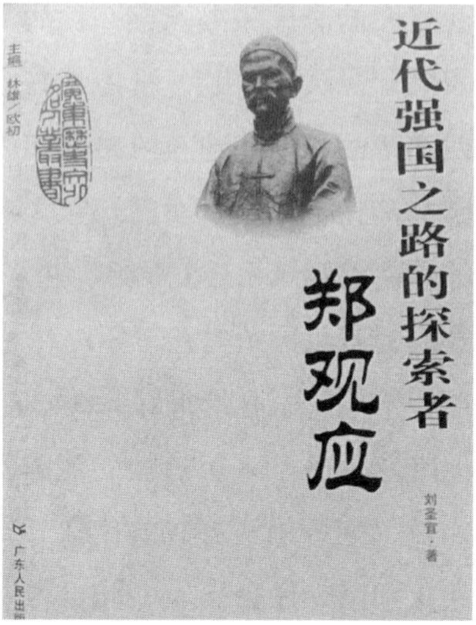

刘圣宜著的《近代强国之路的探索者：郑观应》封面

郑观应告别科举进身之途，在与叔父学习商贸业务的同时，还跟其学习英语。工作之余与另一好学的广东同乡梁伦卿一起到传教士傅兰雅所办的英华书院读夜校，以白天微薄的收入支付学费。读了两年，基本上掌握了英语，实现了“以一技傍身，冀多获些薪水而已”。[①]但事实上，学习英语固然可以“一技傍身”，多获些薪水，但也是一次在文化视野和价值观念上的洗礼和超越。语言是文化的活化石，也是一种文化。一种语言体系，实际上涵盖了一种特质的文化。掌握了一门语言也习得了一种文化。香山买办在主动学习西方语言的过程中，也使自己的原初文化属性增加了异质的成分。

正因如此，以郑观应、唐廷枢为代表的香山买办在19世纪中后期的

① 刘圣宜：《近代强国之路的探索者：郑观应》，广东人民出版社2006年版，第19—21页。

洋务运动中扮演了极其重要的角色。在19世纪中西文化碰撞中，他们一方面坚守中国传统文化和所谓的道统正统，在生活方式和行为方式上保持中国人的本色；另一方面又主张将中学与西学结合在一起，并有力地推动整个中国社会的变革。1878年上海《远东日报》认为唐廷枢："破除旧时之痼习，采用新法。集国人之资，用众人之功。其用人行政，皆用本国之人，须专门技术，方始用西人管理。该公司虽纯用西法管理，尽为中国之事业……"1892年唐廷枢病逝后，该报又发表评论说："唐廷枢的一生，标志着中国历史的一个时代，他的死是一个持久的损失。"①《怡和洋行150周年特刊》以《一位中国现代实业家》为题，对唐廷枢做了这样的概括："今天：唐景星已被英国几乎全部忘却，但是，他也许是中国近代历史中最受人注目的、有买办身份的人。他是中国第一个现代买办，所谓现代，其意义是他经营了工业革命时代（按：指西方工业革命）的产品——如蒸汽机轮船、以蒸汽为动力的开矿设备和铁路等。在于他成功地组织商业资本列入合营公司，向公众发行股票。他是中国轮船招商局漫长历史中最初十年的'动力'，他是华北唐山附近开平煤矿的奠基者，他管理该矿直至他1892年逝世为止。以后招商局与开平煤矿（按：该矿1912年被英商开滦煤矿吞并）都几经变迁，尽管如此，在唐氏的经营期间，两者都是非常成功的。应该感激，在李鸿章的宽厚保护下，他得以在政府控制的架构下继续得以发展。虽然唐氏在逝世时相对来说并不富有，但他的经理，表现了一种有控制的冒险与善于随机应变的倾向，他一方面能够把中国商人与中国政府的资源或财力结合起来；另一方面也掺和了欧洲人与美国人的实际知识，他既爱国，又着眼于世界。"②

---

① 唐有淦：《从洋行买办到民族资本家》，珠海市政协文史资料委员会和珠海市香洲区政协文史委员会1995年编印，第94—95页。

② 唐有淦：《从洋行买办到民族资本家》，珠海市政协文史资料委员会和珠海市香洲区政协文史委员会1995年编印，第3页。

其实，在近代中国得风气之先又首开风气的代表人物，还有以《盛世危言》而闻名于世的买办、实业家、思想家——香山买办郑观应。郑不仅饱读诗书，而且中西会通。在充分了解西洋历史地理、政治制度、风俗礼仪、经济状况的基础上，郑观应更关注国计民生。他既不崇洋媚外，又不排外拒外，而是借助西方先进的思想文化和政治、经济、社会理论与实践，为拯救民族危机、实现民富国强寻找“良方”和“法宝”。如他主张用国际法等法律知识解决中外争端，维护中国的利权，就很有见地。他的“商战”思想和一系列改良政治，振兴工商业的强国富民的主张，在当时也确实令人振奋。其文化观同样是中西结合的价值取向。他早年追求科举，一生大部分时间经商做买办，兴办实业，参与洋务活动，鼓吹改良，晚年则精研诗文，修道谈玄，研求医理，仍然是主张中西会通。因此，郝延平认为他们是那个时代的“边缘人物”，他们生活在一个文化混合型的社会里，迫使他们同时生活在两种不同的社会、甚至两种对抗的文化中的情形，也导致他们“扮演没有民族差异的人和外来人的角色——这同他们生活在几个不同的世界有关。由于他们的文化背景，他们必然成为见多识广、智力敏锐，并且更具独到的、明智的见解的人物”。①

其次，思想上的开明和行动上的果敢，以及事业上的成功，激励了大多数有理想志愿、有作为的中国人，驱使他们在社会变革的路上离传统社会的思想观念和价值目标越来越远。买办熟悉西方的语言文字和西学方面的知识，以及在商业竞争中积累的经验和才干，决定了他们在政治、文化和社会生活各个领域的地位和作用。清政府在洋务活动中需要他们的帮助，处理国内危机时也常常需要他们的参与。关心国家和民族命运

---

① ［美］郝延平著，李荣昌等译：《十九世纪的中国买办：东西间桥梁》，上海社会科学院出版社 1988 年版，第 273 页。

的爱国人士，也愿意从他们那里寻求政治上的保护、经济上的支持和思想观念上的呼应。郑观应就曾是康梁为代表的改良派和孙中山为核心的革命派极其关注的人物。孙中山甚至真的在思想上和行动上受到郑观应的具体影响。①

诚然，香山买办中的一些成员如鲍鹏、吴健彰等，常常在"汉奸"和"外交人才"两条绳索上行走，备受时人和后人讥骂。但从总体上看，19世纪的香山买办在中国社会各个领域均起了示范带头作用。他们关心民瘼、热心公益事业、兴办学校、建设医院、创办会所、出版报纸、印刷古籍、编辑族谱、改良乡政、赈济灾民的种种善举，不仅有功于文化建设，而且也益于政治改良、社会进步，弥补了政府功能的缺失，维持了地方和平。他们在生活方式和行为方式上的中西合一、"和而不同，不同而和"，在价值观、人生观和世界观上，为当时和后世的中国人树立了兼容并包，开放创新的典范。在思想观念上，他们善于西学中用，推陈出新；在社会生产和社会交往中，他们又善于运作和经营，有效率、有进取心，深思熟虑，有商业头脑，注重市场，并且最具有冒险精神。在考察近代中国商业和工业的发展时，人们就会发现买办商人作为创新者、风险承担者、资金提供者，以及能干的经理，是同样卓越的熊彼得式的企业家。②同时，香山买办也以绅士的身份而成为社会贤达，因履行了许多绅士的职责，而受到政府的表彰，他们在地方事务方面实际上承担了社会救济和维持秩序的职责，香山地区社会公共事业的发展和社会秩序的好转，与买办在家乡的乡政建设所做的努力分不开。在今天珠海的唐家、会同，中山的雍陌等地，买办商人在家乡公益事业上的贡献依然隐约可见。他

---

① 参见胡波：《香山买办与近代中国》，广东人民出版社2007年版。

② ［美］郝延平著，李荣昌等译：《十九世纪的中国买办：东西间桥梁》，上海社会科学院出版社1988年版，第266页。

们由贫贱而富贵，依靠个人奋斗，走上成功之路，实现向上流社会靠近的理想，也向人们展示了从商和西化的机缘与前景，从而客观上加速了整个中国通商口岸城市的社会转型。

通常，巨大的社会变革是从平民百姓的日常活动中出现。香山买办在近代中国社会变革中的地位与作用，还可以从他们的生活方式和家庭生活的细节中体现出来。他们的衣、食、住、行、用等日常生活的华洋一体，以及语言上的中英并用，子女教育上的中西结合，人际交往中的中外沟通与合作，都具有“另类”和“时尚”的双重意味，处处都予人以强烈的冲击和深刻的影响。在普通人的眼中，他们是能人、成功人士；在正统的保守人士看来，他们又是离经叛道、寡廉鲜耻之徒；在洋务派看来，他们是难得的洋务人才和企业家；在外国人的心目中，他们又是最好的合作者和最可怕的竞争对手。其实，香山买办的作用和影响，是在他们的一举一动、一言一行中点点滴滴地实现的，影响是广泛而深远的。他们成功与失败的历史，都给当时的中国人太多的启发和警示。他们是 19 世纪那些渴望脱贫致富者的偶像和榜样，也是希望由商入仕、进入上流社会人心中的楷模和前进的方向。他们是旧传统、旧习惯、旧势力的最勇敢的挑战者，又是社会秩序、宗族文化的守护人和社会改革与社会进步的推动者。他们唤起了多数人的崇高和伟大，如其时的孙中山；也滋生了某些人的卑劣，如后来的汪精卫等。以唐廷枢、徐润、郑观应、莫仕扬为代表的香山买办，在近代中国所起的作用与影响，不仅仅在于经济的物质的创造，更在于他们文化上的自觉和思想观念上的创新。

最后，买办在推动西学东渐、倡导政治改革和主张发展工商业等方面的思想表现，在 19 世纪的中国无疑具有开风气之先和思想启蒙的积极作用。香山买办之一的容闳，一生都念念不忘“以西方之学术灌输于中国，使中国日趋于文明富强之境”。在他的努力下，不仅促成了中国第一座完善机器厂——江南机器制造总局，而且使 120 名幼童赴美留学变为现实。其对中国近代社会变革所产生的影响，后来的历史事实已做了最好的证明。唐廷枢、徐润等坚持按照商办的形式经营和管理近代新式工商业的主张，也逐渐为多数官僚和实业家所认同。特别是“硕学买办”郑观应在《救时揭要》《易言》《盛世危言》等论著中所反复阐述的“商战”思想和君主立宪等一系列政治改良主张，在当时思想极端保守的社会里可谓振聋发聩。他关于振兴工商、富民强国的思想主张，在当时既迫切又实在。为了致富，他主张中国必须在三个关键的领域学习西方。为了罗致真正的人才，改革科举考试制度，建立技术和职业学校是必要的。为了利用自然资源，要强调开矿和农业近代化的重要性。为了促进商业，政府必须改革税收制度，废除厘金。在实施方面，他认为有两种方法可增大国民财富，即增加中国的出口和减少中国的进口。并强调在这两种情况下，政府的经济干预作用是极其重要的。他关于设议院、行君主立宪的政治改良主张，在当时同样容易引起统治者的反感和既得利益者的憎恨，但也同样启发了那些对现实表示不满的人的心智。事实上，郑观应的改良思想主张成为康梁戊戌维新运动的理论依据之一，也成为孙中山、毛泽东进行政治革命和社会改造的思想动力。郑观应的改革方案和一系列思想主张，代表了条约口岸崛起的商人阶层的观点，而他的文化思想观念则明显地受到他的买办生涯的影响。他“在近代中国文化思想史上的重要性主要并不在于他的人道主义感情，而在于他的出身买办的改革家身份对西方做出反应的方式上”。他对西方的冲击所做出的现实主义的反应，在他的论著和社会实践中已经表现出来。西方的冲击虽然在范围和强度、方式、方法上是前所未有的，但在他看来也是不可避免的且合乎自然历史发展的进程。问题是中国应如何对西方的冲击做出明智的积极主动的反应。他和唐廷枢、徐润、容闳等一大批以香山买办为代表的买办商人，在中西文化碰撞中的一系列思想与行动，不仅开时代风气之先，而且也成为近代中国社会转型的动力和标志。

后 记

2022 年 7 月 24 日，郑观应诞辰 180 周年在高规格、高水平、高热度的纪念活动落下帷幕后，一系列的纪念活动也留下了不少有价值、有意义的纪念设施、文献资料，极大地丰富了人们对郑观应的历史文化记忆。但是，人们对郑观应的认识和了解还只是停留在表面肤浅或片面简单的层面，要么是先入为主的成见，要么是缺乏全面深刻认识的偏见，要么是脱离历史实际一味赞美或无限拔高，所有这些或褒或贬的评价或看法，都表明人们对郑观应的研究与了解还很不到位。

可喜的是，近来澳门科技大学设立了郑观应研究中心和唐廷枢研究中心。在澳门科技大学社会和文化研究所所长林广志的带领下，一批年轻的学生也开启了郑观应和唐廷枢研究之旅，出版或发表了一批有一定分量的研究成果，组织召开了有关郑观应和唐廷枢研究的学术讨论会，推动了郑观应、唐廷枢等香山买办的研究。

本人是比较早地呼吁中山市委、市政府重视郑观应研究和与郑观应研究有关的历史文化遗存的抢救和保护的研究人员，也组织了多次与郑观应研究有关的学术研讨会或座谈会，还多次参与海内外有关机构组织的郑观应及香山买办研讨会，甚至在赴台进行文化交流时还应邀在开南大学做了《香山买办与近代中国》的学术报告。2002 年，在郑观应诞辰 160 周年和香山建县 850 年时，本人又向中山市委、市政府书面建议联合珠海、澳门共同举办纪念活动，得到三地高度认同，并如期按计划实现了中山、珠海、澳门三地联合北京、上海、广东等地社会科学院举办了“纪念郑观应诞辰 160 周年学术研讨会”和“纪念香山建县 850 年座谈会”，出版了《纪念郑观应诞辰160周年学术研讨会论文集》。近20年来，郑观应研究逐渐得到了社会各界的重视，中山市也成立了郑观应文化学会，召开了多次高质量的学术研讨会，与郑观应相关的历史文化遗存也得到很好的保护。2020年底，本人以社科联的名义向中山市政府申请了“郑观应研究口述史”专项资金，得到批复立项。尽管后来资金缩减和本人转岗至市政协任专职常委，但仍然带领电子科技大学中山学院龙良富、刘琴、黄英、闵祥晓、何向强等课题组成员，精心策划、认真准备、科学安排、合理分工，在抗击新冠病毒过程中，见缝插针，抓住机会，先后赴北京、天津、上海、武汉、南京、广州、澳门等地，访谈了近40位专家学者和郑观应的亲属后裔，整理了130多万字的访谈文稿，在不到一年的时间内顺利完成了该项目，出版了四卷本《郑观应研究口述史》，为郑观应研究提供了比较好的学术指引和史料参考。

近20年来，本人也先后组织、参与了不少与郑观应研究有关的学术研讨会，也出版过《香山买办与近代中国》《香山商帮》等论著，主编过《买办与近代中西文化交流》《香山与近代中国》等书籍，应邀参加过香港中文大学“买办与近代中国”研讨会、澳门科技大学唐廷枢研究中心和郑观应研究中心举办的研讨会，以及南开大学、上海社会科学院等研究机构组织的相关学术研讨会，在《史学理论研究》《中国社会科学文摘》《学术研究》《山东社会科学》《广东社会科学》《学术月刊》《史林》《光明日报》理论版、《中国社会科学报》《团结报》《上海文学报》《南方日报》《中山日报》等报刊发表过与郑观应有关的论文。同时还有多篇论文收入香港、澳门、上海、天津、广州等地相关研讨会论文集。虽然零零碎碎、断断续续，但也是本人多年来的一种探索和追寻的见证。《郑观应和他的时代》一书，在既往发表的研究论文基础上，做了适当的增补和修改，力求实事求是地反映历史人物的真实面貌。该书着重讲述郑观应生活的历史环境、思想人物和社会状况，以及香山文化对郑观应的作用与影响，比较深入地探讨了郑观应的人际关系、思想认识、社会活动及精神人格,较为全面地反映了近代香山人文社会风貌。全书图文互证,深入浅出,是目前探讨郑观应与他生活的时代之间关系的一本尝试之作。

《郑观应和他的时代》一书能够出版,首先要感谢三乡镇党委和政府,尤其是郭明星书记、林冠军镇长、艾立强委员等的热情支持。尤其是冠军兄,对本人的学术研究一直关心和支持,甚至专门协调沟通。没有他和三乡镇党政领导率先在研究资金上慷慨支持,也许就没有出版的动力和决心;其次要感谢中山市社科联和中山市委宣传部的大力支持。没有他们坚强有力的支持,也许这本书不会按时优质高效地出版面世;再次要感谢广东人民出版社中山出版有限公司的王忠和李锐锋两位领导的认同和肯定,更应感谢责任编辑吴锐琼小姐,她不但认真编辑文稿,而且结合内文,配置了许多精美的历史图片,使枯燥无味的文字顿时生动鲜活起来;最后,要感谢内子吴丽莉,她总是我的好帮手,不厌其烦地将手稿转化为电子文档。对我这个不太熟悉电脑写作的“笨家伙”,她的援手实在是不可缺少的内生动力。

这里还要特别感谢上海社会科学院原副院长、历史研究所原所长,中国史学会原副会长,中国孙中山研究会原会长,著名历史学家熊月之老师在百忙之中为拙作惠赐序文。熊老师一直是我学术研究的引路人和指导者。尽管他在序文中对我褒扬称赞有加,但本人始终视为那是长者熊老师对我的一种鞭策、鼓励和期待,始终不敢懈怠和自满。唯有不断耕耘,努力前行,以更新的成果报答老师。

这本《郑观应和他的时代》仅仅是本人郑观应研究的一次小结,更深入的研究与更广泛的探索还在将来。期待着更多的同道中人,在广泛搜集资料的基础上,解放思想,实事求是,共同把郑观应研究推向深入。

胡　波

2023 年 6 月

微信扫码

读懂郑观应 了解他的时代

- **人物详介：** 郑观应人物介绍，速览他的一生
- **生平史迹“展”：** 郑观应生平史迹一一梳理呈现
- **阅读摘记本：** 用文字记录你阅读到的精彩内容
- **纪录片推荐：** 回望近代强国之路追梦人郑观应